汉语教育国际化理论与实践研究丛书

丛书主编　吴　坚

汉语国际教育发展概论

吴　坚　著

科学出版社
北京

内 容 简 介

在加强和改进国际传播工作的新背景下，增强汉语国际教育亲和力和实效性是汉语国际教育高质量可持续发展的重要保障。在推进教育国际化的大势中，汉语国际教育不仅推动了汉语走向世界，也促进了中国教育的国际化。本书从发展研究的视角出发，既有整体宏观的国际视野，也有“一国一策”的国别视域；既有教育国际化下汉语国际教育发展等理论探讨，也有汉语国际教育发展实践的历史、现状和对未来走向的分析，主要涉及汉语国际教育的学科体系、人才培养、中华文化传播、项目活动、孔子学院运行与管理等相关问题。

本书可作为教育相关部门决策者和管理者的参阅用书，也可供高等教育机构日常教学、研究使用，亦可为对此领域感兴趣的相关人士提供参考。

图书在版编目（CIP）数据

汉语国际教育发展概论 / 吴坚著. —北京：科学出版社，2023.6

（汉语教育国际化理论与实践研究丛书 / 吴坚主编）

ISBN 978-7-03-075884-2

Ⅰ. ①汉… Ⅱ. ①吴… Ⅲ. ①汉语－对外汉语教学－发展－研究－中国 Ⅳ. ①H195.3

中国国家版本馆 CIP 数据核字（2023）第 109829 号

责任编辑：郭勇斌 彭婧煜 杨路诗 / 责任校对：王晓茜
责任印制：张 伟 / 封面设计：黄华斌

科学出版社 出版
北京东黄城根北街 16 号
邮政编码：100717
http://www.sciencep.com
北京中石油彩色印刷有限责任公司 印刷
科学出版社发行 各地新华书店经销

*

2023 年 6 月第 一 版 开本：720 × 1000 1/16
2023 年 6 月第一次印刷 印张：16 3/4
字数：338 000

定价：128.00 元

（如有印装质量问题，我社负责调换）

丛书序

新时代背景下，汉语国际教育事业承担着新的时代使命和任务，需要进一步系统地反思和研究汉语国际教育理论和实践体系。汉语教育国际化为汉语国际教育理论和实践的改革与创新提供了新的领域和新的视角。汉语教育国际化既是汉语国际教育发展的趋势，也是教育国际化发展的重要组成部分，是新时代“讲好中国故事，传播好中国声音”，树立中国在国际舞台文化形象的重要抓手，助力中外人文交流事业发展，为“一带一路”建设和人类命运共同体的构建提供强有力的支撑。2019 年 12 月，国际中文教育大会上，中共中央政治局委员、国务院副总理孙春兰指出：“语言是沟通交流的桥梁纽带，各国对学习中文的需求持续旺盛，汉语人才越来越受到欢迎。现在很多国家将中文纳入国民教育体系，在大中小学开设汉语课程，支持企业、社会组织参与中文教育，促进了中外人文交流、文明互鉴和民心相通。……中国政府把推动国际中文教育作为义不容辞的责任……构建更加开放、包容、规范的现代国际中文教育体系。”①

现代国际中文教育体系的构建需要通过政策给予保障。为此，我国政府采取了各项政策措施，积极支持和服务汉语国际教育理论和实践研究，既为汉语国际教育在全球的永续发展提供政策指引和政策保障，也极力地服务于世界各国汉语教育的本土化、特色化、信息化和创新发展。例如，2016 年，中共中央办公厅、国务院办公厅印发《关于做好新时期教育对外开放工作的若干意见》，加强在汉语推广和非通用语种学习中的互帮互助，推进与世界各国语言的互通，并把“讲好中国故事，传播好中国声音”作为教育对外开放的重要内容。2016 年，教育部也牵头制订了《推进共建“一带一路”教育行动》，指出支持更多社会力量助力孔子学院和孔子课堂建设，加强汉语教师和汉语教学志愿者队伍建设，全力满足沿线国家汉语学习需求。同年，文化部发布的《文化部“一带一路”文化发展行动计划（2016—2020 年）》指出，助推“一带一路”沿线国家和地区积极参与文化交流与合作，推动中华文化“走出去”，扩大中华文化的国际影响力。2017 年，中共中央办公厅、国务院办公厅印发《关于加强和改进中外人文交流工作的若干意

① 《孙春兰：深化国际中文教育让世界更加了解中国》，https://baijiahao.baidu.com/s?id=1652487903915301335&wfr=spider&for=pc。

见》，指出着力加大汉语国际推广力度，支持更多国家将汉语教学纳入国民教育体系，努力将孔子学院打造成国际一流的语言推广机构。做大做强“互联网+人文交流”，通过丰富媒体交流形式，打造具有国际影响力的全媒体和文化传播机构，阐释中国道路，增强中国文化形象的亲近感。2019 年，中共中央办公厅、国务院办公厅印发了《加快推进教育现代化实施方案（2018—2022 年）》，提出要优化孔子学院区域布局，加强孔子学院能力建设，全面提高办学水平，加大汉语国际教育工作力度。2019 年，中共中央、国务院印发了《中国教育现代化 2035》，强调促进孔子学院和孔子课堂特色发展。这些政策，在一定程度上，反映了加快汉语教育国际化理论和实践研究的重要性和必要性。

全球化社会中，汉语国际教育系统时刻处于动态变化发展中，我们要从新时代背景、新使命和新任务出发，开启汉语国际教育新征程，不断促进汉语国际教育的改革与创新。这不仅是汉语国际教育自身发展的必然趋势，也是世界各国对汉语国际教育的质量诉求。当前，汉语国际教育发展中出现的种种问题反映了加快推进汉语国际教育改革与创新的紧迫性。因此，教育部国别和区域研究基地——华南师范大学东南亚研究中心组织撰写了“汉语教育国际化理论与实践研究丛书”。本丛书对新时代背景下汉语教育国际化理论和实践进行系统反思和研究，以期加快推进汉语国际教育工作，加强孔子学院能力建设和特色发展，进而更好地满足世界各国人民学习汉语的需求，为促进中外人文交流事业和构建人类命运共同体贡献力量。

“汉语教育国际化理论与实践研究丛书”共有 7 册。每一册都围绕各自的研究视角对汉语国际教育发展中的前沿问题进行系统而深入的研究。比如，教育国际化背景下汉语国际教育如何改革与发展？在汉语作为第二语言教学中，需要遵循什么样的教学规律和学习规律？汉语作为第二语言教学有哪些不同于其他语言的特征？新教育技术会对汉语学习方式产生哪些新影响？我们如何培养新时代汉语国际教育硕士人才？中美比较视角下我国如何培养高质量的国际汉语教师？国际汉语教师培养模式的改革走向是什么？从教育治理视角来看，我们如何科学有效地进行汉语国际教育管理？新媒体时代汉语国际教育传播的制度和策略是什么？基于传统演进、社区影响与政策议程的考察，孔子学院跨文化传播机制的运行状况及其优化路径是什么？这些问题是本丛书主要解决的问题，而这些问题既体现了我国汉语国际教育发展的战略需求，也反映了汉语国际教育改革与实践中所面临的困境，需要我们进行全方位的解剖和探讨。

本丛书力求系统地展现汉语教育国际化的理论和实践，从多个视角和多个学科反思和研究汉语国际教育的相关问题，既有历史和现状，也有未来和展望；既有整体性和宏观性，也有局部性和微观性；既有理论基础，也有实践案例；

既有问题意识和批判意识，也有政策意识和前沿意识；既融入了新时代、新媒体、“一带一路”倡议、“互联网+”等新要素，也涵盖了汉语国际教育理论和实践研究中可能出现的各种新问题和新方案。

吴 坚

2022 年 6 月 20 日

于华南师范大学

序

国际中文教育事业已经进入高质量可持续发展的新阶段，“高质量可持续发展”成为国际中文教育界的主旋律，尤其在我国教育扩大对外开放和改进国际传播工作的进程中，国际中文教育在中国语言文化“走出去”中的作用日益凸显，对于推进我国新时代中文国际化、推动中外人文交流事业的永续发展及构建人类命运共同体具有重要的意义。《汉语国际教育发展概论》一书不仅丰富了国际中文教育的研究体系，扩展了国际中文教育的理论体系，也以实证研究检验了已有的研究结论，追踪了国际中文教育最新的发展状态，为现有的研究提供了较新的材料。

该书还努力将教育国际化理论与国际中文教育结合起来，尝试将教育国际化理论运用到中文国际传播中，并从背景、发展历程、理论、现状、国别比较、孔子学院研究以及未来发展等方面展开多个维度、多层内容、多种思想的探讨和研究。从中可以看出，作者以宏观和全景式的思维，以一种“大国际中文教育”的理念思考国际中文教育，扩展国际中文教育的内涵和外延，为使更多的力量参与到国际中文教育的办学中提出可供选择的政策措施，在具体的实践中整合各类资源，创新治理结构，力图走出一条数量和质量并重的发展路线。

就理念而言，“大国际中文教育”的内涵与人类命运共同体构建中强调可持续发展观和全球治理观是统一的。因此，我们需要以一种长远、开放和包容的理念看待国际中文教育的新变化。世界上各个国家对国际中文教育的理解是多元的，国际中文教育的高质量可持续发展不能只停留在旧思路中，要扩大合作范围，首先应当丰富内涵，以“大国际中文教育”的理念传播中华文化，充分考虑因文化等差异所带来的理解偏差。

就实践而言，国际中文教育的发展历史并不长，体制机制中还有很多需要改进的地方。在与国外机构合作传播中文的过程中，要对资源进行充分的整合，确保各类资源能够用到实处，用对地方。世界各个国家的政治、经济、文化和教育等方面存在诸多差异，如若不能在推动国际中文教育发展的实践中创新治理机构，结合所在国的历史背景和社会条件实施差异化管理，而是采取一刀切的做法，就会引发一系列的问题，危及国际中文教育的全球化进展，更危险的是将影响我国的全球形象。

纵览全书，该书体现出四个特色：一是教育国际化理论与国际中文教育实践的结合。该书将教育国际化的涵义、功能与国际中文教育发展的内涵结合起来进行分析，揭示了教育国际化背景下国际中文教育如何实践与发展，包括教育国际化对国际中文教育的影响、国际中文教育的特点及发展举措等内容。二是具有国别比较的研究视野。该书立足国别，从美国、英国、俄罗斯、澳大利亚、泰国和马来西亚出发，宏观把握中文国际传播在不同国家的发展现状和走势，反思不同国家的国际中文教育发展，视野开阔，论证合理，具有一定的比较价值。三是综合分析国际中文教育“请进来”与“走出去”。该书不仅深入研究了来华留学生的国际中文教育，也基于本土中文教育，尤其是重点以孔子学院为平台分析了孔子学院的发展现状、教育功能和运行模式，从中探索孔子学院如何在各个国家的文化和政治制度中生存与发展，让孔子学院成为所在大学的有机构成部分，为所在大学的国际中文教育做出贡献。四是注重华侨华人助力中华文化“走出去”的作用，创新中华文化海外传播内容，提升涉侨文化传播能力。国际中文教育发展理念的构建和实践如何发挥海外华人华侨力量，并基于华文教育的本土优势和特色，融合国际中文教育的新背景、新元素和新举措，对国际中文教育发展将会产生重要的影响。

总之，就我所见，这是第一部将教育国际化与国际中文教育结合起来进行研究的专著，既拓展了国际与比较教育研究的领域，又为推进国际中文教育提供了新的视野。该书全方位展示了教育国际化与国际中文教育之间的发展关系，互相促进，互相协调，为我国教育扩大对外开放和构建人类命运共同体提供新思想、新视角和新策略。这是一本有关国际中文教育发展的著作，可为国际交流与合作、教育国际化、国际中文教育、孔子学院运作等领域内的广大学习者、工作者及对这些领域感兴趣的人士提供参考。

2022 年 12 月 15 日于北京师范大学

前　言

习近平总书记强调要加强和改进国际传播工作，积极推动中华文化“走出去”，增强国际传播的亲和力和实效性。汉语国际传播任重道远，对展示真实立体全面的中国起着关键作用。曾任教育部部长的陈宝生同志提出健全和完善国际中文教育本硕博学科体系、增强外派中文教师岗位吸引力、完善国际中文教育系列标准等举措以支持国际中文教育发展。

汉语是世界各国人民了解和认识中国的重要工具，在新时代扩大教育对外开放的背景下，汉语国际教育不仅能为深入实施创新驱动发展战略吸引更多的优秀人才，同时也能够保障构建人类命运共同体得以顺利开展。作为教育事业的组成部分，汉语国际教育的意义和地位在新的形势下得以彰显，将为中国的教育对外开放和中外交流合作搭建起语言沟通的桥梁，消除中外交流合作中的语言沟通障碍。与此同时，在建设“一带一路”核心区对外开展教育交流活动的过程中，汉语国际教育对于提升中国的国际影响力起着关键作用，将为中国在更多方面更深层次参与全球治理创造机会。随着汉语国际教育理论和实践的深入开展，世界各国对汉语教育高质量可持续发展提出新的要求。相应地，汉语国际教育学科得到前所未有的重视，以更好地服务世界各国汉语教育发展的新需求，肩负起中国作为汉语母语国义不容辞的责任。2022 年 9 月，国务院学位委员会、教育部发布的《研究生教育学科专业目录（2022 年）》将“汉语国际教育”改名为“国际中文教育”，进一步提升了汉语国际教育的学科地位。虽然国家层面已更名，但是国家还未针对新名称出台国际中文教育专业人才培养方案等具体政策，而目前全国各学校依然使用“汉语国际教育”这一专业名称，因此，本书仍采用“汉语国际教育”的表述。

《汉语国际教育发展概论》共分为七章，分别从背景、发展历程、理论、现状、国别比较、孔子学院研究以及未来发展这几个方面剖析教育国际化背景下的汉语国际教育问题。教育要面向现代化、面向世界、面向未来，推进教育国际化是世界高等教育发展的重要趋势。汉语教育国际化是中国走向世界的重要抓手。那么，我们如何充分利用教育国际化这一思想理论和时代背景，更好地促进汉语教育国际化发展进程呢？

本书第一章为“汉语国际教育发展的理论基础”，该章在展现教育国际化与汉语国际教育发展的基础上，重点从理论维度整体设计教育国际化背景下的汉语国际教育发展。第一，对汉语国际教育的学科建设、事业发展进行内涵解析。从汉语国际教育的专业设置背景、教学对象人才培养和社会功能三个方面对其学科内涵做出了解释，并在此基础上提出汉语国际教育在师资、教材和教学法三个方面的新内涵。第二，在界定汉语国际教育发展相关内涵的基础上，厘清教育国际化的含义、功能，进而揭示教育国际化进程中汉语国际教育如何发展，并结合具体案例进行分析。本章为全书奠定了基调，力图准确把握汉语国际教育所处的大背景。

第二章为“汉语国际教育发展历程与定位”，第一节主要追溯汉语国际教育的发展历程，提出其经历了初期的探索性阶段（20 世纪 50 年代）、纵深发展阶段（20 世纪 60 年代至 70 年代）和“走出去”与“请进来”协同发展的阶段（20 世纪 80 年代至今），总结了汉语国际教育不同时期的发展特征，从学科确立、学科性质和学历教育体系三个维度探讨了汉语国际教育的学科建设历程，并着重从师资、教材和教学法三个重要方面进一步论证其不同阶段所具备的特点。紧接着第二节探讨了汉语国际教育发展的理论背景，运用教育国际化、国际理解教育和多元文化教育理论分析教育国际化背景下汉语国际教育所受到的影响。在此基础上，第三节对汉语国际教育发展方略进行定位，从国家方略的高度，对汉语国际教育的背景、具体内容、特点及其影响做了进一步探讨。

第三章为“汉语国际教育发展现状探析”，该章首先分析了汉语国际教育发展现状中主体间的交流互动、汉语国际教育的课程和教学、文化活动、学术交流以及海外实习基地的开发和建设。其次，分析了汉语国际教育发展的动力因素，包括中国国际地位提高、中国经济发展带来商机、中国政府积极推动和现代教育技术发展等。然后，分析了汉语国际教育发展的制约因素，包括国际地位和国际环境的制约，汉语国际教育学科发展的挑战以及孔子学院运行与发展的困境。最后，对汉语国际教育现有的发展进行评价，分析其传播和扩展过程中存在的优势、亟待解决的问题和面临的挑战。

第四章为“国别视域下汉语国际教育发展”，主要从汉语国际教育的发展背景、相关机构、策略、特色等主要方面，选取美国、英国、俄罗斯、澳大利亚、泰国和马来西亚为研究对象，在分别对不同案例进行研究的基础上，以国际比较研究的思路和方法，准确把握教育国际化背景下汉语国际教育发展的脉络和走势，进而为汉语国际教育在顶层设计、具体实施和后期保障等方面提供一手的资料和反馈，推动新时代汉语国际教育的高质量可持续发展。

第五章为“汉语国际教育与孔子学院研究”。作为中国在全球传播汉语、扩大影响力及提升国家形象的重要载体和前沿阵地，可以说孔子学院的发展在某种程度上是我国汉语国际教育发展的缩影。对此，该章从孔子学院的发展现状、教学现状和结构功能三个主要方面探讨了以孔子学院和孔子课堂为代表的汉语国际教育的发展，并在此基础上剖析了孔子学院在新时代背景下的发展优势、存在问题、面临挑战和发展机遇。

第六章为“汉语国际教育与中华文化国际传播”。以 2004 年 11 月全球首家孔子学院——韩国汉城孔子学院（现称首尔孔子学院）揭牌为标志，汉语国际教育服务海外各国汉语教育开始得以发展，自此，全球的汉语学习需求持续增长，“汉语热”“中国风”成为潮流。鉴于此，该章旨在坚持以“文化交流，文明互鉴”为导向，以汉语国际教育为阵地，从中华文化国际传播的意义和价值出发，针对当前中华文化国际传播的现实困境提出可行性建议，从而构筑中华文化国际传播的“基石”，向世界人民展现中华文化的独特魅力，传播蕴含“自强不息、厚德载物”“海纳百川、有容乃大”等民族精神的中华优秀文化。

在前六章的基础上，第七章“汉语国际教育发展的反思与展望”对汉语国际教育在教育国际化背景下的发展做出反思和展望。该章充分肯定了汉语国际教育已有的成效，认为其制度不断完善、师资培养体系日趋立体化、教材资源日益成熟化、教育实践活动日显文化性、发展途径愈显多元化。然而，在汉语国际传播和汉语国际教育发展过程中，依然存在许多问题和挑战，主要包括汉语国际教育专业人才竞争力不强、国际服务功能尚未健全、法律保障体系不完善、组织机构单一、科学研究欠缺等。基于对现状和问题的分析，本书认为，在汉语国际教育未来的发展中应当明确汉语国际教育机构的发展定位，促进其多样化发展；优化汉语国际教育人才的培养方案，提高人才专业能力和国际化素养；积极拓展、建立健全汉语教育国际化服务功能；深入完善汉语教育国际化的法律保障体系并严格落实；加强汉语国际教育的基础性研究等，从而更好地在汉语国际传播和汉语国际教育发展过程中服务“一带一路”倡议，促进中外文化交流、借鉴与融合。

吴　坚

2022 年 10 月

目　录

第一章 汉语国际教育发展的理论基础

第一节 教育国际化与汉语国际教育发展

随着经济全球化和现代科学技术的发展，世界变得越来越小，在全球化时代背景下，商品、人力、资金、技术和信息跨国界流动，推动了各种生产要素和资源的流动与配置优化。当然，教育也不可能置身事外，各发达国家均充分利用本国教育资源优势，加快对外开放步伐；而发展中国家则积极学习发达国家的先进教育理念，试图通过掌握现代科学技术来促进本国教育的发展。教育国际化日渐成为全球教育发展的一种趋势，在此背景下，参与教育对外开放的国家都对本国的教育体系进行了不同程度的改革，从某种意义上来说，这些改革给传统教育带来了一定的挑战。因此，教育国际化是一把双刃剑，既是一种机遇也是一种挑战。这将会对汉语国际教育的发展产生重要影响。随着经济全球化的发展，汉语国际教育被赋予新内涵、新空间，这为撰写《汉语国际教育发展概论》提供了新的视角和新的实践。

汉语国际教育在推动教育国际化和传播中华文化方面起着重要作用。全国人大常委会原副委员长许嘉璐曾提到，“我们要在汉语国际教育中进行全面的文化交流，通过文化交流沟通彼此的心灵。这需要在三方面做好准备：一是培养人才，尤其是职业化的中方院长，使之成为民间的文化交流大使；二是转变观念，要正确地、全面地认清形势，明确责任，调整个人的知识结构和人才结构，使人员整体成为中国走向世界、中华文化走向世界、中国语言走向世界的中流砥柱和骨干；三是要有措施，要落实。在具体措施方面，需要各方支持，培养人才，综合利用，争取外援”[①]。汉语国际教育发展到今天，汉语国际教育人才培养在课程开发、程序规范、师资的派出和考核等方面已经有了更为明确的目标。在教育观念层面，人们已经由最初的狭隘化理解转变为逐渐对汉语国际教育的目标、内容及特点等有了更为丰富的认知。在采取措施层面，近年来，我国通过采取增设孔子学院、

① 许嘉璐. 继往开来，迎接汉语国际教育的新阶段[J]. 北京师范大学学报（社会科学版），2012（5）：14-20.

联合本土语言机构办学以及加强汉语语言服务等措施，促使汉语国际教育事业取得了较快进展。

在新时代背景下，汉语国际教育的发展已经迈入新阶段。2010 年，联合国宣布启动“联合国语言日”，将“中文日”定在中国农历二十四节气中的“谷雨”。[①]汉语在联合国地位的提升，进一步增加了国际民众对汉语国际教育的关注度。我国已将汉语国际教育作为一项中华文化的传播事业推行，使得汉语国际教育的发展迈上了新台阶。可以预见，我国对汉语国际教育的投入将会不断增多，国际社会对汉语国际教育的关注程度也会不断增强，汉语国际教育也会随之形成更为完善的系统。当然，随着社会的发展，再成熟的模式也难免会存在问题。比如，怎样持续培养高质量的汉语教师人才？如何遴选合适的汉语教材？究竟该以何种标准进行汉语教学成果的评价？汉语国际教育如何才能够恰当地传播中华优秀文化？如何破解发展难题（如对“文化殖民”的误解）？这些都是值得我们深入思考的问题。

第二节　汉语国际教育发展的学理分析

发展汉语国际教育是我国走向世界的一条重要路径，有利于促进中外人文交流，有利于在国际社会中树立中国品牌，更有利于借此讲好中国故事和传播好中国声音。新时代背景下，汉语国际教育时刻处于变化发展之中。汉语国际教育的发展变化与教育国际化的发展密切相关。因此，本书从教育国际化理念出发，结合汉语国际教育实践，对其发展历程、背景、现状进行研究，并从国际比较教育视野探索美国、英国、俄罗斯、澳大利亚、泰国、马来西亚汉语教育的本土实践，同时借助孔子学院这一平台，探讨孔子学院是如何推动汉语教育国际化的，进而展望汉语国际教育未来的发展方向。

一、汉语国际教育的基本内涵

语言在文化传承和发展中起着重要的载体作用。在当今文化日益与经济、政治等交融的时代背景下，语言国际传播已成为许多国家进行国际交往、提升本国国际竞争力和扩大国际影响力的重要途径。

---

① 人民网. 世界性“中文日”呼之欲出[EB/OL]. https://baijiahao.baidu.com/s?id=1664825461095980143&wfr=spider&for=pc，2020-04-24.

我国历来重视文化建设和语言国际传播，汉语国际教育已成为国家软实力的一个有机组成部分。[①]正如前文所言，汉语国际教育事业与我国的对外交流合作密切相关。因此，我们必须以历史的、发展的眼光来看待这项事业。本节以思辨的方法从推动学科建设和国家教育事业发展的角度揭示汉语国际教育的内涵，以期深化对汉语国际教育的认识。

（一）汉语国际教育的学科内涵

汉语国际教育指面向海外母语非汉语者的汉语教学。作为一门交叉学科，从“对外汉语教学”到“汉语国际教育”，其学科定位经历了一个不断探索和摸索的过程：随着学科的发展以及学者的深入研究，学界基本达成共识，认为汉语国际教育是一门专门的、综合的、应用的语言教育学科，是将汉语作为第二语言的教育，以语言教学为核心，以揭示汉语作为第二语言的教学规律和教育规律为目标，同时服务于中华文化传播。与国内的语文教学不同的是：国内的语文教学是对已经掌握母语口语的学习者进行母语书面语和母语文化的教学，在教学目标、教学对象和教学方法上都与汉语国际教育不同。之前使用的名称“对外汉语教学”主要着眼于对国内的来华留学生的汉语教学，名称上有一定的局限性，难以涵盖全球范围的汉语第二语言教学。此外，汉语国际教育把眼光放大至“教育”，在教育学的视角下建立学科框架、考虑学科发展、制定人才培养目标和方案。在学位层次上，汉语国际教育硕士专业学位满足了一些国家对教师资格的相关要求。不管是来华留学教育、中外联合培养还是海外本土汉语国际教育硕士教学，都是为了推进汉语教育本土化进程，满足海外本土汉语学习者对汉语教师教学和中华文化传播的诉求，从而推进汉语国际教育高质量可持续发展。当然，需要指出的是，汉语国际教育与之前的名称尽管在某些方面存在差别，但无论是汉语国际教育还是对外汉语教学，都以中国的话语立场为出发点，二者在学科内涵及学科属性上是大体相近的，本质上并无二致。[②]

由对外汉语教学到汉语国际教育，不仅是名称的变化，更是内涵的丰富与扩大。本节的论述依据是2007年3月国务院学位委员会下发的《关于下达〈汉语国际教育硕士专业学位设置方案〉的通知》[③]，由此，我们可以从学科专业设置背景、教学对象人才培养、社会功能等角度分析汉语国际教育的学科内涵，为深入认识汉语国际教育提供参考。

---

① 曹保平，唐兴全. 汉语国际教育的战略管理[J]. 广西社会科学，2010（4）：156-158.

② 李泉. 国际汉语教学：事业与学科[J]. 语言教育，2013（1）：85-91.

③ 国务院学位委员会. 关于下达《汉语国际教育硕士专业学位设置方案》的通知[EB/OL]. http://www.moe.gov.cn/srcsite/A22/moe_833/200703/t20070330_82703.html，2007-03-30.

2022年，国务院学位委员会和教育部面向社会正式发布《研究生教育学科专业目录（2022年）》，自2023年起实施。此目录中，原“汉语国际教育”专业学位类别更名为“国际中文教育”专业学位类别（代码0453），增设博士专业学位，标志着国际中文教育本、硕、博贯通培养体系的正式建成，对国际中文教育事业发展和学科建设意义深远。

1. 基于专业设置背景的汉语国际教育内涵分析

“汉语国际教育”这一名称要从20世纪80年代的“对外汉语教学”说起。对外汉语教学本科专业设置于1983年，2012年更名为“汉语国际教育”。1986年，北京大学和北京语言学院开始招收对外汉语专业方向的硕士生。1998年，国家批准在北京语言文化大学设置第一个语言学及应用语言学（对外汉语教学方向）博士点。2007年，汉语国际教育硕士专业学位批准设立。这是汉语满足世界迫切需求的体现。不可否认的是，经济全球化与文化多元化对国家发展提出了新要求，本国语言的国际传播逐渐成为一项世界各主要国家争相实施的国家战略。在此过程中，国家、民族的强盛与否都将在国家语言的国际地位中体现出来。因此，要实现中华民族的伟大复兴，尽快采取更强有力的措施，加强汉语国际传播能力势在必行。我国为改革和完善对外汉语教学人才培养体系，培养适应汉语国际传播新形势需要的国内外从事汉语作为第二语言教学和传播中华文化的专门人才，设置了汉语国际教育硕士专业学位，这样做有利于进一步提升汉语国际教育人才培养层次、丰富和完善汉语国际教育人才培养体系。2018年，在教育博士专业学位“学校课程与教学”领域下增设汉语国际教育方向。2019年，汉语国际教育方向升格为领域，招生范围扩大。汉语国际教育内涵的变化可以通过以上专业名称的变化、专业设置以及学历层次的提升来体现。汉语国际教育硕士专业学位的设立对汉语国际教育的发展起到了重要的引领作用，是我国国际汉语教师培养的重要举措。自设立以来，为我国培养了大批汉语教师。汉语国际教育硕士研究生通过汉语教师志愿者项目被派往世界各地，有效缓解了世界范围内汉语教师的供需矛盾，推动了汉语教学在世界范围内的快速发展。①

2. 基于教学对象人才培养的汉语国际教育内涵分析

汉语国际教育的前身是对外汉语教学。20世纪50年代初期，只有单一的非学历教育，经过70多年的发展，汉语国际教育已经由以汉语预备教育为主发展为较为完整的学历教育和非学历教育两大体系，其中学历教育一般包括专科生、本

① 丁安琪. 汉语国际教育硕士：专业发展十一年[J]. 国际汉语教育（中英文），2018，3（4）：18-35.

科生和研究生，非学历教育包括短期生和进修生。招收对象包括国内外学生，既包括母语为汉语的学生，又包括母语为非汉语的学生。本科一般招收应届高中毕业生，硕士研究生招收对象一般是学士学位获得者，也可以是具有同等资质的汉语教师或专业人员。无论在本科阶段还是硕士阶段，人才培养的共同目标都是培养面向母语非汉语者的汉语教师，“培养适应汉语国际传播新形势需要的国内外从事汉语作为第二语言教学和传播中华文化的专门人才”。2010 年，全国汉语国际教育硕士专业学位教育指导委员会针对外国学生的培养专门制定了《全日制汉语国际教育硕士专业学位外国留学生指导性培养方案》，明确了培养高水平外国本土汉语教师的目标，并提出了具体要求。该方案对中外学生的培养要求进行了部分区分。这些中外学生在汉语国际传播工作中发挥着不同的作用。培养的教师要能够胜任汉语教学任务，就要熟练使用汉语并掌握汉语作为第二语言教学的教学技能，以及具备良好的跨文化交际能力。不仅如此，汉语国际教育硕士专业学位获得者必须是具备以上能力的高层次、应用型、复合型专业教学人才。

自 2004 年第一所孔子学院成立，汉语国际教育事业近 20 年来迅猛发展，这与世界各国对汉语的学习需求密切相关，也与汉语国际教育学科发展的推动作用分不开。截至 2021 年 10 月，我国已通过合作方式在 159 个国家设立了 1500 多所孔子学院和孔子课堂，累计培养各类学员 1300 多万人。180 多个国家开展了中文教育项目，75 个国家通过颁布法令、政令等方式将中文列入国民教育体系，全球正在学习中文的人数超过 2500 万，累计学习使用人数接近 2 亿。[①]以上数据直接反映了海外汉语学习者的规模，也从侧面反映出学习者语言文化背景的多样性。他们都是汉语国际教育中语言教学的主要对象。针对他们的教学是将汉语作为第二语言的教学，这些学习者文化背景不同、年龄层次多样、身心发展特点和学习风格各异，这就为汉语国际教育的多样化发展提供了良好的环境，但也给汉语国际教育发展带来了不小的挑战。

具体来看，汉语国际教育涉及两个学科系统[②]：一个是语言教学系统，包括在目的语和非目的语环境中的汉语教学，教学对象是海外母语非汉语者；另一个是师资培养系统，包括将汉语作为第二语言教学的师资，培养对象包括母语为汉语的中国人和母语为非汉语的未来汉语教师。

语言教学系统隶属于语言学及应用语言学门类，是汉语国际教育的学科本体；师资培养系统属于教育学门类，是汉语国际教育的学科支撑。汉语国际教育的两个

---

① 教育部. 关于政协第十三届全国委员会第四次会议第 2624 号（教育类 091 号）提案答复的函[EB/OL]. http://www.moe.gov.cn/jyb_xxgk/xxgk_jyta/yuhe/202111/t20211104_577702.html，2021-10-15.

② 赵金铭. 汉语国际教育的两个系统[J]. 国际汉语教育（中英文），2020（1）：3-9.

系统，虽互相关联，却各有特点，形成了不同的研究领域，共同构筑汉语国际教育跨学科研究。本节主要从教育学视角进行阐述。

3. 基于社会功能的汉语国际教育内涵分析

汉语国际教育的一般性社会功能是培养专门人才、服务社会。不管是学习还是教学，作为第二语言的汉语的本质特征以及其中隐含的学习规律和教学规律大多可以从汉语国际教育的实践经验中总结出来。深化人们对语言学习和教学普遍规律的认识，有利于推动语言科学的进步。汉语国际教育满足了世界人民在经贸、科技研发、旅游、外交等方面进行沟通的需要，更适应了社会发展的需求。

发展汉语国际教育作为我国一项重要事业，其涉及的语言文化环境和教育对象更加复杂与多样，因此其具有一些异于其他学科的特殊社会功能，主要体现在以下几个方面。

①满足世界各国人民日益增长的了解中国的需求；

②实现以语言传播提升国家软实力的策略；

③为世界各国培养汉语人才，提供社会服务，增加就业机会；

④架起中外友好交流的桥梁。学习者通过对汉语与中华文化的学习，能够对中华民族做出更为客观的评价，往往能生出对中国人民的友爱之情，进而为中外交流与合作提供更多可能，为世界和平与发展做出贡献。

以上所述几点主要从学科角度探寻汉语国际教育的内涵，但汉语国际教育不仅仅是一门学科，更是一项关乎国家未来发展的事业，我们理应站在世界的高度，以全球视野思考汉语国际教育的发展道路，重新审视其发展定位，从而准确把握汉语国际教育事业发展的内涵。

（二）汉语国际教育作为国家教育事业发展的新内涵

改革开放后，中国经济飞速发展，国家综合实力和国际影响力不断提升，中国在全球治理体系中扮演着越来越重要的角色。在世界各国文明交流互鉴的大潮流下，汉语国际教育事业将迎来全球大发展时期。新时代背景下，汉语国际教育的未来发展既有机遇又面临着挑战。这就要求我们必须与时俱进，审时度势地调整汉语国际教育事业的发展道路，正确把握汉语国际教育事业发展的宗旨与内涵。

2015 年，国务院副总理、孔子学院总部理事会主席刘延东在第十届孔子学院大会开幕式上提出，“要突出特色，贴近各国不同的文化传统、习俗习惯，因地因校制宜，改革教材内容和教学方法，逐步实现孔子学院本土化”①。赵金铭先生曾论述汉语国际教育“国际化”“本土化”的内涵要义，并指出今天如果要强调汉语教育国际化，必须明确其内涵，否则会引起思想混乱，不利于汉语国际教育整体水平的提升。② 汉语国际教育事业的发展与孔子学院的发展是并行的，本节着重从师资、教材、教学法三方面论述汉语国际教育的本土化内涵。

1. 师资本土化

世界各国在实施语言传播战略时都有一个共识，即仅仅依靠母语教师来传播语言是心余力绌的。中国派遣教师与志愿者的人数毕竟有限，难以满足海外对汉语教师持续的数量增长和质量提高需求。解决这一难题最行之有效的措施就是培养本土教师。换言之，汉语国际教育的可持续发展与教师培养的本土化进程密切相关。2008 年 9 月 22 日，国家汉办主任许琳在国家汉办暨孔子学院总部③与澳大利亚维多利亚州教育部签署协议仪式上曾说要使汉语在海外的传播实现可持续发展，必须“要变‘输血’为‘造血’”④。海外本土教师相较于中国教师在语言和文化方面具有独特优势。在语言方面，本土教师拥有与学生相同的母语背景，由于教师自己有丰富的习得汉语的经验和心得，因而能更敏感地预测出学生在习得汉语的过程中可能会遇到的困难，从而有针对性地制定预案，及时进行强化训练和心理疏导；在文化方面，本土教师熟悉当地的风俗文化、教育制度等，更能够将语言知识与实际生活密切联系起来，有利于增强语言知识的交际性，还可以避免跨文化交际带来的负迁移影响。

不管是本土师资还是外来师资，都要实现国际汉语师资的本土化。⑤因此，一方面，我们加大对来华留学生选择就读汉语国际教育专业的引导和支持力度，以便培养强大的国际汉语师资队伍；另一方面，我们也要积极促进相关国家完善汉语国际教育体系，以有利于培养培训本土汉语师资，提升本土汉语师资质量，增

① 国际在线．第十届全球孔子学院大会在上海开幕[EB/OL]. http://news.sina.com.cn/o/2015-12-06/doc-ifxmhqac0056121.shtml，2015-12-06.

② 赵金铭．何为国际汉语教育“国际化”“本土化”[J]．云南师范大学学报（对外汉语教学与研究版），2014，12（2）：24-31.

③ 1987 年国家对外汉语教学领导小组成立，下设国家对外汉语教学领导小组办公室，简称国家汉办；2006 年国家对外汉语教学领导小组更名为国家汉语国际推广领导小组，下设办公室依旧为国家汉办；2007 年孔子学院总部揭牌；2020 年孔子学院总部更名为教育部中外语言交流合作中心，不再对外使用“国家汉办（英文 HANBAN）”名称。

④ 新华社．汉语推广新一步：中国将帮海外培养本土汉语教师[EB/OL]. http://www.gov.cn/jrzg/2008-09/23/content_1102578.htm，2008-09-23.

⑤ 王建军．汉语国际教育师资本土化的基本内涵、培养模式与未来走向[J]．云南师范大学学报（对外汉语教学与研究版），2015，13（3）：9-14.

强本土汉语师资能力。在对象国中，有多种途径可以培养培训汉语师资。其中，建立孔子学院就是一条途径。

孔子学院有提供开展汉语考试和汉语教师资格认证、培养汉语教师队伍、提供汉语教学资源等服务的义务，这些在《孔子学院章程》中有明确规定。为培养海外本土教师，孔子学院应采取积极措施促进国际汉语师资本土化建设，具体措施如下。

第一，通过汉语国际教育硕士专业招生与选拔，培养优秀的专业化、职业化的本土教师。汉语国际教育硕士专业是培养汉语教师的专业学位，对招收学员的语言能力、教学能力和心理素质都有较高要求，通过对留学生进行系统科学的教育，培育出热爱中国语言与文化、熟悉汉语语言知识和掌握汉语技能、具备良好的跨文化交际能力并且能胜任汉语教学任务的专业人才。

第二，提供多方面、多层次的相关培训。我国通过设立外国汉语教师来华研修项目、外国本土化汉语教师培养项目和汉语教学专家组赴国外培训项目等推动本土汉语师资专业队伍的发展。例如，2008 年 3 月，泰国玛哈沙拉坎大学孔子学院举办了第一届本土化汉语教师培训班；2014 年 11 月，由国家汉办/孔子学院总部主办、孔子学院拉丁美洲中心承办的首届拉美本土汉语教师培训在智利圣地亚哥举行[①]。诸如此类的国内和海外汉语师资短期、长期培训在世界范围内遍地开花，有效提高了本土汉语教师教学质量。

第三，建设网络平台，丰富教学资源。大力建设网络平台，充分发挥多媒体的作用，将国内外优秀的教学资源共享到互联网上，让各国教师都能够便捷地获取资源，互相学习、互相进步。利用网络平台还可以进行师生交互式学习，开展教师网上培训。

可见，汉语师资本土化有利于世界各国汉语师资队伍建设，能够较好地满足本土汉语教育对师资发展的需求。但是，从汉语师资本土化发展现状来看，高层次的汉语师资队伍依旧较为薄弱。大多数汉语师资培养培训主要还是针对中小学教育阶段，针对学前教育阶段或高等教育阶段的汉语师资则相对不足。由于受到对象国政治、经济等因素的影响，本土汉语师资队伍还需要进一步强化稳定性和持续性，尤其是在发展中国家，许多汉语国际教育专业毕业的学生要么从事短暂的教师职业，要么直接从事非教师职业。一方面，这是由教师的社会地位不高、工资水平不高等原因造成的；另一方面，汉语教师的职后发展缺乏必要的上升通道。此外，美国等发达国家对本土汉语师资要求较高。在美国沉浸式中小学汉语

① 中国侨网. 智利拉丁美洲中心举办首届拉美本土汉语教师培训[EB/OL]. http://www.scio.gov.cn/zhzc/35353/35354/Document/1506063/1506063.htm，2014-11-27.

教学中，汉语教师不仅要具备汉语知识，还需具备其他学科知识以及较强的综合运用能力。因此，本土汉语师资是全能型的，需具备用汉语教授不同学科的知识和技能。

2. 教材本土化

中外联合编写海外本土教材是目前认可度较高的教材编写方式。2007 年，国家汉办主任许琳提出，推进教材改革要“贴近外国人的思维、贴近外国人的生活、贴近外国人的习惯。编写的方式是中外合作”①。2014 年 5 月 11 日，中山大学国际汉语学院院长周小兵教授在“纪念孔子学院创办十周年学术座谈会”上提出中外应合作开发编写汉语教材的建议。②中外联合编写海外本土教材能最大限度地契合当地实际，结合该国学习者的学习需求、学习特点，从而实现汉语教材的本土化。例如，由中国外语教学与研究出版社和英国麦克米伦出版公司合作出版的《走遍中国》是一部面向以英语为母语的汉语学习者的综合性汉语教材，其目标使用域是北美洲、欧洲及新西兰等大洲和国家。《走遍中国》充分考虑到英语国家的文化背景与学习者的接受习惯，力求做到话题具有趣味性、真实性和互动性，出版之后受到了广大汉语学习者的喜爱。

孔子学院总部集合海内外近百位专家，引入科学领域“分类标定”的研究方法，在系统分析 5000 多套通行教材的基础上，根据《国际汉语教学通用课程大纲》和汉语水平考试（hanyu shuiping kaoshi，HSK）分级标准进行科学归纳，依托大数据和数字处理技术，历时 3 年，打造了集新兴科研成果、丰富语素语料、权威课程标准、智能化开发工具、量化教材评估体系于一体的大型实用网络应用平台——国际汉语教材编写指南，并一直在更新数据，以此来解决国际汉语教材针对性不强、多样性不足和本土化缺乏等问题。该网络应用平台是互联网时代的汉语教与学一站式自助学习平台，致力于共建资源宝库，共享发展成果，为全世界汉语教师及学习者提供指导和服务，为实现汉语教材本土化做出了巨大贡献。目前，网络教学资源更加丰富，产品形态更加多样化，如网络教材、网上教案、网上课堂、教学辅导资料、语料库资源及综合资源（专门网站/APP）等，为汉语教材本土化提供了多种选择。

因此，教材本土化是汉语国际教育资源开发与设计的发展趋势，为汉语教育本土化提供了资源支撑，也为汉语学习者提供了多样化的学习资源。教材形态呈现的方式也是多种多样的，既有纸质形式的，也有电子版形式的，这拓展了汉语

---

① 许琳. 汉语国际推广的形势和任务[J]. 世界汉语教学，2007（2）：106-110.

② 公共外交网. “纪念孔子学院创办十周年学术座谈会”在广州召开[EB/OL]. https://www.pdnet.cn/index.php/home/index/view/article_id/531.html，2014-05-15.

学习者的学习渠道，同时增加了汉语学习的趣味性，激发了学习者的学习动机，从而提升了汉语学习质量。所以，教材本土化是需要的。当前，相较于单方面的教材编写，中外联合编写海外本土教材确实能够解决汉语教材本土适应不足的问题，但是需要注意的是，我们不能过分依赖教材，因为汉语教育的主体是教师和学生。所以，在汉语教育教学过程中，我们更应该关注师生如何在不同情境中共同开发和构建教材内容，从而活化汉语人才培养。

3. 教学法本土化

不同的语言可能从属于不同的语系，因而说不同语言的人在思维方式、认知规律等方面有较大的不同。如果一味套用国内的汉语教学模式和方法，必定会陷入胶柱鼓瑟的尴尬局面。如何做到因材施教，变通教学法，使当地汉语学习者更易习得汉语知识和技能呢？这就要求我们实现教学法的本土化。

教学法的本土化必须以语言教学原理和汉语教学原则为中轴，始终以汉语和汉文化为教学内容，结合当地实际和学习者需求，灵活变通，使所采用的教学法符合当地教育实际，适应当地学习者的学习习惯。在此需要强调的是，汉语的语音、词汇、语法及文字等是汉语的本质所在，千万不可一味追求教学法的多样性，而忽略了语言内容的教学。在语言教学原则下，因地制宜地变通教学法才是我们所要提倡的。赵金铭先生还提出了“国别化汉语教学”的想法，实际上就是汉语作为第二语言教学一般规律的具体化的体现，而个别地区的汉语教学经验就是一般规律与当地实际情况相结合的升华。因此，国别化与本土化可以互相补充，互相借鉴。

从教育学视角来说，教学法具有共同的原理，只是由于教学目标、教学对象、教学内容等方面的不同，我们需要根据实际教学情况，适时适当地选择和实施不同的教学法。汉语教学法的本土化正是针对不同国家或地区汉语教育教学的差异性而采取的不同的教学手段。其中，如何处理好本土汉语学习者的需求与本土汉语教学目标之间的关系是实施差异化汉语教学法必须考虑的。从汉语教学法的实施现状来看，本土汉语教师对本土语言文化、本土学生等方面情况比较了解，能够较好地采用不同的教学法，但是由于他们对汉语知识掌握得不够牢固，导致汉语教学主要停留在表面，汉语知识与教学法融通的程度还不深。相比之下，对于我国汉语教师志愿者或外派汉语教师而言，虽然他们懂得不少的汉语教学法，也具备深厚的汉语知识和较高的教学技能，但是由于对本土学生的情况还不够了解，面对不同需求的汉语学习者或多样化的课堂行为时，往往表现得力不从心。对此，汉语教学法本土化需要回归教育本身，遵循教育发展规律、学生身心发展规律，只有这样才能发挥教学法对本土汉语人才培养的正向功能。

二、汉语国际教育发展的理论依据

汉语国际教育发展的理论依据是教育国际化理论。在新时代进一步扩大教育对外开放和“一带一路”建设背景下，教育国际化的内涵更加丰富，途径更加多元。汉语教育国际化不仅是我国走向世界的重要抓手，也是教育国际化的一种重要体现。我国高校通过汉语国际教育提升了学校教育国际化的发展水平，而海外高校也利用孔子学院等平台提升了本校的国际化水平。由此，教育国际化与汉语国际教育密切相关。教育国际化发展在某种程度上促进了汉语国际传播，而汉语国际传播又为教育国际化的进一步发展提供良好的平台。两者相互促进，共同铸就新时代汉语教育国际化新天地。

（一）教育国际化的含义

教育国际化是时代发展的必然产物，它不仅是一个历史的过程，同时也是一个发展的概念。简单地说，教育国际化是一个双向互动的发展过程，既要向外共享本国丰富的教育资源，同时也要积极引纳他国优质先进的理念和技术，通过充分整合与利用国际教育资源，来促进教育和经济的相互发展。或者说，教育国际化是在世界范围内与教育相关的各种活动，如参与国际教育交流会展活动、搭建传播本国语言文化的交流平台等都属于教育国际化的范畴，最终旨在提升本国教育的影响力与国际地位。汉语国际教育就是教育国际化的一种表现形式。教育国际化是世界各国在应对全球治理教育共通问题过程中共同选择的一条发展道路。目前，教育国际化已经在全球教育发展中成为一种趋势，教育国际化不再只是一种理想，更是在世界范围内展开的一种具有鲜明特色的教育实践活动。这也说明，利用全球化的眼光来辩证地看待和理解教育国际化的动态含义是非常有必要的。

1. 过程说

从过程的角度对教育国际化进行定义。在教育国际化背景下，各国的教育市场、人才以及文化资源可以最大限度地在全球范围内流动和共享，并为人类之间跨国界、跨民族和跨文化的交流提供了多种可能。同时，教育国际化的过程中单一与多样、国际化与本土化、特殊与普遍之间的博弈与悖论也充满了矛盾，总是并存于世界教育国际化改革和社会向前发展之中。简·奈特对“教育国际化”的界定得到了学界的认可，她认为，教育国际化的过程就是把国际的、跨文化的或全球性的维度融入教育目的、教育功能和教育实施中。[①] 菲利普·阿特巴赫是美国著名的比较教育学学者，他认为教育国际化是把国际的、跨文化的或全球层面的内容融入（高等）教育目的、职能或教学实施的过程。[②]因此，教育国际化强调的是各教育要素的跨境配置以及教师教育教学过程的跨境重构，其本质其实就是双向、跨境、跨界的，并且是一个由多个主体共同参与、共同推进的过程。要保证这一过程的顺利实施，则需要两个最基本的前提，其一是保证教育市场在国际上的开放性，其二是确保各国差异性的教育体系间具有共识性的学位与资格互认制度。这两个基本前提缺一不可，如果缺少其中任何一点，便难以维系教育要素的可持续性跨境流动，那么，教师教育教学过程的跨境重构就更不知从何谈起了。这种以“过程”作为核心来定义汉语国际教育的内涵是值得我们深思的。从这一角度出发，教育国际化需关注在国际化过程中所涉及的诸多相关因素，协调好这些相关因素正是教育国际化进程中最需要做的事情。

“过程说”将教育国际化作为一个动态发展的过程来看待，强调教育国际化进程中协调好各方面的相关因素的重要性，注重教育国际化过程中的均衡性。不可否认的是，教育国际化本身即强调国际化进程的发展变化，但若仅强调其变化又未免使教育国际化的内涵过于狭隘，毕竟教育国际化虽然是一个国际化的过程，但同时在这一过程中，教育国际化的内涵在不断深化中逐步形成了相对独立的体系。因此，仅从过程性的角度来定义教育国际化的内涵还是远远不能概括教育国际化的深层次内涵的。

2. 发展说

从发展的角度对教育国际化进行定义。现今的教育国际化通常也指通过与他国的教育机构或国际上的相关教育组织进行多方位的合作交流、办学以及开展各类国际理解教育或国际援助，为了实现教育的融合与发展，加大国际化人才的培养力度，可以通过以下几个方面来实现，如转换理念与调整目标、优化教学与课程、创新管理与评价方式等。[③]也有学者认为，教育国际化是要“把本国的教育拓宽于世界教育之中”[④]，不断借鉴并吸收世界范围内一切成功的教育经验和有益的先进科学技术，来提高本国的教育在国际上的经济竞争力。教育国际化的发展重点是重视国际化人才的培养。国际化人才要具有国际视野、较

① 奈特. 激流中的高等教育：国际化变革与发展[M]. 刘东风，陈巧云，译. 北京：北京大学出版社，2011：64.

② 周南照. “教育国际化”化什么？[N]. 人民政协报（教育在线周刊），2011-06-22（C01）.

③ 王水发. 学校教育国际化的思考与实践：以广东深圳市南山区中小学教育国际化的探索为例[J]. 中小学管理，2011（12）：14-17.

④ 徐辉. 比较教育的新进展：国际教育初探[M]. 成都：四川教育出版社，2001：66.

强的交往能力和处理国际事务的能力，还要关心并了解国际发展形势。从人本的角度去定义，随着商品、资本、人员、技术、思想等跨境流动范围的扩大，其流动速度也在不断加快，国家之间、人与人之间的相互依存度不断提升，教育国际化从根本上来说是在实现“物”、“财”和信息国际化，其落脚点仍然在实现人的国际化上。“一个真正的国际人，才是一个出色的中国人”，由此我国教育改革的目标是培养具有国际眼光，在知识、素质和能力等方面都具有国际竞争力的优秀人才。①

因此，“发展说”是将教育国际化视作一个动态的、长期的发展过程，以发展的眼光审视教育国际化的内涵，认为发展是教育国际化的最终归宿，所采取的诸多策略也是为了教育本身的发展，教育就是在国际化的过程中实现自身发展的。“发展说”是在市场经济加速发展过程中不断深入人心的，发展成为教育的终极目标，衡量教育发展的准则也在随着时代的发展而不断变化。教育国际化的主动权更多地开始掌控在本国手中，教育应该被纳入国家竞争机制，成为国家参与全球竞争的一部分，以适应时代的激烈变革。“发展说”以一种更为实际的眼光来看待教育国际化，一定程度上丰富了教育国际化的内涵，教育国际化不再是一个在全球化、国际化背景下被动卷入的过程，而是成为本国教育发展的一个重要跳板。各国可以利用教育国际化推进本国教育的发展、促进全球教育的多向融通。

3. 全球说

从全球化的角度对教育国际化进行定义。在《教育大辞典》中，教育国际化被解释为：“第二次世界大战后国际间相互交流、研讨、协作，解决教育上共同问题的发展趋势。特点：(1)国际教育组织出现与发展。……(2)国际合作加强。……(3)各国均在改革学制的封闭与孤立状况，使本国与国际上的各级各类学校发展趋向一致。”② 国际教育发展委员会对教育国际化的内涵也做了阐释，认为教育国际化就是要求教育“反映出各国共同的抱负、问题和倾向，反映出它们走向同一目的的行为”。全美州立院校联合会在敦促美国应该加快教育国际化的报告中认为，“学生应接受正确反映全世界社会、政治、文化和经济的全方位的国际化教育”，“教育界应改变那种‘自扫门前雪’的封闭式观念，积极研究全球性问题，通过国际教育交流项目、技术支持等方式加强同外部世界的联系”③。

上述观点共同阐释了教育国际化是在经济全球化的背景下、民族化和全球化

① 董秀华. 从国家化走向国际化：21世纪中国教育发展的一大趋势[J]. 全球教育展望，2001（6）：64-70，44.

② 顾明远. 教育大辞典（增订合编本）[M]. 上海：上海教育出版社，1998：751.

③ 刘立. 美国高等教育改革的一个动向[N]. 中国教育报，1987-04-17.

博弈的过程中衍生出来的概念和结果，二者相辅相成、辩证统一。本书认为，教育国际化不是简单的教育一致化和同化，而是一个双向的，多主体共同参与、共同推进，具有多元文化目标的动态过程，同时也是培养国际化人才、增进世界各国文化认识和理解、加强国际交流与合作的全球化发展过程。教育全球化也不单是一种发展策略，更不单是一个在国际化潮流裹挟下教育被动适应的过程，而且是一个主动适应、多向推进的动态发展过程。

（二）教育国际化的功能

教育国际化的一种功能就是通过加强国际理解教育，培养大批的国际化人才，对不同国家的不同文化进行认识和理解。我们尝试从文化相对主义的理论视角去寻找一种新的认识。

文化相对主义起源于18世纪，它与文化哲学传统相伴而生。美国文化人类学家梅尔维尔·赫斯科维茨（Melville Herskovits）认为，文化相对主义的核心是尊重差别并要求相互尊重的一种社会训练。文化相对主义否定文化价值的绝对性，反对用一种文化体系的价值观念去评判另一种文化体系。[①]同时，文化相对主义主张，世界是由各种不同的文化组成的，在这之中各种文化都有其存在的合理性，不应认为各文化之间存在优劣和高低贵贱之分，而应该尊重各种文化。承认文化多元性，反对任何排斥和否认他文化的行径是文化相对主义的重要特征。因此，在全球化背景下，要维持文化的强大生命力和提高文化的活跃性需要各国进行跨文化交流。文化的开放性就在于每个国家和民族都能积极地与其他文化交流互鉴，从而使自身文化更加丰富。[②]

1. 弘扬民族文化优秀传统

民族文化包括物质文化和精神文化，是指各民族在其历史发展过程中产生的具有本民族特色的文化。[③]教育具有民族文化传统和本土文化特色，它通常以本国语言文字为主要载体，向世界传播文化。在文化交流过程中，民族文化根植于传统文化，通过借鉴与吸收外来优质要素，从而促进自身文化的发展。在教育国际化的进程中，维持本民族文化特色是发展的核心，在此基础上去理性地吸纳他国的教育理论和经验，以找到适合本国国情的教育发展之路。中国的教育国际化发

---

① 谢剑萍，付永钢. 从跨文化交际角度看文化相对主义的相对性[J]. 社会科学家，2004（9）：26-28.

② 中国现代文化学会. 东西方文化交融的道路与选择[M]. 成都：四川人民出版社，1993：2.

③ 中国大百科全书总编辑委员会《民族》编辑委员会. 中国大百科全书：民族[M]. 2版. 北京：中国大百科全书出版社，1998：313.

展还有很长的一段路要走，认识、理解、尊重进而吸收世界优秀教育成果是一个极其漫长和艰难的过程，而目前我国采取的是“走出去”的发展战略，希望通过拓宽文化交流渠道，将中华文化通过这座教育国际化之桥进行更深远的传播，其终极目标是希望通过利用中国优秀的教育成果来影响全世界，那么最终，我们将共同为人类多元文化纵深发展与维护世界和平贡献自己的力量。实际上，不同国家在实现教育国际化过程中之所以存在差异，其根源也就是各国文化传统之间存在差异。因此，我们需要以开放、包容和理解的心态去接纳和学习他国文化中的精髓，在这个过程中，民族文化全盘外化或者排斥外来文化都是不可取的。

值得思考的是，弘扬优秀的民族文化传统仅仅通过单一的输出方式是不合适的，我们需要通过更加多元和有效的方式来促进民族优秀文化的发扬和传播。以往的输出方式过于单一致使效果并不是很理想。比如，我们开设孔子学院进行汉语国际教学，但其课程内容还过于单一，教学方式还不够适应外国学生的思维习惯，教育内容还不够吸引更多的学生前来学习，这就需要更新整个汉语国际教育体系来促进汉语教育的发展。然则，汉语国际教育只是教育国际化中的一部分，作为一种弘扬民族优秀文化传统的方式，在教育国际化浪潮下，还有很多值得进行深入思考和改进的地方。因此，教育国际化有利于我们通过汉语国际教育这一途径弘扬民族优秀文化，但具体的方式还亟待深入探索。

2. 促进多元文化共存

多元文化是多种具有相对独立性的文化彼此联系，同时存在于一个区域、社会、群体或阶层等特定的系统中，由历史积淀而共生的产物，其具备空间多样性、时间共时性的特征。从内涵上来说，正如联合国教科文组织（UNESCO）在“全球多元文化大会”的报告中的总结所言，多元文化包含各族群平等享有“文化认同权、社会公平权以及经济受益需求”。从层次上来说，多元文化不仅有利于全球文化间的相互促进，还有利于单一民族传统文化更多地包容其他民族文化。①

当今各国都有自身的历史文化背景和价值取向，从世界整体而言，多元文化体系已然形成。在世界内部，各种文化相互吸纳，从这一层面上，我们有必要认识到文化的多元性，并尊重与支持各国文化的共存共荣。多元文化的接受过程本身也体现了人们对于不同文化的承受和理解程度。在全球经济一体化的今天，各国文化都在世界教育舞台上扮演着重要的角色，它们不再是一元文化背景下的统治者或幸存者，而是多元文化的共同缔造者。教育国际化在这种背景下发展十分迅速，影响力也越来越大。如果在这一过程中各国相互开放、共同整合教育资源，

① 沈银珍. 多元文化与当代英语教学[M]. 杭州：浙江大学出版社，2006：106.

那么最终将形成并推动教育和经济共同体的发展。多元文化的发展促进了国际教育的改革和发展。同样，国际教育的发展也促进了多元文化的并存和繁荣。在教育国际化进程中，各种各样的文化不断进行交流和碰撞，教育本身作为一种文化现象，也在这一过程中实现了自身的发展。更为重要的是，与教育相关的其他诸多因素也因此得到了发展。所以，教育国际化所带来的不仅仅是教育的国际化，更是文化的国际化。教育内容作为一种文化存在，使得文化依托不同的形式开始传播出去并得到发展，教育内容也变得更加丰富。与此同时，在教育国际化背景下，多种文化又是相互依存的，各民族借助教育国际化的发展契机来发展本民族的文化，并借此实现文化的创新和发展。

3. 加深国际理解教育

国际理解教育强调动态的文化理解。这是近年来新兴的教育理念，其目的在于加强彼此之间的相互合作和交流，以便共同认识和处理全球重大问题。① 因此，国际理解教育提倡“多元文化教育”，并以“和平文化”作为焦点，认为在多元文化语境中，我们需要学会理解与包容，形成尊重不同文化的态度，而这种态度正是理解教育的核心之义。除此之外，国际理解教育还致力于追求形成人类及文化相互依存、相互促进共同体的途径，培养具备与世界人民和平共存素质的人才，以期建立一种平等的国际秩序和一个和平的世界。②

教育国际化也体现了各国人民对不同文化背景下和平文化的期盼和对教育功能的新认识。通俗地讲，教育国际化的过程无外乎就是把国际的、跨文化的、全球的观念进行加工，并将之逐渐融合到本国教育教学之中，从而实现本土文化国际化的教育。教育国际化在促进各国教育发展的同时，也使发展中国家的教育发展面临一系列的问题，如人才的流失、对传统教育的冲击、教育理念对本土文化的影响等，这些问题的出现导致了一定时期学界对教育国际化教育功能的重新定位和认识。因此，在这种情况下，教育国际化需要建立在文化对话、理解和融合的基础上，倡导国际理解教育中可持续共同发展的教育理念，能够在全世界范围内构建一种和谐、平等的新国际秩序。从某种意义上说，我们认为 21 世纪的教育国际化与 20 世纪的教育国际化其实是一脉相承的。

4. 实现教育资源共享

教育国际化进程促进了教育发展，也促进了全球教育资源的彼此共享。教育

① 卓志望，施可清. 开展国际理解教育　迎接 WTO 的挑战[J]. 教育探索，2003（2）：22-23.

② 杨小玲. 国际理解教育的理论与实践研究[D]. 福州：福建师范大学，2006：90.

国际化促进教育资源共享已是有目共睹，主要体现在以下几个方面：①国际人才交流互动越来越多；②优质课程全球化共享；③教育管理经验多向沟通；④学术成果共享机制更加完备。首先，随着教育国际化的发展，国际上人才交流的速度越来越快，人才交流总体数量逐年增多，人才交流方式不断发生变化。在此基础上，教育人员获得了更多彼此交流合作的机会，并在不断深化的交流中实现教育能力的提升和教育观念的更新。未来这种交流在方式上必然更加多样化，交流频次也会更多，这有利于优秀人才在全球范围的流动，并使得人才资源能充分发挥其最大效益。其次，优质课程实现了共享，现在多数学生通过网络等诸多途径都能接触到更优质的教育资源，哈佛大学、剑桥大学的公开课也触手可及。优质课程传播的意义不仅仅在于让更多的人接触到这些优质的教育资源，更重要的是使教育者反思本国教育存在的问题，从中汲取其优点并加以改进。除此之外，各国的教育管理经验也实现了多向沟通，促使教育管理更加高效并能实现更优质的管理，也得以互相学习借鉴全新的教育管理经验，有效地减少了教育资源的浪费。最后，学术成果更具有有效性和及时性，教育国际化促使各国在更快的时间、更前沿的地方展示自己的学术成果，这对全球学术成果的共享和交流都起到了巨大的推动作用。教育国际化在这些层面上促使教育资源共享，各国得以充分发挥自身优势，在实现教育国际化的进程中促进国际化教育的发展。

（三）教育国际化中的汉语国际教育

汉语国际教育既是我国推动教育国际化的重要举措之一，也是汉语在教育国际化过程中地位不断上升的显著体现。随着教育国际化浪潮的迭起，汉语国际教育开始扮演着越来越重要的角色。在推进教育国际化大势中，汉语国际教育不仅推动了汉语走向世界，促进我国教育国际化，还带动了汉语教师的培养、孔子学院的兴起以及一大批与之相关的产业的发展。除此之外，更为重要的是，中国在推进汉语国际教育的过程中走出了一条新路，形成了独具特色的汉语国际教育。

1. 汉语国际教育的国际化目标

国务院学位委员会办公室于 2009 年制定并颁布了《全日制汉语国际教育硕士专业学位研究生指导性培养方案》，该方案对全日制汉语国际教育硕士专业学位的人才培养目标做了详细规定，但对于本科阶段汉语国际教育专业的培养目标，目前国家尚未进行统一定位。国内很多高校已经对汉语国际教育专业人才培养目标进行了积极的实践。王艳荣和陈薇对四川、广西、上海、新疆和吉林等地高校开设的汉语国际教育本科专业人才培养方案进行了研究，发现各地的汉语国际教育人才培养方案除均重视对汉语和英语基础、跨文化交际能力的培养外，还有一些特色化目标，如培养“能在国内外各类学校从事汉语国际教育教学，或能在国家政府机构的涉外职能部门、外贸机构、新闻出版以及外资、合资企业从事管理和语言文化传播交流等相关工作的语言学通用型人才”①，等等。各高校对汉语国际教育人才的培养目标的定位是有差别的，但有一点几乎是相同的，即都要培养实践能力突出的应用型人才。

为了更好地厘清汉语国际教育专业的人才培养思路，就要进一步解读《全日制汉语国际教育硕士专业学位研究生指导性培养方案》的人才培养目标，深入研究并理解“多种教学任务”“应用型”“复合型”“国际化”等关键词。“多种教学任务”不局限于正规学校中的教师课堂教学，也可以延伸为与汉语教育相关的各种工作形式的总和，在此基础上，汉语国际教育毕业生的就业前景应该是宽领域、多元化的；“应用型”“复合型”“国际化”表明，汉语国际教育人才应当具备在不同国家和地区、不同行业领域从事汉语传播、文化交流等工作的综合职业素质。因此，在汉语国际教育人才培养过程中，要重视对学生职业素质、国际理解能力等方面的培养。同时，这也凸显了建设海外优良实习基地的重要性。近年来，我国职业教育发展迅速，这也证明了，注重人才实践能力的高质量发展对于人才整体质量的提升会产生显著的正向影响。

2. 汉语国际教育的国际化历程

汉语国际教育承担的使命与任务以及所开展的各项活动一直都是在国际范畴中发生的。因此，汉语国际教育的国际化并非只是在国际化背景下产生，而是从诞生开始就带有国际化的痕迹。随着汉语国际教育的国际化发展，汉语国际教育将不断地在世界舞台上发挥重要的作用。

汉语国际教育的国际化历程与孔子学院的产生、发展息息相关。可以说，2004 年孔子学院未成立之前，汉语国际教育的国际化更多的是单向的，主要是针对来华留学生的汉语教育。孔子学院成立之后，海外汉语教育得以快速发展。汉语国际教育“请进来”和“走出去”双向的国际化模式初步形成。孔子学院的建立为加快汉语国际教育国际化进程提供了有利条件。2006 年 5 月，经国务院批准，国家汉语国际推广领导小组组成人员进行了相应调整。2007 年 4 月 9 日，以汉语国际传播为宗旨的孔子学院总部挂牌，至此，汉语国际传播的领导机构和实施机构正式建立，并进一步优化了汉语国际传播的组织建设。以孔子学院

① 王艳荣，陈薇. 汉语国际教育专业人才培养模式探索：以吉林师范大学汉语国际教育专业为例[J]. 吉林师范大学学报（人文社会科学版），2013，41（3）：98-100.

为核心的汉语国际传播品牌的确立，加快了我国汉语国际教育的发展步伐，从而使我国在教育领域拥有了自主制定并实施的国际教育计划，并且在国际上得到了广泛响应。①

汉语国际教育在不断发展过程中，从最初尝试着“走出去”到最终主动地“走出去”，其间经历了许多波折。汉语国际教育从最初面临汉语教师培养方案难以确定、汉语教师派出过程困难重重以及部分国家对汉语国际教育的传播进行抵制等多重困难，到当今汉语教师培养体系和汉语教师派出系统日渐完备、汉语国际教育传播策略不断改进，可以预见，即便历经诸多艰难，但在未来的发展中，汉语国际教育将会得到更好的发展，也会更为开放和具备本国特色。

汉语国际教育发展过程中，我国也借鉴了许多他国语言传播策略。对英国、美国传播英语的策略，韩国传播韩语的方法以及其他许多国家在推进本国语言国际化道路上采取的有效措施进行了很好的借鉴。但更为重要的是，在不断地摸索和推进汉语国际教育过程中，要找到适合我国汉语国际教育发展的新路。从建立第一所孔子学院到孔子学院遍布全球，一批又一批国际汉语教师远赴他国，为推进我国汉语国际教育做出了巨大贡献。汉语国际教师的质量不断提高，更使得汉语国际教育本身得到了长足发展，提升了汉语国际教育的效果，在此过程中，汉语国际教育课程体系不断完善，教学方式的多样化和本土化，使得更多的汉语国际教育机构在他国落地生根，真正的汉语国际教育时代来临了。

3. 汉语国际教育的个性化特色

教育国际化不仅推动了汉语教育迈向世界各国，而且同时也让汉语教育者认识到汉语教育在各国具有个性化和本土化的特点。世界各国也认识到，在推进教育国际化过程中，保持本国教育的民族性和本土性是一项十分重要且艰巨的任务。时代洪流裹挟着各种思潮向我们涌来，此时坚守自己立场显得格外重要。汉语教育在国际化过程中，也受到各种“负面声音”的影响。在此过程中，一方面需要保留汉语国际教育最为核心的东西，另一方面又需要允许汉语国际教育去迎合当地的需求，而这两者之间的度能否把握好将会对汉语国际教育的良性发展起到决定性的作用。

汉语教育在教育国际化过程中凸显出了自己的个性，并结合当地的特点形成了许多富有成效的全新教育模式，如英国汉语教师培养模式，就是基于英国本土的特点，最终形成的多元化和专业化的汉语教师培养模式。汉语国际教育获得了这样的突破是令人欣喜的。英国一直以来都非常重视教师教育的发展，并将教师

---

① 李毅. 汉语国际推广与我国国际教育的发展[J]. 西安外国语大学学报，2010，18（4）：51-53，96.

质量问题与教育质量问题紧密地联系在一起。英国教育体系本身即有着非常悠久的多种外语教学历史。因此，在外语教师的本土化培养上经历了漫长的发展阶段后，英国教育部基于多年积累的教师教育经验与本国对汉语教育的需求建立了较为完善的外语教师培养体系。其中，最为重要的便是在 2003 年，英国将中文纳入学位教师教育证书（postgraduate certification in education，PGCE）项目之中[①]，这是英国首次将少数语言（法语、德语以及西班牙语之外的语言）科目纳入 PGCE。PGCE 是所有希望在英国中小学做中文教师的人必须具备的从业资格证书之一。这种正规的汉语教师本土培养方式在国际上是比较鲜有的，是汉语国际教育发展过程中出现的新鲜事物，也是汉语国际教育在英国特有的环境下实现的新发展。这种独特的模式对于其他许多国家来说都具有借鉴价值，促使汉语国际教育更为注重本土特色，提供了新的视野。

4. 汉语国际教育的融合性发展

汉语国际教育在教育国际化过程中实现了融合性发展。这是因为汉语国际教育内涵丰富，汉语教育本身并不是通常所认为的只是一种语言教学方式，实际上，汉语国际教育是一种以语言教学作为载体，通过相应的机构和项目等所呈现出的各种各样的组织形式，以熟识汉语和理解中华文化作为目标趋向所进行的跨国和跨文化的国际教育活动。在发展过程中，汉语国际教育通常是作为一项国际教育计划来传播和实施的。在汉语传播过程中，我们总是力图为更多的外国人提供更好、更多的学习汉语的机会，并因地制宜地创造更多学习汉语的条件。经过多年的努力，我国在此基础上逐渐搭建起了中外文化交流合作平台，通过平台建设积极传播中华文化，并试图促使世界人民对中国和中华文化摒除偏见，获得深入的了解，同时在这一过程中，不断增进中国人民对世界的了解。

这种融合性发展适应当前我国国情。汉语国际传播一方面是具有相对独立性的，但同时也不可避免地受到我国经济发展、外交政策等方面的影响。汉语国际教育在积极参与国际交流与合作的过程中，为国际教育发展做出了贡献。因为这些错综复杂因素的影响，汉语国际教育不再仅仅停留在汉语教学层面，而是逐渐发生了变化，甚至成为我国国际教育政策的一项重大举措。在外国人学习汉语的过程中，通过孔子学院等组织机构以及举办各种各样的汉语活动等方式帮助他们了解中华文化，这是配合我国“走出去”战略所采取的重要举措，将会进一步推动我国高等教育的交流与合作在世界范围内的内涵式发展。更为重要的是，它在

① 宋连谊. 英国中文师资培训的实践与思考[J]. 海外华文教育，2007（3）：70-75.

更大范围和更深程度上实现了促进我国国际教育发展的目的。汉语国际教育越来越个性化，日后实现融合性发展更是时代所趋。

汉语国际教育的融合性发展也是在当今时代不可避免的潮流。世界各国力图求同存异，在引进外来事物过程中，既保持一部分必不可少的警惕之心，又深知在教育国际化过程中必须实现教育的多向融通。基于此，各国在进行教学时，总是根据本国的本土特色和民族特色，对汉语国际教育进行相应的改造以适应本国的教育现状。因此，在教育全球化的大背景下，一方面是我国在推进汉语国际教育过程中坚持的民族性和特色性，另一方面是他国在引进时所持的改进和调整态度下的容纳性，汉语国际教育不可避免地走向融合性发展。构建以民族性、当地性和国际性三位一体的汉语国际教育体系至关重要，其中的关键便在于如何协调汉语国际教育在这种复杂环境中的位置。

5. 国际化中汉语国际教育发展的实践案例

随着教育国际化进程的加快，教育国际化成为我国“双一流”建设的一项重要指标，而汉语国际教育作为我国“走出去”战略的一条重要途径，在教育国际化发展过程中扮演着重要角色，其发展的规模、质量和效益都影响着大学国际化的进程。下面以 A 大学汉语国际教育实践为例加以说明。

A 大学自 2009 年起招收汉语国际教育硕士，各层次留学生数量一直保持在 1600 人以上，为汉语国际教育硕士培养创造了良好环境。在印度尼西亚（简称印尼）、美国建立了 11 个教学实习基地，在加拿大、法国、拉脱维亚建立了 3 所孔子学院。以“对接国家战略，突出区域特色，开放创新”为理念，根据海外区域需求定向培养现代化汉语教学人才，以培养优秀本土教师和国别化中国教师为目标，以孔子学院、国内外院校及各类教育机构为教学实习基地，以校内外导师联合指导为培养方式，建立与汉语国际传播发展相适应、具有鲜明岭南和区域文化特色的培养模式，为培养高水平的国际汉语教学人才和推动中华文化在海外的传播做出了积极贡献。

A 大学在汉语国际教育硕士研究生培养过程中面临着如下问题。第一，培养模式同质化，不能适应本土化和国别化人才需求。中国学生国别化汉语教学、区域特色文化传播和国别化教材资源开发等能力薄弱。外国学生需在巩固汉语技能和中华文化知识的同时，加强汉外语言文化对比研究能力。第二，课程设置方面，中外学生课程区分不明显，特色课程和校本课程开发不足。中外学生具有不同的学习基础和能力，而现有课程却未能很好地考虑和解决因学生基础和能力不同所出现的问题。应根据不同学生的需要进行课程设置，加强特色课程和校本课程的开发。第三，教学实践能力培养不成体系，管理不到位、制度不完善。汉语国际人才培养的目标是培养推动中外交流合作、参与“一带一路”建设的实践型人才，而已有人才培养模式却未能发挥应有的作用。

为此，A 大学汉语国际教育改革和实践团队制定并实施了如下研究方案（表 1-1）。

表 1-1　汉语国际教育硕士人才培养方式改革方案

阶段	起止时间	具体内容
组建项目团队，进行汉语国际教育理论与实践调研（以国家“211 工程”重点建设项目为起点）	2009 年 5 月—2010 年 8 月	①汉语国际教育理论调研，包括调研已有成果和追踪前沿信息； ②汉语国际教育硕士研究生培养实地调研，调研汉语国际教育现状和硕士研究生培养现状； ③根据教育部高等学校教学指导委员会要求，确定汉语国际教育专业人才培养的目标和规格。
根据调查结果，提出问题	2010 年 9 月—2010 年 12 月	①硕士研究生培养模式同质化，不能适应汉语国际教育本土化和国别化人才需求； ②硕士研究生课程设置存在中外学生课程区分不明显、特色课程和校本课程开发不足等问题； ③硕士研究生教学实践能力培养不成体系，海外实习存在管理不到位、制度不完善等问题。
研制汉语国际教育硕士研究生培养方案	2010 年 9 月—2010 年 12 月	①明确汉语国际教育专业所需知识、技能、素质等方面的要求； ②理清汉语国际教育硕士研究生培养的内容，包括培养目标、课程设置、教学方法、专业实践等。
创新汉语国际教育硕士研究生培养模式（国家“211 工程”重点建设项目）	2010 年 9 月—2013 年 5 月	①创建定向链接人才培养机制，将人才培养模式与国家战略对接； ②大力发展海外实习基地，聘请海外导师进行指导和管理，培养本土化和国别化师资； ③从“三能力”出发改革课程设置和课程内容； ④创新人才培养模式，提出“四结合”方案以优化创新专业实践内容。
践行检验汉语国际教育硕士研究生培养方案和培养模式	2013 年 6 月—2017 年 12 月	①综合各项工作开展汉语国际教育专业实践活动； ②根据汉语国际教育硕士研究生培养的成效不断改进各项工作； ③总结经验，评价建设成果的应用效果。

A 大学在汉语国际教育硕士研究生培养模式的具体改革过程中开展了如下教学研究。第一，首创定向链接人才培养机制，制定了适应印尼需求的汉语国际教育硕士研究生培养方案，并迅速将之推广到吉尔吉斯斯坦、泰国等国家。第二，根据本土化教师（外国学生）和国别化教师（中国学生）的不同基础和需求，促进人才培养与国家战略对接、国别化与本土化培养对接，改革课程设置和课程内容，创建新的人才培养模式。第三，在教学内容、教学方法、实习管理三个方面进行了重大改革。

这项改革立足于 2009—2013 年 A 大学国家“211 工程”重点建设第三期项目课题研究和《全日制汉语国际教育硕士专业学位研究生指导性培养方案》，建立汉语国际教育硕士研究生“一机制、双对接、三能力、四结合”人才培养模式（图 1-1）。一机制是指定向链接人才培养机制；双对接是指人才培养与国家战略对接、国别化与本土化培养对接；三能力是指基础能力、核心能力、实践能力；四结合是指汉语与外语交际能力、语言交际能力与汉外对比能力结合，岭南文化与区域特色文化、核心课程与特色课程结合，传统教学技能与现代化技术、实地教学与线上教学结合，语伴辅导、小班训练与双导师实习三层次及政府、学校与家庭三管理结合。该模式培养了大批汉语国际教育专业师资人才，学生获多项国家级奖励，美誉度高、成效显著，受到领导和专家的高度评价，具有很大应用传播价值。

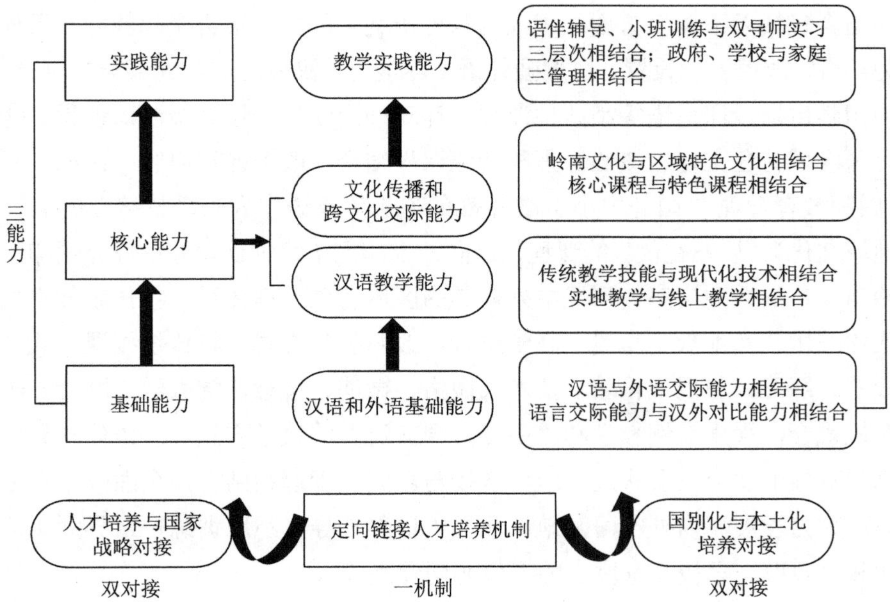

图 1-1　“一机制、双对接、三能力、四结合”人才培养模式

在实践中“一机制、双对接、三能力、四结合”的人才培养模式的理念得到不断完善，如为面向外国留学生的全英课程以及其他专业课程的教师培养提供可借鉴的理论、方法与实践模式。

一机制是指定向链接人才培养机制，该机制有利于增强国别化本土人才的适应性。该人才培养模式主要选定印尼作为定向培养国。①国内研究生的“链接”培养。从 2011 年开始，开设印尼语课程，A 大学每年都会派出学生到印尼实践基地实习一年，且完成毕业论文和论文答辩。②印尼本土研究生的“链接”培养。从印尼本科生中选拔优秀毕业生直接就读本校汉语国际教育硕士研究生。毕业后，为印尼当地汉语教学和管理岗位培养骨干力量。在“一带一路”倡议框架中，拟在泰国、柬埔寨、吉尔吉斯斯坦等国家建立新的海外实习基地。

双对接是指人才培养与国家战略对接、国别化与本土化培养对接，解决中外学生同质化培养的问题。以培养优秀本土教师和国别化中国教师为目标，分别制定中国学生和外国学生的培养方案，设置不同的课程内容，解决中外学生课程区分不明显的问题，促进研究生的海内外人才培养和国家战略对接、国别化与本土化培养对接。

三能力是指“基础、核心、实践”三种能力。基础能力，强调汉语和外语基础能力；核心能力，注重文化传播、汉语教学与跨文化交际能力；实践能力，侧重教学实践能力，特别是海外教学能力。

四结合包括以下 4 个方面：①汉语与外语交际能力、语言交际能力与汉外对比能力结合，改革课程设置。在加强外语交际能力、汉外对比与偏误分析基础上，针对中国学生增设印尼语等小语种课程，针对外国学生开设高级汉语课程。②岭南文化与区域特色文化、核心课程与特色课程结合，改革课程内容。比如，开设“汉语国际教育管理”“国外中小学语言教育专题”“汉语作为外语教学心理学”“国别与地域文化”“涉外礼仪”等课程，定向开设印尼语培训课，并举办介绍印尼国情、岭南文化的系列讲座，形成中外兼具的区域特色课程体系。③传统教学技能与现代化技术、实地教学与线上教学结合，改革教学方式。将传统授课形式（讲授、板书、练习）与现代化教育技术（微格、微课、智慧课堂教学、网上孔子学院）有机融合，采用案例教学和“中外分合交流”的教学方式。④语伴辅导、小班训练与双导师实习三层次及政府、学校与家庭三管理相结合，全面改革实践教学体系。大力发展海内外实习基地，凸显“语伴辅导—小班训练—双导师实习”三层次和“政府、学校与家庭”的三位协同管理模式。

从具体改革成果来看，A 大学汉语国际教育专业研究生积极参加中外语言交流合作中心组织的各种文化活动以及各种教学技能比赛，先后有 10 多人次荣获奖项。5 人荣获国家“优秀汉语教师志愿者”称号。4 人荣获国家研究生奖学金。4 人在“孔子杯”征文比赛中获奖。2022 年，和 A 大学合作的印尼亚洲国际友好学院再次获得世界“汉语桥”中文比赛印尼全国总决赛冠军。亚洲国际友好学院自建院 13 年以来，共夺得 11 个印尼全国总决赛冠军，2 个亚军。其中，最佳辅导教师也曾获得此类冠军，是从 A 大学毕业的研究生。2012 年来共 217 人考取国家汉办汉语教师志愿者，2017 年考取国家汉办汉语教师志愿者的比例达到 100%，服务人次 242 人次，分布于五大洲 27 个国家，加快了汉语“走出去”步伐，并提升了中华文化的传播效果。近几年来，A 大学每年都有学生考取汉语教师志愿者，服务马来西亚、拉脱维亚、加拿大等全球多个国家的汉语教育。新冠疫情影响下，尽管有的志愿者无法赴海外实地教学，但也通过线上的方式开展多个层次的汉语教学实践工作，得到了较好的反响。随着疫情的逐步放开，以线下为主、线上为辅的海外汉语教学实践模式得以充分运用。

相关改革成果亦得到多位领导和专家的高度好评。A 大学在印尼、美国建立了 11 个教学实习基地，在加拿大、法国、拉脱维亚建立了 3 所孔子学院。2014 年，A 大学与加拿大合作共建的高贵林孔子学院荣获全球“先进孔子学院”称号。2016 年李克强总理、2017 年全国人大常委会委员长张德江先后访问拉脱维亚，拉脱维亚大学孔子学院的 A 大学外派教师和志愿者全程参与准备和接待工作。2016 年，拉脱维亚大学孔子学院外方院长贝德高教授荣获 2016 年度全球孔子学院先进个人称号。2017 年，由 A 大学和留尼汪大学合作共建的法国留尼汪孔子学院获全球“先进孔子学院”称号。A 大学派遣研究生赴印尼支持当地汉语教育事业受到印尼教学单位、中国驻印尼使领馆的高度赞扬。印尼华文媒体对 A 大学海外教学实习工作及为当地华文教育事业做出的贡献给予了充分报道。

另外，A 大学汉语国际教育人才培养范围广、影响深远。A 大学的改革立足自身地域和学科优势，推动面向东南亚的汉语国际人才培养和中华文化传播活动。A 大学与印度尼西亚亚洲国际友好学院的合作办学取得了显著成效，与泰国曼谷大学、马来西亚新纪元大学学院、印尼亚洲国际友好学院进行全面合作办学并分别签订了合作办学协议，且于 2017 年开启了《东南亚职业速成汉语》教材的编写工作。此外，A 大学还推进面向东南亚的汉语国际教育研究活动，建设教育部国别和区域研究培育基地。2017 年 9 月，A 大学建立了教育部国别和区域研究基地（备案）东南亚研究中心，开展了“聚焦东南亚高效率传播汉语”和“中华文化”的 2 项教育部资助课题和 1 项广东省政府资助课题的研究工作。2017 年 12 月，A 大学举办了“‘一带一路’视域下东南亚汉语人才培养国际研讨会”，泰国、马来西亚、柬埔寨、印尼、越南等东南亚国家和欧美国家共 100 多名专家学者出席会议，在此次会议上建立了学术交流长效机制。光明日报以《中国-东南亚教育合作共同体初步形成》为标题报道了此次会议的影响和贡献。近年来，围绕汉语国际教育领域的前沿问题，开展了多种类型的学术交流，比如海外本土中文师资建设研讨会、博士生学术沙龙、国际中文教育南方论坛等。

A 大学获批广东省普通高校哲学社会科学汉语学习与国际推广重点实验室，中外语言交流合作中心国际汉语教师证书培训点考点，汉语志愿者、外派教师面试考点，国务院侨务办公室“走出去”“请进来”师资培训项目合作单位，广东省人民政府侨务办公室授予“中华文化传承基地”及“华裔青少年夏令营”培训点，汉语桥广州赛区承办点。在教学研究方面，A 大学获批广东省学位与研究生教育改革研究项目“外国中小学语言教育研究”示范课程（项目名称：广东省教改建设项目，含省级师范课程和教改项目；项目编号：CC1-3；自编号：rc006）、“马来西亚语言政策研究”项目、“‘一带一路’沿线国家中文学习现状及未来学习和服务需求研究”项目、2017 年广东省委宣传部扶持哲学社会科学优势重点学科建设项目“‘一带一路’战略下加快汉语国际人才培养研究”（GDXK201710）、2017 年广东省教育厅社会科学项目“汉语为二语的学习与教学”（项目编号：2016WCXTD006）。近几年来，承担中外语言交流合作中心有关汉语国际教育的研究项目十多项及其他国家级、省部级课题多项；出版“汉语国际教育与推广丛书”（4 本）、《印尼小学华文》（两册）及《全球化下国家语言推广战略：政策、模式与中国的借鉴》等著作，与科学出版社签订了“汉语教育国际化理论与实践研究丛书”出版合同；围绕汉语国际教育研究在国内外核心和权威期刊上发表了系列论文。

学科评估名列前茅，学科国内影响力不断提升。2015 年，A 大学接受汉语国际教育专业学位研究生教育指导委员会评估，所开展的主要面向东南亚的汉语国际人才培养工作获得了评估专家的高度认可。汉语国际教育硕士专业学位点获得小组第一名的优异成绩。2017 年，A 大学汉语国际教育专业的骨干教师应华东师范大学等国内知名高校邀请，为前往欧洲、大洋洲的汉语教师及志愿者介绍和分享本校改革的实践经验。2019 年，学校获批汉语国际教育专业博士点，开启了汉语国际教育博士人才的培养工作，建立起“本科—硕士—博士”齐备、“学硕与专硕”相结合的汉语国际教育人才培养体系。2021 年，学校与中外语言交流合作中心合作共建东南亚中文教师教育学院，进一步从智库建设、教师教育理论与实践、高层次交叉中文人才培养培训等方面助力汉语国际教育改革与创新。

A 大学开展的多种汉语国际教育实践活动成果被中国社会科学报、广州日报、新快报、南方快报、中国日报、央视网、光明网、环球网、新浪网等多家知名媒体报道，进一步扩展在国内的影响力。

A 大学构建的“一机制、双对接、三能力、四结合”汉语国际教育硕士研究生培养模式，为国内同类专业首创；形成中外兼具的区域特色课程体系，为国内同类专业首创；构建教学实践能力培养体系，为国内同类专业首创。A 大学的这项改革通过创新运用教育国际化理论前沿思想和二语习得理论，解决了本专业存在的培养模式同质化、课程设置中外学生区分不明显、教学实践能力培养不成体系，以及管理不到位、制度不完善等问题，培养模式、课程设置、教学实践管理方面特色明显，国内外传播应用方面成效显著。

第二章　汉语国际教育发展历程与定位

第一节　汉语国际教育的发展历程

在 20 世纪 50 年代，中国正值百业待兴之际，国务院总理周恩来召开会议，决定与与新中国建交的东欧五国（波兰、匈牙利、罗马尼亚、保加利亚、捷克斯洛伐克）交换留学生，来自这些国家的留学生成为第一批在新中国成立后来华学习汉语的外国人，这一事件对我国的汉语国际教育发展起到了开辟性的作用。2020 年，中外语言交流合作中心成立。回顾以往，我国的汉语国际教育事业在不知不觉中竟然已经历了 70 多年的更迭汰变。

汉语国际教育不仅是一门语言教育学科，还是一项关乎国家全局的事业。回顾汉语国际教育发展史，汉语国际教育每一个阶段的发展都与国家的发展息息相关，与我国在国际社会中的地位、竞争力和影响力密切相关。

现如今，以汉语为第二语言的教学逐步向汉语教育的国际化以及大众化发展的道路迈进，这既是国家对外开放的一种重要策略，同时又是一项国家和民族的不朽事业。

对于汉语国际教育近年来的发展来说，2012 年 11 月举行的“第九届对外汉语国际学术研讨会”是一次重要的会议，该会的主题是“汉语国际教育新形势下的对外汉语教学学科建设”，会议诚邀各界学术代表参与国际学术研讨。在这次的会议中，学者们共同探讨了学科建设与地位确立、教学法改革、师资培养与课程设置、教材编写与革新等议题，这些议题是事关汉语教育的全局性和根本性的问题，这一点得到了与会专家的一致认同。

因此，在讨论汉语国际教育的历史发展的时候就必须关注以上问题，本节从学科建设、教学法、师资培养和教材编写等角度对汉语国际教育事业的发展历程做相关梳理和分析，以期为汉语国际教育事业的持续发展提供历史支撑。

一、汉语国际教育事业回顾

汉语国际教育事业的发展与国家形势和政策息息相关。事业的开创、巩固、兴旺，乃至受挫和恢复阶段都深受国家政策的影响。2008年12月15日，在第九届国际汉语教学研讨会上，国家汉办主任许琳提出，汉语国际教育事业必须“坚持创新体制机制，推动‘六大转变’”。关于“六大转变”，她认为“一是发展战略从对外汉语教学向全方位的汉语国际推广转变；二是工作重心从将外国人‘请进来’学汉语向汉语加快‘走出去’转变；三是推广理念从专业汉语教学向大众化、普及型、应用型转变；四是推广机制从教育系统内推进向系统内外、政府民间、国内国外共同推进转变；五是推广模式从政府行政主导为主向政府推动的市场运作转变；六是教学方法从纸质教材面授为主向充分利用现代信息技术、多媒体网络教学为主转变”[①]。这当中的理论核心实际上是将“请进来”学汉语与汉语“走出去”相结合，倡导两手抓的思想。

（一）汉语国际教育发展初期

20世纪50年代，我国的汉语国际教育终于拉开了“请进来”的帷幕。例如，在1950—1965年，我国共接收了来自68个国家的7239位来华留学生[②]，但当时的“洋学生”主要来自与新中国建交的苏联、越南、朝鲜、东欧社会主义国家，约占全部来华留学生的九成。清华大学于1950年9月成立了东欧交换生中国语文专修班。专修班人数规模虽小，却是新中国成立后第一个从事汉语国际教育的专门机构。随后，1952年6—9月，全国高等院校进行了大规模改造，重点是院系之间的调整。

随着来华留学生的不断增多，全国相继开设了更多的对外汉语教学机构。例如，为了吸引更多的越南留学生，1953年9月，广西桂林凭借地缘优势，针对越南留学生开设了中国语文专修班，1954年该班改名为桂林中国语文专修学校。非洲留学生来我国时间略迟，因为新中国直到20世纪50年代末60年代初才与一些非洲国家建交，这时大批的非洲留学生开始涌入我国院校，为满足大量非洲留学生强烈的学习汉语的需求，北京外国语学院特地于1960年9月成立了非洲留学生办公室，次年，北京的两个语文专修班都取得了良好的成效，随后北京外国语学院非洲留学生办公室与北京大学外国留学生中国语文专修班进行合并，在此基础上成立了北京外国语学院外国留学生办公室，很好地推进了汉语国际教育的发展。

发展至此，中国汉语教育呈现以下发展格局：北方有清华大学东欧交换生中国语文专修班和北京外国语学院外国留学生办公室，南方有桂林中国语文专修学

① 许琳. 汉语国际推广的形势和任务[J]. 世界汉语教学，2007（2）：106-110.

② 中国教育新闻网. 新中国来华留学教育历程[EB/OL]. https://www.sohu.com/a/347153525_243614，2019-10-15.

校，这三所学校的成立标志着中国的汉语国际教育事业进入起步阶段。这一阶段的特点是：教学类型较单一，尚属于汉语预备教育；教学规模较小；教学目的是帮学生为后续专业学习做好知识储备。

（二）“请进来”的纵深发展

20 世纪 60—70 年代是我国社会发展的特殊时期，当时由于受世界政治形势变化的影响，同时我国国际地位及国内经济政治形势也发生了巨大变化，汉语国际教育事业经历了巩固、发展、受挫和恢复阶段。但总体而言，随着我国经济、科技的不断发展和国际地位的持续提升，汉语国际教育事业呈现出日渐兴盛、形势向好的景象，其具体发展历程可概述如下。

教育国际化发展使得来华和出国留学的人数与日俱增，要进行统一管理是一件十分困难的事情，于是 1962 年国务院做出决定，把北京外国语学院出国留学生部和外国留学生办公室两个机构从北京外国语学院独立出来，使其成为针对外国留学生的高等预备学校。1964 年，国务院总理周恩来又特批将已独立的外国留学生高等预备学校改换名称，定名北京语言学院（1996 年 6 月更名为北京语言文化大学；2002 年校名简化为北京语言大学）。于是，北京语言学院不光有对留学生的汉语预备教育，还尝试设立汉语翻译专业，1964 年起开始培养储备汉语师资，发展至今终于成为中国唯一一所以对来华留学生进行汉语、中华文化教育为主要任务的国际型大学。

自 20 世纪 60 年代中期，以北京语言学院的成立和留学生接收人数的增多为主要标志，中国的汉语国际教育事业迅速发展，逐步形成了以北京语言学院为基地、教学点遍及全国的，以学校教育为主，开展多种形式教学的对外汉语教学新体制。[①] 1966 年之后，由于受到“文化大革命”的影响，除了针对外国驻华使团和少量的汉语外派教师进行教学外，我国的汉语国际教学事业一度陷入了停滞状态。这种情况直至 20 世纪 70 年代才逐步得以恢复。1973 年 12 月 8 日，联合国第 28 届大会通过“将汉语列为联合国大会和安理会的工作语言之一”的决议。此后，北京大学首先恢复了留学生的招生工作，起到了开创性的作用。从那之后，各高校、各形式的对外汉语教学均开始打破僵局，获得恢复和发展。1973—1977 年，中国共接收了 2288 名留学生，来自 72 个国家和地区，1977 年的在校留学生总数为 1217 人[②]，规模较“文化大革命”之前缩水了不少。

---

① 吕必松. 对外汉语教学发展概要[M]. 北京：北京语言大学出版社，1990：4-5.

② 吕必松. 我国对外汉语教学事业的发展[J]. 语言教学与研究，1989（4）：6-25.

从以上历程中可以发现，尽管经历了挫折阶段，汉语国际教育事业仍然主要呈现出稳定发展的态势。对外汉语教学是这一时期的主要形式，“请进来”模式是这一时期的主旋律。

（三）“请进来”与“走出去”齐头并进

受国家改革开放政策和国外“汉语热”的影响，我国汉语国际教育事业呈现出繁荣发展的新局面。许多国家纷纷要求派遣更多的留学生来华，也希望我国输出更多的汉语教师以帮助它们培养本土汉语教师。在“请进来”的同时，汉语国际教育事业也逐步向“走出去”发展。

20 世纪 50 年代伊始，依据政府之间的协议，中国政府开始派遣教师到越南、东欧社会主义国家等地教授汉语。第一批为赴保加利亚的语言学家朱德熙等，后又在高校的中文专业以及部分外语专业的应届生中选拔汉语教师，并对其进行专业培训以作为外派汉语教师的储备。改革开放以后，北京语言学院、北京外国语学院、上海外国语学院等多所高校创办了国内第一批对外汉语教学本科专业，该专业学制四年，以培养汉语教师、翻译和研究人员为主要目标，于是在国内逐步建立起国际汉语教师的培养基地。

2004 年，国务院批准了国家对外汉语教学领导小组制定的对外汉语教学事业 2003 年至 2007 年发展规划（又称“汉语桥”工程），根据该规划，有计划地向世界有需求的国家提供汉语师资，这是汉语国际教育事业的一项新举措，为了适应世界汉语教学蓬勃发展的需要。之后，经教育部批准，从 2004 年 3 月 26 日起，国家汉办正式实施“国际汉语教师中国志愿者计划”，这一计划亦是“汉语桥”工程的一个重要组成部分。在国家政策的鼓励下，到 2008 年底，国家汉办已向亚、非、欧、美、大洋五大洲 48 个国家派出 5000 余名志愿者。2017 年，国家汉办/孔子学院总部公布招募 4976 名志愿者，其中面向孔子学院中方合作院校优先招募 2407 名汉语教师志愿者，并面向全国各类学校招募 2569 名普通项目志愿者。10 余年来，汉语教师志愿者不仅在规模上逐步扩大，在教学素质上也不断提高，为汉语国际教育事业发展添上浓墨重彩的一笔。

2006 年 7 月，国家汉办启动汉语国际推广基地建设工程，发展至今，该工程已在包括北京大学、中国人民大学等 19 所高校和行政机构内建立了汉语国际推广基地，这一举措起到了很好的带动和影响汉语国际教育全局的引领及示范作用。推动汉语国际教育事业“走出去”的活动还有很多。例如，2002—2019 年，孔子学院已举办了 18 届世界大学生“汉语桥”大赛；2003 年 12 月美国大学理事会（College Board）宣布成立先修课程（advanced placement，AP）中文项目；2005 年，召开了第一届世界汉语大会并取得很好的效果；截至 2021 年 10 月，我国已通过合作方式在 159 个国家和地区建立了 1500 多所孔子学院和孔子课堂。

可见，汉语国际教育事业逐步从“请进来”过渡到“走出去”，内涵逐渐丰富，外延也更为宽广，内容在发展过程中也更加全面。

二、汉语国际教育的学科建设历程

学科建设是实现教学、科研、高层次人才培养、教研创新的重要阵地。在影响学科建设的诸多因素中，学科确立是目标，学科性质是方向，学历教育体系是架构。汉语国际教育是应用语言学下属的一门语言教育学科，也就是以汉语作为第二语言的语言教育学科，但人们对其学科性质仍然存在诸多偏见，使得学科建设方面仍面临不小的挑战。

（一）学科确立

1978 年，在北京地区语言学科规划座谈会上，语言学家吕必松先生提出要把对外汉语教学作为一门学科来建设的建议，这一观点获得了与会专家的高度认可，但直到 1983 年 6 月，在北京语言学院召开的中国教育学会对外汉语教学研究会第一次筹备会上，才正式确立“对外汉语教学”的学科名称。1984 年 12 月，教育部部长何东昌在外国留学生工作会议的报告中正式指出：“对外汉语教学已发展成为一门新的学科。”之后，教育部颁布的学科专业目录首次将“对外汉语”列为一门学科。2012 年 9 月，教育部印发《普通高等学校本科专业目录（2012 年）》和《普通高等学校本科专业设置管理规定》，明确规定从 2013 年起，原“中国语言文化”（原学科代码：050106W）、“中国学”（原学科代码：050108S）和“对外汉语”（原学科代码：050103*）三者合并成“汉语国际教育”专业（学科代码：050103）。2007 年 1 月，国务院学位委员会第二十三次会议召开，新设置了汉语国际教育硕士专业学位（学科代码：045300）。到 2013 年 9 月，北京语言大学正式启动中文一级学科下自主设置二级学科汉语国际教育博士学位授权的工作，并于 2 年后开始招生，该博士点的设立意义非凡，这是中国第一个以汉语国际教育命名的博士点。2022 年，国务院学位委员会和教育部面向社会正式发布《研究生教育学科专业目录（2022 年）》，自 2023 年起实施。此目录中，原“汉语国际教育”专业学位类别更名为“国际中文教育”专业学位类别（代码 0453），增设博士专业学位。

从 1985 年北京语言学院等高校率先设立对外汉语教学本科专业开始，发展至今，全国已有数百所高校设立了对外汉语或汉语国际教育专业。根据《普通高等学校本科专业目录（2020 年版）》显示，在教育学学科门类属下还设置了专为海外尤其是东南亚华人开设的华文教育专业（学科代码：040109T），而在文学学科门类属下的中国语言文学类中也设有汉语国际教育专业（学科代码：050103）。总而言之，汉语国际教育专业的确立，保证了学科发展的合法性和规范性。

汉语国际教育专业在国内高校的普遍设立使汉语国际教育事业得以健康发展，为后续的理论研究、学历层次设立、课程设计、教材编写等提供了更大的可能性。

（二）学科性质

对外汉语教学作为一门交叉学科，其内容丰富而庞杂，因而在学科定位方面历来存在不少争议。20 世纪 60—70 年代，该学科被视为“小儿科”，80 年代后期至 90 年代初，被定位为“对外汉语文化教学”，还有人将应用语言学与对外汉语教学等同起来。随着对此学科的深入研究，学者们逐步发现该学科自身的特征，他们认为，对外汉语教学是一门具有较强的专门性、综合性和应用性的语言教育学科，应将对外汉语教学的学科性质定位为汉语作为第二语言的教育，并且该类教育是以对外汉语教学为核心、以揭示汉语作为第二语言的教育和教学规律为最终目标，应属于语言教育学科下的第二语言教育的分支学科。不过，从目前的教育部文件来看，汉语国际教育专业和应用语言学专业（学科代码：050106T）在《普通高等学校本科专业目录（2020 年版）》中级别相同，各自独立，均隶属于文学学科门类的中国语言文学类（学科代码：0501）。

（三）学历教育体系

在汉语国际教育学科初创阶段，只有较为单一的预备教育类型，属于非学历教育。直至 20 世纪 70 年代中后期才逐步打破教学类型单一的局面，这个时候，汉语国际教育已经由以汉语预备教育为主发展为较为完整的两大体系，即学历教育和非学历教育。其中，学历教育一般包括研究生、本科生和专科生，非学历教育一般包括进修生和短期生。

在学历教育方面，1975 年，北京语言学院开始试办以外国留学生为培养对象、以汉语作为第二语言教学的四年制本科汉语言专业，该专业以培养汉语教师、汉语翻译及研究人才为目标。此后，复旦大学、南开大学等一些高校相继开始招收以外国留学生为对象的汉语言专业本科生。1985 年，北京语言学院又敢为人先，开设了第一批面向中国学生的本科四年制对外汉语专业，其主要目标是培养对外汉语教师。

到20世纪90年代后，北京语言文化大学又先后设立了对外汉语教学“学科教学论”（后改为“课程与教学论”）硕士专业和“语言学及应用语言学”（含对外汉语教学方向）博士专业，这在全国是首创之举。2007年，教育部又设立了汉语国际教育硕士专业学位，但还是将其作为文学学科门类的中国语言文学一级学科下设的二级学科，旨在培养能适应汉语国际传播工作和能胜任汉语作为第二语言教学任务的高层次、应用型、复合型的专业人才。

2011年，汉语国际教育硕士专业学位作为二级学科被划归到教育学一级学科门类之下。2018年，教育部发文，一些符合条件的高校开始招收汉语国际教育专业博士研究生，从学位建设上给予了保证。至此，汉语国际教育学科形成了本科—硕士—博士一套完整的学历教育体系和人才培养体系，实现了人才培养的职业化和专门化。

三、教学法与教材的融合革新史

我国学者依据汉语本体特点与教学规律，并结合多年对外汉语实践经验，在此基础上借鉴国外的许多教学理论和方法，逐步构建了符合汉语特点、符合汉语国际教育实际的教学法体系。

20世纪50年代是汉语国际教育事业的起步阶段，也是教学法初探的阶段。受语法翻译法的影响，在这一时期，汉语国际教育以传授基本语言知识为主的教学法逐渐形成，在教学内容上以教授语法和词汇为主，同时又十分注重语言规律。典型教材是1958年出版的由北京大学邓懿主编的《汉语教科书》，该书是新中国成立后第一部正式出版的对外汉语教材，为当时的汉语国际教学提供了可参照的体系，书中首次提出的语法教学体系也较为实用。

20世纪60年代至70年代是改进阶段，以实践性教学为原则，直接法成为标志性的教学方法。该时期的代表教材是《汉语读本》（1972年商务印书馆出版）和《基础汉语》（1971年商务印书馆出版），上述教材均强调语言的实际应用，课文用典型会话体现。

20世纪80年代以后是汉语国际教育的蓬勃发展阶段，与此相对应，教学法也真正步入探索与改革阶段。受听说法与视听法的影响，对外汉语课堂教学重视语言结构的操练，强化听说实践，强调听说领先、读写并进的实践性原则。该时期的典型教材有《汉语课本》《基础汉语课本》《初级汉语课本》等。其中，

1980 年出版的《基础汉语课本》引入了句型教学，强调在教学中要注重对话和句型操练，尤其是口语的第一性被着重强调，纠正了传统教材脱离实际的弊端，该时期的教材较具有特点。

另外，国外语言学由以往重视语言结构形式向关注语言的意义与功能转变，交际法在这一背景下应运而生，并在 20 世纪 70 年代中期传入我国。对外汉语教学界开始形成以语言功能和意念项目为纲来编写教材的新思路，改革传统的句本位的做法，以话语为教学单位代之，将凸显交际功能的结构-情境-功能相结合的模式应用于教材编写中。这一时期的《实用汉语课本》和《说什么和怎么说》等教材，均充分地体现了交际法的重要教学理念。其中，《实用汉语课本》于 1981 年由商务印书馆出版，编写原则增加了很多新规定，如“首先介绍日常生活中最必需的，也是初学者在社会交际中急需掌握的活的语言材料”就是书中的第一条明确规定，主要涉及日常生活和社交中的话题，强调语言和文化的结合。

当前，对外汉语教学界对教学法的发展日新月异，已能做到博采众长、不独法一家。至于采用何种教学法，对外汉语教学名家程棠提出了四条标准，即科学性、有效性、可行性、经济性，同时还提出“法无定法”的新观点，影响十分深远。他还认为，每一种教学法都只能部分反映语言学习和教学规律，并不能全部都适应，因而只能部分适用于某种教学，但是对外汉语教学具有灵活性、综合性等特点，因而不同的技能训练不应拘泥于某一派教学法。

在教材的编写上，本书也认为应遵循“法无定法”的原则，使汉语教材形成符合语言学习规律、符合时代要求的“百花齐放”的新局面。经贸、翻译、旅游、科技等实用汉语教材满足了不同学习者的需求，以北京语言大学的《汉语 300 句》为代表的许多短期教材，以《初级汉语课本》为代表的多种系列教材，反映了汉语教材多样化、综合化、系统化的趋势。

教学法改革和教材建设是学科建设不可或缺的重要部分。在信息社会和网络时代的大背景下，我们仍要注意把握教学法研究和教材编写的发展趋向，要始终重视“教什么”和“怎么教”这两大课题，如此才能使汉语国际教育长盛不衰。

四、师资培养与队伍建设历程

伴随全球“汉语热”的升温，学习汉语的人数逐年递增，对国际汉语教师的需求也与日俱增。据《孔子学院研究年度报告 2018》统计，截至 2018 年底，孔子学院已有网络注册学员 81 万人，各类面授学员 186 万人，中外专兼职教师达到 4.7 万人。教师人数增长的同时，对教师的素质要求也越来越高。如何进行师资培养、师资培养的标准是什么早已成为重要命题。此外，国家实施了外国教师来华培训和中国专家团组赴国外培训本土教师等一系列培训项目，有效地提高了教师教学的水平。

（一）师资力量培养历程

在汉语国际教育初创阶段，为了实现从无到有，加快建设一支相对稳定的专职对外汉语教师队伍，国家主要培养专业背景为中文或外语的人作为对外汉语师资。20 世纪 60 年代主要采取集中培训的方式进行师资培养，由高等教育部（现合并到教育部）选择部分优秀的应届中文系毕业生按自选原则分别进修英语、西班牙语、法语、阿拉伯语等在世界上使用人数相对较多的外语语种，设三年为进修期年限，这些学生在学成后可成为对外汉语师资储备，这也是我国专门培养对外汉语师资的初创模式。另外，为承担教授来自越南的 2000 多名留学生的预备教育任务，受高等教育部的委托，北京语言学院在 1965 年暑期举办过一期对外汉语教师培养培训班，生源从各高校教师中选择，这也是新中国成立以后第一次举办全国性的对外汉语教师进修班。因为从事对外汉语教学任务要求中外文兼通，因而培训课程由中文专业课程和外语专业课程组成。

改革开放后，除了通过政府协议交换留学生，高校间互派教师也成为主要的校际交流内容。仅靠培训的方式培养对外汉语师资难以满足实际教学需要，培养汉语师资过程中增加了招收四年制本科生的方式。北京语言学院首先于 1978 年正式创办学制四年的现代汉语本科专业，教学对象为外国留学生，设立的主要目标是培养汉语教师、翻译及研究人员。许多高校也相继设立对外汉语本科专业，每年一定数量“科班出身”的汉语专门人才走上对外汉语教学岗位。

从 20 世纪 80 年代开始，除设立对外汉语本科专业外，教育部（1985—1998 年为国家教育委员会）还在一些高校设置了中国语言文学一级学科下的对外汉语教学方向的硕士研究生学位、教育学一级学科下的汉语国际教育学术硕士、专业硕士和专业博士学位，这是为了更加系统、综合地促进专业化和职业化的对外汉语师资队伍建设。

（二）师资培养标准的发展

1990 年 6 月，国家教育委员会颁布了《对外汉语教师资格审定办法》，规定出国汉语教师只能从通过审定、获得资格证者中选派。2004 年 10 月 1 日，教育部废止了该办法，重新颁布《汉语作为外语教学能力认定办法》，规定获得汉语作为外语教学能力证书（分初、中、高三个等级）是对赴境外任教的国际汉语教师的基本要求。

为了能建立一套完善、科学和规范的标准体系，国家汉办于 2006 年启动了“国际汉语教师标准”研发项目。次年年底，《国际汉语教师标准》和《国际汉语能力标准》两项标准文件正式发布，前一个标准主要针对的是国际汉语教师，期望能为教师的培养和培训、能力评价和资格认证提供相应依据；后一个标准主要针对的是将汉语作为第二语言的学习者，该标准将汉语能力分为五级，并给予描述，从不同层面对汉语学习者运用汉语知识和技能进行交际的能力进行评价，这一做法很大程度上改变了过去仅用汉语知识的掌握作为评判标准去衡量学习者的汉语水平的做法，它以汉语交际能力为依据来评判学习者的汉语语言能力，这种以能力为导向的评判标准起到了很好的评估作用，是汉语国际教育发展的重要进步。

《孔子学院发展规划（2012—2020 年）》相关精神也随着我国汉语国际教育的发展被逐步落实，在此期间，我国一直致力于加强专业化汉语师资队伍建设，以期能够改变原状，以进一步提高孔子学院的办学质量，同时也能提高中国的国际地位，并满足世界上与日俱增的对优秀国际汉语教师的需求。之后，国家汉办还依据 2012 年颁布的《国际汉语教师标准》举办了国际汉语教师证书（certificate for teachers of Chinese to speakers of other languages，CTCSOL）的正规性考试，该制度不仅作为孔子学院（课堂）国际汉语教师和志愿者选拔与评价的参考标准，还是国内外各个学校和各类教育机构对对外汉语教师进行选聘和评价的重要参考依据，作用十分重要。

（三）师资培养项目的发展

2007 年，为提高汉语国际教育师资的培养和培训质量，成就一批具有国际水平的学科带头人，国家汉办开始探索设立汉语国际传播的“种子教师”项目。

针对汉语国际教育援外工作，国家汉办充分发挥我国将汉语作为母语的人力资源优势，启动了“国际汉语教师中国志愿者计划”和“国家公派教师项目”，希望能经过招募、遴选、培训等相关工作，培养出具有对外汉语教学资格与能力的人才，并将之外派到国外相关岗位。

此外，为加强国内外汉语教学的交流与合作，我国积极帮助各国汉语教师提高自身汉语教学水平和相关教学技能，使其能够适应本土化的要求，国家汉办还采取了一系列举措，如对外设立“外国汉语教师来华研修项目”和“外国本土化汉语教师培养项目”，对内设立“汉语教学专家组赴国外培训项目”。其中，前两个项目主要是为国外的汉语教师来华培训提供各种便利，同时又开辟各种渠道教授国外教师专业知识和汉语教学法，“汉语教学专家组赴国外培训项目”则较为特殊，主要由国家汉办组织，派遣大批国内的汉语教学专家组按时、按要求地赴国外与本土汉语教师交流教学经验，同时提供相应的、优质的培训服务。

此外，孔子学院总部设立的“新汉学计划”也为本土汉语人才培养起到了助推作用。设立该计划的目的是帮助国外青年深入了解中国传统和当代文化，在世界范围内进行汉学研究，增进中国与世界各国人民的友好关系，助力孔子学院可持续发展。它主要包含六个项目：来华攻读博士学位项目、中外合作培养博士项目、理解中国项目、青年领袖项目、出版资助项目、国际会议项目，专业领域为人文社科。这些项目有助于培养世界各国的本土汉语教育人才，充实本土汉语教师队伍。

第二节　教育国际化影响汉语国际教育发展

20 世纪 50 年代，中国的汉语国际教育事业刚刚起步，发展至今已有 70 多年的历史，汉语国际教育事业经历了曲折而辉煌的发展过程。1950 年，东欧国家派出交换生 33 人来中国学习汉语，这一事件可以说是中华人民共和国成立后汉语国际教育事业的开端。但很快这股势头便受“文化大革命”的影响而趋于停滞。直到 70—80 年代，汉语国际教育事业才逐渐步入正轨。十一届三中全会以后，中国经济社会进入了发展的快车道，与此同时，中国也与各国进行了频繁的国际经贸往来，文化交流也在不断扩大与深化，特别是“一带一路”倡议、人类命运共同体价值观等的提出，进一步提升了中国的国际影响力，提高了中国的国际地位，在此背景下，世界上学习汉语的人数急速增加。尽管如此，在文化全球化的环境中，我国依旧面对着强大的西方传媒的舆论挤压，尤其是美国对我国在美的文化活动进行限制，给在美的孔子学院加上各种污名，影响了汉语国际传播效果。

汉语国际教育是指“面向海外母语非汉语者的汉语教学”，在高校被定名为“汉语国际教育”，这一命名既能体现“汉语加快走向世界”的意义，又有别于以往国内双语教学中的汉语教育。2012 年以前，汉语国际教育专业的名称是“对外汉语教学”，更准确地讲，该专业是指“汉语作为第二语言教学”。值得注意的是，更名后涵盖范围更广，一般认为，既包括对在中国的外国人进行的汉语教学，也包括世界各地的汉语教学。这一新兴专业的独特性主要体现在它的交叉性（复合性），包含的不仅仅是语言和教学表面，更是第二语言的教学和第二语言教学的跨文化运作的交叉互动。汉语国际教育不仅是一种以汉语教学为核心的人才培养活动[①]，也是服务于全球汉语教育发展和汉语国际传播的重要方式。

近几十年来，随着我国提出汉语国际传播战略，孔子学院（课堂）在全球遍地生根，来中国学习汉语的留学生数量也如雨后春笋般迅速增长，汉语国际教育事业已经取得了长足发展，而汉语国际教育的迅猛发展也使得相关研究得到越来越多人的关注。目前，有关教育国际化背景下汉语国际教育发展的研究并不多，本书认为，在教育国际化背景下汉语国际教育发展主要受以下几种因素的影响。

一、教育全球化的席卷

近年来，科学技术实现了快速的发展，世界也在发生巨大的变化。交通方式和通信技术的重大飞跃发展给人们的生活带来了巨大变化，而不可不提的是卫星电视、计算机互联网络、区块链技术等高新科技产品和技术更是以惊人的速度推动和加速信息及文化交流传播，曾经梦想中的“地球村”最终成为现实，“经济全球化”“国际贸易一体化”“文化全球化”“信息全球化”等新概念层出不穷，不断地展现在我们面前。

当前，我们面临的正是这样一个全新的、多元的全球化时代，教育变革也在新时代发展过程中面临着新的挑战。新时代对教育的要求是：教育要致力于培养能够面对和适应当前世界政治格局多极化、经济一体化、生态关联化、文化和价值观多元化等复杂形势的新一代公民。

全球化使全世界人民在物质文化层面部分趋同，同时也在无形中增加了人们对各自地域文化和本土文化的意识，全球化带动全球经济迅猛发展，就是各国更加注重身份认同的结果。全球化还为贫困地区的物质文化和精神文化发展提供了十分重要的前提条件。众所周知，“教育全球化”就是国际教育界为应对全球化的时代挑战而开创和提倡的一种教育理念和实践活动。“教育全球化”的英文翻译是globalization of education，其含义外延很广，而其主要内涵是指教育活动在全球范围内相互依存，即教育资源在全球的自由流动和共享。也正因为如此，教育全球化必须不断跨越国与国之间的界限，着眼于全球范围，而非只聚焦于本民族和国家的利益。“教育全球化”的含义从本质上也在不断地发生各种改变，主要是因为世界范围内教育资源共享程度在不断提高，各国教育之间的依赖性在逐渐增强，这种现象的产生不仅出自个人需求，也出自人类对教育的生存价值、享受价值和

① 柏程伟. 汉语国际教育跨文化的实践意义研究[J]. 漯河职业技术学院学报，2014，13（4）：170-172.

发展价值的不断追求，因此，“教育全球化”是一个动态的概念，体现着一个历史的过程和发展的过程。①

教育全球化不仅要求学习者掌握更多的知识和技能，同时还要求不断改善学生汲取知识和学习技能的环境。因此，随着中国社会的发展，世界上越来越多的国家开始把关注的目光投向中国，而作为中国教育产业的一个重要组成部分的汉语国际教育事业当仁不让地要肩负起时代所赋予的重任。自2004年以来，随着孔子学院（课堂）在世界各地建立得越来越多，“汉语热”的态势也在不断地上升，来华的留学生人数也在日益增长，相应的各种围绕汉语学习的文化活动也开展得生机勃勃。汉语国际教育发展至今，已经成为中华文化走向世界的主要途径之一，也是世界人民了解中国的一个重要窗口。原因有很多，其中最为主要的原因是，语言在国际交往中所占的优势十分明显，因为语言最能激发一个民族的自信心与自豪感。毫无疑问，汉语国际教育不仅可以扩大汉语的传播范围和拓宽汉语的传播渠道，而且可以提高汉语在全球交流中所处的国际地位，这些都是有利于中国实现强国之梦的重要方式。

现今，中国与世界各国的经济文化交流日益频繁和密切，而汉语本身也已成为联合国六大工作语言之一，是当今世界上最具影响力的语言之一。全球各地学习汉语的人数逐年增加，进而引发了全球范围内前所未有的“汉语热”和“中华文化热”，并且这样的热潮一直在持续升温中。如今，越来越多的外国人选择学习汉语并且有把汉语学好的决心，这不仅有力地促进了我国汉语国际教育事业的发展，更为中华文化的伟大复兴提供了有利契机，推动了中外人文交流事业的发展。

二、国际理解教育的影响

汉语国际教育并不是以往单纯含义上的语言教学，也不光是多数人认为的一种文化传播，当然更不只是用以增强中国经济实力或提升中国国际政治地位的一种教育方式，在本质上，它是一种基于语言能力训练而开展的国际理解教育，是一种可以促进国际社会情感沟通和理解共识的重要力量。②

联合国教科文组织认为，国际理解教育是以国际理解为基础而开展的各种教育活动的总称，其目的是：增进不同种族、文化背景、宗教信仰，以及不同国家、地区的人们之间的相互了解与包容；加强他们之间的交流和合作，以便共同认识

① 黄宝兴，庞红卫. 教育全球化辨析[J]. 宁波大学学报（教育科学版），2002（4）：26-29.

② 胡范铸，刘毓民，胡玉华. 汉语国际教育的根本目标与核心理念：基于“情感地缘政治”和“国际理解教育”的重新分析[J]. 华东师范大学学报（哲学社会科学版），2014，46（2）：145-150，156.

和处理全球社会存在的共性问题；促使“将事实上的相互依赖变成有意识的团结互助……教育应使每个人都能够通过对世界的进一步认识来了解自己和了解他人”[①]。虽然，“国际理解教育”并不是一种全新的提法，但却是当今国际社会重新给予高度重视的一种教育理念，因此相互尊重和彼此理解是我们所处的这个全球化时代所需要的基本价值观。

对于我国而言，在加强国际理解教育的同时，我们在从事汉语国际教育的过程中，对派遣的师资应加强中华优秀传统文化的教育，培养兼具深厚民族底蕴和广阔国际视野的人才，在教学中要加强中华文化的传播意识，明确对外传播中华文化的责任与使命。汉语国际教育除了具有促进中外相互理解的功能外，还具有国际传播功能，它应将中国的优秀文化传递给世界各族人民。汉语国际教育事业作为体现国家软实力的有机组成部分，是随着国家汉语国际传播战略的实施而产生的，作为一项国家事业，发展汉语国际教育的目的虽然在于实现汉语传播和促使中华文化在世界范围内的对等交流，但同时它也是国际理解教育的一种重要体现。

三、多元文化教育的推动

语言不仅是文化的一部分，也是文化的载体，同时是人类生存及发展的基础。一个国家的语言反映着一个民族的文化。在跨文化交际中，不了解一个国家的文化就很难真正掌握一个国家的语言，同时，不掌握一个国家的语言，也很难真正理解这个国家的文化。语言和文化紧密相连，语言既是文化的有机组成部分，又是文化传播的重要基石。语言和文化，两者相辅相成，互为依据和条件，两者相互促进。因此汉语国际教育应该以语言教学为中心，且服务于汉语国际传播。

不同文化组成了人类文明，而这些不同文化又在各自发展过程中彼此碰撞、互相吸收、共同发展，即使这样，每种文化也依然能保持自己独特的魅力和价值，也正是由于这些独特性，才构成了当今世界丰富多姿的人类文明，多元文化教育（multicultural education）便是随着这种形势的发展出现的。起初，“多元文化教育”是指西方国家民族教育的一种价值取向，强调在多民族、多文化共存的社会背景下，保障各民族的文化实现平等的共同发展。发展到 20 世纪 50—60 年代，受美国民权运动影响，多元文化教育获得了极大发展，尤其是在少数民族提出教育平等的要求之后，这也印证和说明了多元文化的核心之义。后来，到了 20 世纪 80 年代，多元

① 联合国教科文组织总部中文科. 教育——财富蕴藏其中：国际 21 世纪教育委员会报告[M]. 北京：教育科学出版社，1996：19.

文化教育的范围进一步扩大，逐渐扩展到妇女和残疾人教育。1995 年，由联合国教科文组织提交给“全球多元文化大会”的报告中深刻总结了“多元文化”的内涵:“多元文化包含各族群平等享有文化认同权、社会公平权以及经济受益需求。”文化多元主义是多元文化教育理论的基础，文化相对主义和教育机会均等理论则是支撑多元文化教育理论的两大重要分支。一方面，文化多元的核心就是要尊重不同文化之间的差异，致力于谋求各种文化的共存发展。另一方面，多元文化教育的实质是要保证集团中的弱小人群在教育体系中有平等接受教育的机会，不能以种族、文化、宗教信仰、性别或残障等差异为理由减少或拒绝他们接受教育的机会，进而实现人们在多元文化社会中对不同文化的真正理解。

语言是沟通不同文化之间的桥梁，显而易见，语言教学是为了教人们更好地掌握语言，从而能更好地了解和传承通过语言传播的文化，语言教学与文化之间互相交融、相互促进。随着中国经济的高速持续增长和国际影响力的不断提高，中国正受到世界的高度关注，越来越多的外国人也愿意学习中华文化。在当今全球化发展的时代背景下，汉语国际教育也呈现出跨文化交际的特征。因此，在汉语国际教育发展过程中，我们不仅要重视语言教学，更要重视文化教学，并且要协调好语言教学中文化因素的抽象性和隐含性，只有这样才能适应外国学生的需求，帮助他们实现学习汉语和了解中华文化的目的。我们要想让汉语真正走向世界，首先我们自己要走向世界；而要想让世界走进中国，我们就必须放下成见，用开放包容的心态去欢迎每一位希望到中国来探寻奥妙的朋友。

回望中国汉语国际教育的发展历程，作为第二语言的汉语教学发展至今已经走过了 70 多年的历程。汉语国际教育虽然起步较晚，但近年来汉语国际传播快速发展带来的机遇和挑战都需要从这段历史积淀中总结经验和探索道路，汉语国际传播任务在当前国际形势下是十分重要和紧迫的。因此，我们必须深入了解汉语国际教育的实质，并将理论与实践相结合，以求将汉语国际教育事业发展得更好、更长远，积极正面地将中华文化推向世界，让世界真正了解中国和赏识中国。

第三节　汉语国际教育发展的方略定位

一、实施汉语国际教育方略的背景

中国作为一个文明古国，在漫漫历史长河中创造出了灿烂辉煌、享誉世界的文化。在历史上，我国与世界的交流是较为频繁的，这些均有史载记录。西汉时期，张骞两次出使西域，成功开辟了丝绸之路，推动了中国与西域之间的交流；唐朝时期，中国国力强盛、经济发达、文化灿烂，加之奉行开放的外交政策，许多国家纷纷派遣遣唐使团来中国学习政治和经济制度，并进行文化交流，唐朝成为当时世界上著名的政治、经济和文化中心；明朝郑和七下西洋，开辟了海上丝绸之路，极大地推动了中国与世界的交流……无论哪种类型的交流，语言无疑都起着打开沟通大门的关键作用，中华文化的对外传播历史悠久，然而，直到新中国成立之后，我国的语言文化才真正开始有系统地对外传播，并获得快速发展。

“文化大革命”时期，我国的汉语国际教育事业处于停滞状态。1978 年，党的十一届三中全会确立了改革开放政策，汉语国际传播事业得以恢复并迎来新的发展契机。为便于统一指导对外汉语教学工作，经国务院批准，我国于 1987 年 7 月 24 日成立了国家对外汉语教学领导小组，由国家教育委员会归口管理，下设办公室作为日常办事机构（即国家汉办）。1987—1998 年，国家对外汉语教学领导小组由北京语言文化大学和 8 个部门的领导共同组成，北京语言文化大学自新中国成立以来一直都是我国对外汉语教学和研究的排头兵，其他 8 个部门也都与开展对外汉语教学密切相关，这 8 个部门分别是国家教育委员会、外交部、文化部、广播电影电视部、国务院侨务办公室、国务院外事办公室、新闻出版署、国家语言文字工作委员会。1998 年，对外汉语教学面临新的发展机遇和挑战，国家对外汉语教学领导小组成员单位适时做出调整，新纳入了财政部、对外贸易经济合作部和国家发展计划委员会 3 个部委的领导成员，北京语言文化大学领导则不再作为领导小组成员。2006 年，国家对外汉语教学领导小组更名为国家汉语国际推广领导小组，这不仅是机构名称的变更，更体现出学科内涵上的更新和提升。国家汉语国际推广领导小组下设办公室（国家汉办），在行政上属于教育部正司局级直属事业单位，致力于为世界各国提供汉语和中华文化的教学资源和服务，尽可能地满足海外汉语学习者的需求，努力推动中外语言文化的交流与合作，为建设“民心相通”的和谐世界做出贡献。国家汉办在借鉴德国歌德学院、法国法语联盟、英国文化教育协会、西班牙塞万提斯学院等国外民族语言对外传播经验并结合自身实际的基础上，正式建立了“孔子学院”这一教育文化机构，它以教授汉语和传播中华文化为基本宗旨，现已成为我国汉语国际教育的主要载体。为了适应汉语国际教育发展变化的新形势，教育部于 2020 年 6 月 18 日下发通知，将孔子学院总部更名为中外语言交流合作中心，不再对外使用国家汉办这一名称。中外语言交流合作中心的主要职责是参与制定和实施国际中文教育总体战略与系列国家标准，建设、管理国际中文教育资源体系，运行国际中文教育项目，开展相关国际交流合作等。与此同时，由多家高校和企业等共同发起成立了中国国际中文教育基金会，成为孔子学院运营的主管组织。[①]

进入 21 世纪，经济全球化进程不断加快，世界各国间的联系不断加强，任何国家和地区只有不断加强同外部世界的联系才能谋得更大的发展。世界一体化进程是大势所趋，不可阻挡，在这一背景下对各国传统文化多样性的尊重，已成为国际社会普遍关注的话题。联合国教科文组织积极倡导并实施了世界文化多样性的宣传行动计划。2001 年 11 月 2 日，联合国教科文组织大会第 31 届会议通过了《世界文化多样性宣言》，宣布每年的 5 月 21 日为世界文化多样性促进对话和发展日，“提倡在尊重母语的环境下，在所有可能的地方实现各级教育中的语言多样化，鼓励自由学习各种语言”。由此可知，语言是一种特殊的文化现象，在语言多样化政策的支持下，各种语言得以生存和发展。语言多样化已成为世界发展的大趋势。[②] 在当今时代，世界各国都有责任和义务去传播本国的优秀文化，作为有着 5000 多年悠久文明的中国更是肩负着义不容辞的责任。中国需要将优秀的文化展示给世界，让世界了解中国的魅力。语言作为文化的载体，在文化传播中有着举足轻重的地位。任何一种语言背后都承载着本民族的文化，语言不仅是一种沟通交流的工具，更代表着该民族的思维方式和行为准则。汉语作为中华民族的共同语言，凝聚着中华文化的精华，更是中华文明重要的文化符号。推动中华文化“走出去”，汉语既是最好的宣传工具，也是重要的传播内容。包括汉语语言传播和中华优秀文化传播的汉语国际教育事业在世界文化多样化的大背景下应运而生。

进入 21 世纪以来，世界各国特别是大国之间的竞争除了硬实力的竞争，也更加体现在软实力的竞争上。21 世纪可以说是以软实力为核心竞争力的时代，而软实力的竞争又是以文化为中心展开的。各国为了提高本国的国际形象也都十分注重国际文化交往，并着力通过各种手段增强自身的文化软实力。任何一种文化要想在激烈的国际竞争中求得生存和发展，就必须打破封闭状态，走向世界，顺应国际文化发展的大趋势。[③] 语言是文化软实力的有机组成部分，一个国家的语言在国际上的地位和影响力体现了该国的国际地位和综合国力。历史经验也表明，语言国际影响力的提升也会促进该国国际地位的提升，对该国的政治、经济等领域都会产生积极影响，法语和英语就是极好的例子。我国将汉语国际传播纳入新

---

① 新华网. 适应国际中文教育事业发展：教育部设立中外语言交流合作中心[EB/OL]. http://m.xinhuanet.com/2020-07/05/c_1126198982.htm，2020-07-16.

② 吕金薇. 浅谈中国实施汉语国际推广战略的背景[J]. 世纪桥，2010（3）：47-48.

③ 门洪华. 中国软实力评估报告（上）[J]. 国际观察，2007（2）：15-26.

时期国家发展方略，不仅是国家综合国力不断增强的应然要求，也是借鉴其他大国语言国际传播成功经验的必然结果。

中国是人口大国，对于世界上的部分国家来说，中国的国力、市场等任何一个方面，都可能使它们感受到某种程度的压力。① 特别是自改革开放以来，中国经济迅速发展，取得了巨大的成就。此时"中国威胁论""中国霸权论"便甚嚣尘上。这使得很多国家对中国产生了偏见和误解。中国将汉语国际传播纳入国家发展方略，就是想通过传播汉语让世界聆听中国的声音，增加世界对中国的了解，减少误解，塑造更加正面的国际形象，这些都有利于建立更加良好的国际关系，从而为我国的经济发展创造有利的国际环境。因此，我国在国际上应坚定不移地传播汉语。

二、汉语国际传播方略的演进与定位

作为中国国家方略的一部分，汉语国际传播旨在传播中国语言，弘扬中华优秀文化，它不仅能够推动中华文化走向世界，也有助于树立我国良好的国际形象。② 此外，它还是我国扩大对外开放、实现和平发展、维护世界多样性、构建和谐社会的重要举措。汉语国际传播的核心内容就是在世界上以传播语言的方式传播中华文化，让世界了解中国，为我国的和平崛起创造良好的国际环境。

关于我国对外汉语教学的起始时间，学界至今尚无定论，但普遍认为始于汉、兴于唐。但是限于时代条件，当时中国与世界的交流范围、交流频繁度、交流层面、交流方式与当今不可同日而语。因此，我们主要讨论的是新中国成立后的对外汉语教学以及汉语国际传播的国家方略。新中国成立以后，我国十分重视汉语在国际上的传播。新中国成立伊始，万象更新、百废待兴，发展与其他国家特别是对华友好国家的外交关系，无疑是具有积极的现实意义的。我国较早与当时东欧的一些社会主义国家建立了外交关系，并率先开展了面向这些国家的汉语教学工作。1987 年，国家汉办成立，其宗旨是"向世界推广汉语，增进世界各国对中国的了解"。

2000 年 10 月，第九届全国人大常委会第十八次会议审议通过了《中华人民共和国国家通用语言文字法》，并第一次提出了"国家通用语言"的概念。2006 年 3 月，国务院办公厅转发了教育部等部委《关于加强汉语国际推广工作的若干意见》（简称《意见》），《意见》从国家方略的高度阐明了汉语国际传播工作的重

① 陈永莉. 试论汉语国际推广的文化战略定位[J]. 北京社会科学，2008（4）：79-82.

② 许琳. 汉语国际推广的形势和任务[J]. 世界汉语教学，2007（2）：106-110.

要性和紧迫性，提出了加快汉语“走向世界”的指导思想、总体规划和政策措施，充分体现出国家层面对该项工作的高度重视和战略思考。《意见》还把提升汉语国际传播的学科地位、建立将汉语作为第二语言教学专业学位制度列为一项重要任务，说明教育界对其重视程度不断上升。2007 年 1 月，国务院学位委员会第二十三次会议审议通过的《汉语国际教育硕士专业学位设置方案》明确指出，“中华民族要屹立于世界民族之林，加强汉语国际推广，加快汉语走向世界是当务之急。这不仅是提高我国综合国力，扩大我国国际影响力的战略举措，也是维护国家文化安全，实现中华民族伟大复兴的迫切要求”[①]。国家一系列关于汉语国际传播的策略在一定程度上促进了汉语在国际上的传播。

（一）成立外国留学生高等预备学校

新中国成立以来，面临着恢复国家经济和加强对外交往的双重任务。语言学习与交流成为当时我国加强对外交往的重要途径。1950 年 6 月，周恩来总理亲自主持会议并决定，接收来自东欧社会主义国家捷克斯洛伐克、波兰、罗马尼亚、匈牙利、保加利亚五国的留学生，他们也成为新中国成立后的第一批来华留学生。为了更好地对这些留学生开展汉语教学工作，清华大学专门开办了东欧交换生中国语文专修班。为了为社会主义国家越南培养留学生，中国政府于 1953 年 9 月在广西桂林开办了越南留学生中国语文专修班。为了便于接收非洲留学生，北京外国语学院于 1960 年 9 月专门成立了非洲留学生办公室，接收来自非洲多个国家的留学生约 200 人。1962 年，北京外国语学院的非洲留学生办公室与北京大学的东欧交换生中国语文专修班合并，外加北京外国语学院的出国留学预备部，专门成立了外国留学生高等预备学校，1964 年该校批准更名为北京语言学院，该校是中国唯一一所以对来华留学生进行汉语、中华文化教育为主要任务的国际型大学。外国留学生高等预备学校的成立，是在总结新中国成立十余年来对外汉语教学和留学生管理工作经验基础上做出的重要决策。外国留学生高等预备学校的成立是新中国对外汉语教学事业的重要转折点，它标志着对外汉语教学结束了教学机构和人员迁移不定的状态，从此有了一个比较稳定的基地和独立发展的基础。[②]

语文专修班和外国留学生高等预备学校的设立为来华学习汉语的外国人打开了大门。据教育部 2010 年统计，新中国成立 60 多年来，我国累计接受来华留学人员 169 万人次。2018 年，来自世界上 196 个国家和地区的总计 492 185 名来华留学

① 钱佳男. 对外汉语教学与汉语国际推广：基于国家战略的思考[J]. 文山学院学报，2011，24（3）：87-90.
② 程裕祯. 对外汉语教学发展史（3）[J]. 国际汉语教学动态与研究，2006（1）：77-87.

生在我国的 1004 所高等院校、科研院所和其他机构中学习、研修、培训。①我国的汉语国际传播事业经历了一个从无到有、从小到大的发展阶段。语文专修班和外国留学生高等预备学校的设立成为我国对外汉语教学专业化和基地化的良好开端。从最初的语文专修班到后来的外国留学生高等预备学校也是我国汉语国际传播不断积累经验并逐渐形成制度和模式的过程。在此过程中，对外汉语教学不断探索汉语教学方法，编写了专门的教材，加强了汉语传播的理论性研究，为以后的汉语国际教育传播提供了范式，并打下了坚实的基础。外国留学生高等预备学校的建立还为以后高校设立来华留学生教学机构提供了参考。

（二）成立国家汉办

1978 年召开的十一届三中全会标志着我国开始进入改革开放的历史发展新时期，中国开始恢复并逐步加强与世界的联系，我国沉寂多年的汉语传播事业也重新焕发新春。来华留学生情况开始从“文化大革命”期间的凋敝状态逐渐转好，并出现了两个重大变化：一是来华留学生的生源地由原来的社会主义国家扩展到发达的西方资本主义国家；二是开始允许一些有资格的国内高校招收自费来华留学生，改变了长期以来全部公费留学的局面。1979 年，自费来华的留学生数量为 300 余名，而到了 1989 年就已达到 2500 名。② 改革开放以后，中国对外交流逐渐频繁，来华留学生数量激增，原因是改革开放的中国需要与世界加强交流与联系，因此放宽了留学生来华的条件，招生范围也不断扩大；世界各国看到改革开放的中国有巨大的经济潜力和市场，因此更多的留学生开始涌入中国。为了抢得进入中国市场的先机，各国也积极鼓励本国学生学习汉语，也有一部分人群因受到经济利益的驱使，会选择到中国学习汉语。与此同时，在国外学习汉语的人数也在不断增加，很多国家和地区的学校或者社会教育机构都开始开设汉语课程，有些国家的汉语教学规模不断扩大，有些国家甚至已将汉语纳入国民教育体系。在海外汉语教育规模不断扩大的背景下，我国于 1987 年设置了国家汉办，工作重点是指导对外汉语教学工作，并致力于为世界其他国家和地区提供汉语教学方面的资源和服务，尽可能地满足海外汉语学习者的需求。国家汉办的设置使得汉语国际传播有了专门的指导和管理机构，构筑起一个国家层面的服务平台。国家汉办从建立伊始就积极开展汉语国际传播工作，并为世界各国的汉语教学提供援助，从而推动汉语国际传播进入一个新的发展阶段。

---

① 教育部. 2018 年来华留学统计[EB/OL]. http://www.moe.gov.cn/jyb_xwfb/gzdt_gzdt/s5987/201904/t20190412_377692.html，2019-04-12.

② 崔希亮. 对外汉语教学与汉语国际教育的发展与展望[J]. 语言文字应用，2010（2）：2-11.

1998年，国家对外汉语教学领导小组在领导成员组成上做了调整，原有的国家教育委员会（1998年3月更名为教育部）、外交部、文化部、广播电影电视部、国务院侨务办公室、国务院外事办公室、新闻出版署、国家语言文字工作委员会8个部门保持不变，新增了财政部、国家发展计划委员会、对外贸易经济合作部3个部门。参加领导小组的各部门分工不同、各司其职：教育部负责国家对外汉语教学领导小组的具体管理工作，负责全国相关院校的对外汉语教学工作，并与外国政府或院校共同探讨汉语作为第二语言教学的规律；国务院侨务办公室联系海外华文教育组织，指导和支持海外各类华文学校开展汉语教学和有关中华文化方面的教学活动，主管本部门所属学校的相关工作；国家发展计划委员会根据国家中长期发展规划加强对对外汉语教学工作的宏观指导；国务院外事办公室在对外宣传的方针政策和经费方面给予指导和协调；外交部指导驻外使领馆推动驻外国汉语教学的发展，负责外国驻华使馆、联合国及其他国际组织驻京代表机构人员和外国驻京记者的汉语教学工作（驻外使领馆的文化管理功能之一就是支持当地的汉语传播和中华文化的传播，如与当地孔子学院保持联系并进行有效沟通）；财政部负责为对外汉语教学工作提供经费支持；对外贸易经济合作部负责经济贸易合作方面的对外汉语教学以及与对外汉语教学工作相关的援建项目的立项，一些国家希望设立有关汉语教学、文化教学方面的项目，对外贸易经济合作部负责立项；文化部则具体负责推动国外文化单位、电台、电视台等机构开展汉语教学的相关活动，指导海外中国文化中心开展汉语教学活动；广播电影电视部负责我国对外广播和电视汉语教学工作，并同国外电台、电视台的汉语教学机构开展交流与合作，对国内有关单位制作对外汉语教学广播电视节目给予协助；新闻出版署负责指导对外汉语教材和其他相关图书、期刊的出版、发行；国家语言文字工作委员会在国家语言政策、语言计划和语言文字规范标准以及师资培训方面对对外汉语教学给予指导和接受咨询。

进入21世纪，经济全球化不断深入，世界逐渐变为“地球村”，各国在经济、文化等领域的交流不断加强，相互联系更加紧密。经过改革开放40余年的发展，中国已经成为世界经济格局中极为重要的一环，中国与世界各国的经贸往来空前频繁，同中国的“经贸热”催生了众多国家和地区的“汉语热”。为了满足国外日益增多的汉语学习者的需求以及更好地在国际上传播汉语，2004年开始，国家汉办在国外设立孔子学院，第一家孔子学院于同年11月在韩国正式挂牌，时称“汉城孔子学院”（现称“首尔孔子学院”）。海外孔子学院致力于适应世界各国（地区）人民对汉语学习的需要，增进世界各国（地区）人民对中国语言文化的了解，加强中国与世界各国教育文化交流合作，发展中国与外国的友好关系，促进世界多元文化发展，构建和谐世界。截至 2021 年 10 月，全球已有 159 个国家设立了 1500 多所孔子学院和孔子课堂。《孔子学院研究年度报告 2018》显示：2006 年至 2017 年，全球孔子学院和孔子课堂举办各类文化活动 22 万场，受众达到 1 亿人。可见，孔子学院作为世界人民认识和了解中国的一个窗口，日益发挥着越来越重要的作用，助力我国与世界其他国家的人文交流和民心相通。

孔子学院在海外的设立为中国和世界各国的沟通建立了桥梁，孔子学院不仅承担着传播汉语的任务，还是中国和世界各国进行文化交流的重要窗口。孔子学院经常会举办文化交流活动，并取得了良好的效果。比如，仅 2018 年一年，就有 110 个国家共计 360 多所孔子学院（课堂）成功举办了“孔子学院日”，开展各类语言文化活动 3000 多场，受众达到约 100 万人。为适应本土汉语教育的发展，截至 2018 年 12 月，共有 114 个国家的 457 所孔子学院（课堂）开发了适应当地教学大纲和考试标准的本土汉语教材 3119 种。此外，我国还积极引导各国孔子学院向教学型、特色型和职业技术培训型发展，其中，特色型孔子学院主要包括中医、武术、艺术、商务等，目前已超过 80 所。职业技术培训型主要面向“一带一路”沿线国家学生，在教授汉语的同时，培训其掌握一门谋生本领。[①] 总而言之，在海外建立孔子学院使汉语传播进入了一个新的阶段。孔子学院现已成为我国汉语国际教育和中华文化传播最重要的载体，是中国和世界文化交流、促进“民心相通”的重要纽带。

（三）开设对外汉语本科专业

经济全球化大背景下，中国取得了巨大的成就，在世界上的影响力也在逐渐提升。世界上越来越多的人想要了解中国，有些是出于对中国的兴趣，有些是基于经济利益的商务往来，全球各地因此不断兴起“汉语热”。改革开放 40 多年来，来华留学生人数不断增加，与之而来的问题是缺乏具有专业素质的对外汉语教师。很多对外汉语教师都本是英文教师和中文教师，虽然这在一开始可以暂时缓解对外汉语教师匮乏的矛盾，但是在教学过程却出现很多问题。加之来中国的留学生越来越多，单纯地靠中文教师和英文教师转行当对外汉语教师已经不能满足对对外汉语教师的需求。汉语学习热潮的出现不仅仅表现在来华学习汉语的留学生数量飞速增长方面，还体现在很多国家和地区本土学习汉语的人数的飙升上。中国经济实力的增强，对外贸易的不断增长，汉语的工具作用不断凸显，使很多外国人意识到，同中国人做生意掌握汉语是必要的，因此越来越多的国家把汉语教学

① 宁继鸣. 孔子学院研究年度报告 2018[M]. 北京：商务印书馆，2018.

纳入本国的国民教育体系。随着汉语学习者的不断增加，汉语教师不足的问题日益凸显。在国外，当地只有小部分汉语教师曾经接受过汉语教育，其他大部分汉语教师都是一些在海外的中国人或者华人华裔，之前从事其他的行业，当发现社会需要大量汉语教师时，转行当汉语教师，因而教师的汉语水平及教学水平参差不齐。有些教师在海外教授汉语使用的不是普通话，而是一些地方的方言，当汉语学习者得知自己学习的汉语不是标准的普通话时，就会打消他们的学习兴趣。海外日益增长的汉语学习人数和对外汉语师资的缺乏之间形成了巨大的矛盾。基于这样的状况，为了在世界上更好地传播汉语，解决汉语教师资源匮乏的问题，我国开始在高校开设对外汉语专业，目的就是培养合格的对外汉语教师，以便更好地在世界上传播汉语、传播中华文化。

对外汉语专业培养了一大批具备专业素养的汉语教师。1983 年，北京语言学院成为国内首家开设对外汉语本科专业的高校，此后国内其他院校也相继开设了这一专业。1993 年，“对外汉语”专业名称正式出现在我国的专业学科目录上。[①] 对外汉语专业是为了适应全球范围内日益高涨的“汉语热”而设置的。该专业培养了一批拥有扎实汉语专业知识、熟练掌握外语、具备合格教学技能、具有一定跨文化交际能力的合格的对外汉语教师。这一专业的设置增加了对外汉语教学人才储备的厚度，也在一定程度上缓解了汉语教师紧缺的状况。

随着世界各国对汉语本土教师需求的增加，我国还专门面向来华留学生设立了汉语言专业。1978 年，北京语言学院在国内最早面向外国留学生开设汉语言本科专业，当时主要是针对想要学好汉语、致力于汉语教学的外国留学生而设立的，这是培养海外本土汉语教师的重要途径。该类本土汉语教师在本国教授汉语有着天然的优势，本土汉语教师通常能从语言对比的角度分析母语与汉语的区别，从而找到学习汉语的路径，分析学生出错的原因，此外还不像中国派往国外的汉语教师会受到不同文化的冲击。本土教师通过修习汉语言文学专业，能达到较高的汉语水平，学习标准的汉语发音，回国后对于提高自身汉语教学水平有着积极的促进作用。截至 2022 年 4 月，全国共有 373 所高校开设了汉语国际教育本科专业。

（四）设置汉语国际教育硕士专业

汉语走向世界的步伐不断加快，以及世界各地“汉语热”的不断兴起，客观上要求加强对海外汉语教学师资队伍的培养培训，以切实保障教学质量。师资队伍建设已成为影响汉语国际化进程的重要因素，这一点已经引起国家有关部门和

① 杨同用，赵金广. 对外汉语专业课程设置分析[J]. 河北师范大学学报（教育科学版），2009（10）：111-113.

国际汉语教学界的高度重视。[①]近些年来，我国通过汉语国际教育本科人才的培养，为世界各地输送了大批专业型国际汉语教师，这些教师在海外为汉语国际传播事业做出了巨大的贡献，但是在海外的国际汉语教师同样遇到不少的问题。从各高校汉语国际教育专业毕业的汉语国际教师来看，大多数学生理论知识掌握得比较充分，但缺乏足够的实践教学经验，尤其是海外汉语教学实践经验。在海外教学过程中，他们遇到的问题往往要比在中国教授汉语时的情况更复杂，再加上语言不通等问题，使得在海外教授汉语遇到很多诸如文化冲突、课堂管理不佳、与本土教师交流观点出现矛盾等问题。在研究能力上，本科毕业的汉语教师在发现问题、研究问题、解决问题方面的能力比较欠缺。

此外，国外学习汉语的情况又不尽相同，本土缺乏汉语教材也是一个很大的问题。比如，柬埔寨一所汉语学校的初中部所使用的华文教材竟然是中国初中生使用的教材，这样的教材对于外国的学生来说难度太大，明显不适合国外学生使用，自然会给教学造成很大困难。另外，海外汉语学习者知识背景以及学习目的存在差异，有时教材很难满足汉语学习者的多元需求。这就要求提高汉语教师的研究能力，即能够基于不同的学习对象的特点和需求，独自或合作开发出适合当地学情的本土教材。另外，国外学生的学习风格和课堂组织与国内可能存在差异，这就要求汉语教师课前备课应“备学生”，课中“入乡随俗”。在跨文化交际方面，我们的汉语教师往往在适应能力方面比较欠缺，甚至有很多教师在海外工作期间都产生过严重的文化休克，影响了教学，也影响了自己在海外的正常生活，这样无疑会严重影响汉语教师在当地进行汉语语言教学和中华文化的传播。所以说，增强跨文化交际的能力对于海外汉语教学来说也是至关重要的。

为了解决国际汉语教师存在的上述问题，以便更好地在海外传播汉语，服务海外高层次汉语教学人才的发展需求，我国于 2007 年开始设置汉语国际教育硕士专业学位，指定北京师范大学、华东师范大学等 24 所部属高校作为试点培养单位，并招收了首届非全日制学生。2009 年又新增培养高校 39 所，并开始面向应届毕业生招生，培养方式也转为全日制。截至 2022 年 9 月，全国有 197 所大学设置了汉语国际教育硕士专业。汉语国际教育硕士专业的设置无疑加强了汉语教师队伍的培养，也有助于对外汉语教学学科的发展。

汉语国际教育硕士专业的设立，培养出一批熟练掌握汉语二语教学技能、具备良好的中华文化传播技能和较强的跨文化交际能力、能够适应汉语国际传播工作的高层次人才。此外，汉语国际教育硕士专业比较注重学生的教学实践，学生

① 孙立峰. 从海外汉语教学看汉语国际教育硕士的培养[J]. 学术论坛，2012，35（1）：219-222.

在毕业时就已经有了一定的教学经验，不会出现像本科培养的汉语国际教师没有教学经验的问题。

（五）设置汉语国际教育博士专业

汉语国际教育博士培养从自主增设到全面设置，既反映了我国对汉语国际教育博士人才的高层次需求，也凸显了世界各国对汉语国际教育质量的高要求。2013 年，北京语言大学汉语国际教育二级学科自主增设博士点，成为全国第一个以“汉语国际教育”命名的博士点。2018 年，我国开始设立教育博士专业学位学校课程与教学领域汉语国际教育方向，探索培养博士层次的汉语国际教育人才。首批试点高校包括北京大学、华东师范大学、东北师范大学、陕西师范大学、华中师范大学、南京师范大学、天津师范大学，首批招收博士生共计 22 人。2019 年，国家进一步增加汉语国际教育博士专业招生院校和招生人数，汉语国际教育博士专业招生院校增加至 21 所（表 2-1），招收该专业博士生 60 人。①

表 2-1　汉语国际教育博士专业招生院校

序号	院校	序号	院校
1	北京大学	12	西南大学
2	华东师范大学	13	浙江师范大学
3	东北师范大学	14	曲阜师范大学
4	陕西师范大学	15	湖南师范大学
5	南京师范大学	16	云南师范大学
6	天津师范大学	17	扬州大学
7	华南师范大学	18	华中师范大学
8	北京师范大学	19	浙江大学
9	辽宁师范大学	20	华中科技大学
10	首都师范大学	21	广州大学
11	西北师范大学		

三、汉语国际传播方略的特点及其影响

我国汉语国际教育事业在过去的几十年间取得了辉煌的成绩，这与国家政策

① 对外汉语公开课. 重磅！21 所、60 个名额！汉语国际教育教育博士院校汇总[EB/OL]. https://www.sohu.com/a/316365834_100119508，2021-06-16.

的支持是分不开的，针对不同时期的中国国情和国际环境，汉语国际传播战略又呈现出不同的特点。

（一）初期侧重“请进来”

新中国成立后的几十年间，我国汉语国际教育的主要战略思想就是“请进来”。

新中国成立初期，我国积极吸引外国留学生来华，这与当时我国的经济发展状况和国际环境密切相关。由于受到西方势力的封锁，与我国建交的国家不多，我国当时在国际上的影响力还比较小，经济水平也比较落后，没有实力在国际上传播汉语，因此汉语传播只能针对社会主义国家阵营中的来华留学生。

随着我国综合国力和国际竞争力的提升，教育开放水平不断提高。例如，为落实《2003—2007 年教育振兴行动计划》，教育部依据“扩大规模、提高层次、保证质量、规范管理”的来华留学工作原则，制定了全国来华留学工作五年规划，多措并举推动来华留学事业的发展。以来华留学生规模为例，几乎每年人数都创新高，仅 2008 年就达到 22.35 万人，比 1978 年增加了近 180 倍。[①] 2018 年，来华留学生数量达到 49.21 万人，学习层次从语言预备教育延伸到本科、硕士和博士各个层次的学历教育，学科分布也由过去集中在语言类、中医类、农学类等少数学科扩展到文、史、哲、政、经、法、理、工、农、医等门类。从近几年的学科分布人数来看，文科类学生的数量有所减少，一定程度上表明了外国留学生的学习与研究兴趣正从以文科类为主向包括理、工、农等在内的其他学科门类转移。这说明，我国在留学生培养方面逐渐强调以市场需求为导向，对各学科门类的国际学生接纳能力不断增强。[②]这也说明，留学生对中国的了解在不断地加深。留学生在华学习期间，通常学校都会为他们开设一定时长的汉语课程，并要求通过较高级别的汉语水平考试、汉语水平口语考试。这样做既可以使来华留学生具有较高的汉语水平，又可以向他们展示中华民族的优秀文化，有助于培养一批亲华、友华、爱华的外国人士。他们不仅是汉语的传播者，更是中华文化的传播者。

（二）21 世纪着重“走出去”

进入 21 世纪以来，世界经济一体化的趋势不断增强，世界各国彼此紧密相连。随着综合国力的上升，中国在世界的影响力不断增强，汉语也随之受到广泛重视，

---

① 郭力. 来华留学生教育与汉语国际推广[J]. 大理学院学报，2009，8（9）：67-70.

② 赵金坡. 新世纪以来我国来华留学生教育发展状况、分析及展望[J]. 高教探索，2011（1）：97-102.

世界范围内不断掀起“汉语热”。为满足国际上日益增长的汉语学习的需求，也为了让世界更加了解中国和中华文化，提升中国和中华文化在国际上的影响力，为我国经济发展创造一个良好的发展环境，从2004年起我国汉语国际教育的战略重点从“请进来”转移到“走出去”。孔子学院就是我国汉语走向国际的重要平台之一。2004年，在韩国首都汉城（今称首尔）建立了全球第一所孔子学院。2007年，孔子学院总部正式成立。孔子学院和孔子课堂在全球“遍地开花”，为汉语教育“走出去”提供了良好的条件。但是，我们不能仅仅简单地或表层地“走出去”，而是要真正能够在海外本土汉语教育中做实做牢。这就对汉语教育质量提出了更高的要求。为了更好地提升汉语国际教育质量，我国推进来华留学汉语教育和海外本土汉语教育双管齐下，以便培养出更多、更优秀的汉语国际人才。作为“讲好中国故事，传播中国声音”的形象大使，汉语国际人才的培养质量势必会影响到汉语教育“走出去”的品牌质量。

（三）汉语国际传播战略的层次性

全球化不应导致语言文化的单一化，任何一种语言都应享有平等的权利。我国在进行汉语国际传播的过程中，需要积极了解对象国家的语言结构和语言规划，然后再推行与之相适应的教学策略。在华文社区规模比较大、华文历史比较悠久、华文在日常生活和工作等方面具有较强社会功能的国家，如新加坡、印尼、马来西亚等，主要关注语言本体的研究。由于语言环境的不同，这些国家所使用的中文与中国现行的普通话有一定的差异。在这样的情况下，我国采取的主要措施是研究其中的差异，消除语言之间的隔阂；在同样深受儒家文化影响的日本和韩国，汉语和中华文化的传播由来已久，采取的主要措施是强调汉语传播的历史渊源，并以开放的心态充分肯定汉语固有词在其语言体系中的地位；对于深受俄语、法语、英语等语言影响的国家，采取的主要措施则是理清该国家的语言格局，把握世界文化多元化趋势的潮流，以语言多元化为依托，传播汉语作为多民族国家通用语的文化价值。在多层次的汉语传播战略的指导下，汉语在国际上的影响力正不断提升。①

在国际上传播汉语应注重战略的区域性和层次性。针对不同国家研究出一条适合所在国的汉语传播和中华文化传播的方法，使其符合当今世界多元化发展的趋势，而中华文化旨在交流，重在双方相互促进，以积极融合的态度进入对方文化圈，不会使目的国产生一种强势文化入侵的感觉。在这个问题上习近平总书记

① 朴美玉. 周边国家的语言规划与汉语国际推广战略[J]. 人民论坛，2012（17）：222-223.

为我们指明了方向："要采用贴近不同区域、不同国家、不同群体受众的精准传播方式，推进中国故事和中国声音的全球化表达、区域化表达、分众化表达，增强国际传播的亲和力和实效性。"① 因此我们要进一步加强国际传播的理论研究，掌握国际传播的规律，通过我们的教学使汉语成为更加受欢迎的语言，培养出更多具有较强跨文化理解能力和深刻理解中华文化、知华友华的人才。

① 新华网. 习近平在中共中央政治局第三十次集体学习时强调 加强和改进国际传播工作 展示真实立体全面的中国[EB/OL]. http://www.moj.gov.cn/pub/sfbgw/gwxw/ttxw/202106/ t20210601_424961.html，2021-06-01.

第三章　汉语国际教育发展现状探析

第一节　汉语国际教育的发展概况

新时代，汉语国际教育正在蓬勃发展。乘着“中国崛起”的东风，在“一带一路”倡议创造的发展机遇和空间之中，汉语国际教育迎来了良好的发展前景。数据显示，截至2021年底，全球共有180多个国家和地区开展汉语教育，外国正在学习汉语的人数超过2500万。自2021年1月25日起，汉语正式成为联合国世界旅游组织官方语言。[①] 也就是说，汉语国际教育在全球范围内的增长和拓展是有据可查的。与此同时，作为中国名片的汉语在全球传播时仍旧面临着诸多挑战，逆全球化思潮使得孔子学院和孔子课堂在西方发展困难重重。基于最新的国际形势，本章尝试对汉语国际教育的发展现状做出判断，对其发展的动力因素及制约因素进行探讨，并从汉语国际教育发展的优势、存在的问题及所面临的挑战方面进行探讨。本节内容围绕汉语国际教育主体间的交流、课程设置与教学实施、文化活动、学术交流与研讨、海外实习基地的开发与建设进行论述。

一、汉语国际教育主体间的交流

随着“一带一路”倡议的实施，越来越多的国家将汉语国际教育纳入国民教育体系，其涉及的主体趋于多样化，相应的交流也更加频繁。就目前看来，各主体间交流的领域和内容较为单一，从学校教育来看，缺乏文化理解，专业课程范畴较为局限。鉴于此，推动各主体间多方位、宽领域的国际交流，加强培养汉语教师与来华留学生的跨文化融通能力以及多渠道拓宽留学生来华进修专业课程成为汉语国际教育继续发展的关键。

（一）政府间的国际交流

目前，我国与“一带一路”沿线国家在汉语国际教育领域的交流以中外语言

① 孙亚慧. 中文国际影响力持续扩大[N]. 人民日报海外版，2021-06-11（11）.

交流合作中心开展的活动为主，各级领导人之间的互访也纳入了相关部门组织的汉语国际教育实践活动之中。

1987 年，国家汉办成立，致力于为世界各国提供汉语言文化的教学资源和服务，最大限度地满足海外汉语学习者的需求，为携手发展多元文化，共同建设和谐世界做贡献；2004 年，我国成立了由国务院侨务办公室主管的华文教育基金会，其目的在于协调国内各级各类海外华文教育机构，与海外华侨社、侨校之间开展教育交流与合作。国家汉办/孔子学院总部作为对外传播汉语的核心政府机构，是我国政府组织和投入汉语国际教育的核心主体。国家汉办开展的实践活动包括与全球各国合作设立和运行孔子学院、组织汉语水平考试、为世界各国提供汉语教师志愿者等。中国华文教育基金会主要通过“请进来”“走出去”教师培训和华裔学生文化体验项目等开展具体的汉语国际教育实践活动。①

以孔子学院为代表，汉语国际教育交流中的主体的多样性在不断提升，开办的孔子学院也越发多样。自 2004 年第一所孔子学院成立以来，我国政府一直努力与国外高等院校合作，国外商务孔子学院、品牌大学孔子学院陆续揭牌。例如，2006 年 10 月 25 日，全国政协主席贾庆林为全球首家商务孔子学院——伦敦商务孔子学院揭牌。②这种以“汉语+职业”设置孔子学院的方式不仅促进了孔子学院的多样化发展，还促使汉语教育教学正式纳入“一带一路”沿线国家的国民教育体系中。2014 年 9 月 27 日，我国举办了首个全球“孔子学院日”，全球 123 个国家和地区的 465 所孔子学院、713 个中小学孔子课堂，同时举办汉语教学公开课、中华文化讲座、学生文艺表演等各类中国语言文化体验活动，共计 3000 余场。③习近平主席和李克强总理专门对“孔子学院日”活动致贺信。各国 400 多位大学校长和政要向孔子学院总部发送贺信。随后的 2015 年，习近平主席出席了伦敦的全英孔子学院和孔子课堂年会开幕式，并发表了重要讲话。2019 年 7 月 22 日，伴随着阿联酋阿布扎比王储穆罕默德到访的脚步，中国与阿联酋在汉语国际教育方面的合作更上一层楼。双方签署《中国孔子学院总部与阿拉伯联合酋长国教育部关于将汉语纳入阿拉伯联合酋长国中小学教育体系的谅解备忘录》。④

---

① 中国华文教育基金会．“请进来”“走出去”教师培训和华裔学生文化体验项目简介[EB/OL]. https://www.clef.org.cn/ds/220330af34.html.

② 中新社．贾庆林在伦敦为全球首家商务孔子学院揭牌[EB/OL]. https://www.chinanews.com.cn/other/news/2006/10-25/809995.shtml，2006-10-25.

③ 人民网．首个全球“孔子学院日”打开了解中国文化的那扇窗[EB/OL]. http://culture.people.com.cn/n/2014/0930/ c22219-25766959.html，2014-09-30.

④ 新华社．学汉语，习汉字：阿联酋人的新追求[EB/OL]. https://baijiahao.baidu.com/s?id=163985240728-0429191&wfr=spider&for=pc，2019-07-23.

概而言之，以孔子学院为主要载体的活动不仅仅促进了汉语国际教育传播，更是为中国与“一带一路”沿线国家的交流提供了独特的平台。除此以外，近年来汉语人才培养和中华文化传播活动，成为我国与“一带一路”沿线国家交流互动的主要内容。

（二）利用不同渠道促进汉语教师的交流与培养

汉语教师既是汉语国际教育教学的主要参与者，也是中华文化的重要传播者。目前，在我国扩大对外开放的汉语教育事业中，主要有汉语教师志愿者、公派汉语教师、外国本土汉语教师三类汉语教师。

1. 汉语教师志愿者

随着我国经济发展、国力增强、国际地位日益提升，学习汉语和中华文化的人越来越多，已经在全球范围内掀起了汉语学习的热潮。随着全球化进程的加快，许多国家对汉语教师的需求非常迫切，所以我国的汉语教师培养工作还任重而道远。2015 年，据国家汉办统计，汉语教师存在着 500 万人的缺口。①为了有效地弥补汉语教师的空缺，汉语教师志愿者招募由原来的以汉语国际教育专业的毕业生为主扩大至本科以上应届毕业生、在读研究生和大中小学在职教师等。通过比较国家汉办历年的年度报告我们可以看出，每年派出的志愿者数量都在不断增加，国家数量也在不断增加：2012 年向 132 个国家派出了 1.1 万名汉语教师和志愿者，较 2011 年增长 3000 人；2014 年向 139 个国家派出教师、志愿者共计 1.55 万人；2018 年派出教师和志愿者共计 10.5 万人。派出汉语教师的人数逐年增长，这为满足世界各地中文学习需求注入了强心剂。

汉语教师志愿者的国际化不仅是体现在志愿者被派往全球各地，更体现在汉语志愿者应具有国际化的素质。汉语国际教育专业的学生在加入志愿者队伍之前，经过了多样化的系统培训。比如，他们都会学习英汉翻译、基础英语、现代汉语、古代汉语、中国文学、语言学概论、外国文学、中国文化通论、西方文化与礼仪、国外汉学研究、对外汉语教育学概论、对外汉语教学法、教育学、心理学等课程。从上述课程设置可以看出：学校侧重培养学生的汉语基础知识、中华文化知识，以使其具备汉语教学能力，另外学校还比较重视提升学生的外语水平，但主要是英语，学生对其他外语可能还是知之甚少，甚至一窍不通；学生也会学习外国文

① 北京晚报. 汉语教师证报考升温 国外教育机构存巨大需求[EB/OL]. https://www.chinanews.com.cn/edu/2014/08-13/6489995.shtml?lanrnfnn85，2014-08-13.

学、西方文化方面的知识，但开设的课程种类单一、课时较少，学生只能对外国文化礼仪有一个总体的概念，并不能知其全面。由此可见，汉语国际教育专业的学生国际化素质较低，尚未达到国际化所需的外语水平，欠缺国际化必备的对外交流能力；学生的跨文化交际能力较弱，对外国文化背景、风俗了解得还不够，这就需要加强对其中西方文化的教学，并培养学生跨文化融通的能力。

因此，汉语志愿者外派之前一般会接受为期一个月到 40 天的志愿者培训，培训内容有汉语本体知识、教学技能、课堂活动设计、汉语语法基础知识与教学、中华才艺、欧洲孔子学院志愿者工作介绍、赴任国国情介绍、赴任国语言等。国家汉办一直以来很重视培养志愿者对赴任国语言的掌握与对赴任国国情和文化的了解，对这几门课安排的课时、课量比较多，志愿者通过一个月时间的培训，可用赴任国语言进行简单的日常交流，了解赴任国的背景文化与风俗习惯，来到赴任国任教后就能更好地避开跨文化的交际冲突，更快地适应当地风俗习惯，国际化素质也就有了很大幅度的提高。

2. 公派汉语教师

为了促进中外文化和教育交流，加强汉语国际教育教学援外工作，国家汉办依据国外教育交流协议及其对汉语教师的实际需求，决定向国外大学、中小学等教育单位派出汉语教学顾问和公派汉语教师。截至 2019 年，国家公派教师岗位共计 357 个，遍布美洲、欧洲、亚洲、非洲、大洋洲 92 个国家。① 公派汉语教师的招收对象主要是有丰富教学经验的高校教师，包括教授、副教授、讲师，他们通常具有硕士研究生以上学历，能够用英语进行教学和日常交流。根据国家汉办公派汉语教师的项目介绍，国家公派汉语教师除了需要具备良好的汉语本体知识、汉语教学能力，具有较强的使命感和责任感，以及爱岗敬业精神外，还应具有良好的适应能力和跨文化交际能力，以及较高的外语水平，能熟练使用所在国语言或英语开展工作，最好要有国外工作经历。由此可知，国家汉办很重视公派汉语教师的国际化素质，要求其具有全球视野和胸怀，以及与国际对接、沟通的能力和适应国外生存与发展的能力。

公派汉语教师在任教之前已具备了一定国际化素质，但和汉语志愿者面临的问题差不多，即整体国际化素质相对较低。有的公派汉语教师有国外深造、国外教学与工作的经历，但所占比例较小。汉语教师的国际化素质低主要体现在以下四个方面：首先，跨语言交际能力还不够强；其次，不理解所在国学生学汉语与中国人学汉语的区别；再次，英语水平不高，不能用英语准确地表达汉语词汇、

① 河北教育网. 汉语教师[EB/OL]. http://www.hbjyw.cn/jiaoliu/page/77.html.

语法的意思；最后，教师的礼仪和生活习惯，如吃相、坐相、站相、个人卫生习惯等不符合当地习惯。针对公派汉语教师国际化素质不高的问题，国家汉办会定期地组织公派汉语教师进行在岗培训，其课程包括本土社会文化概况、本土交际语言入门、本土教育制度、本土学生语言习得规律等。经过一段时间的培训，教师能熟练地运用所在国语言进行日常交流；在了解了本土语言特点的基础上，结合汉语语言的特点，总结出一套适合本土学生学习汉语的教学方案；学习本土社会文化，可以让教师了解当地生活习惯，从而使其更快地适应本土习俗，融入当地社会。提高汉语教师的国际化水平，除了学习任教国语言文化外，还应了解国际形势、国际政治动态、世界发展进程、世界各国语言特点等。只有这样，才能成为一名真正具有国际视野的汉语教师。

3. 外国本土汉语教师

汉语教学的工作除了中国外派的汉语教师、志愿者外，外国学生、学者、教师也都积极参与其中。相较于中国外派的汉语教师，海外本土汉语教师对当地的环境、文化、教育等方面的情况更加了解，可避免“水土不服”现象的出现，并能够更好、更快、更高效地开展教学工作。更为重要的是，本土汉语教师的培养是未来长远发展之计，更有助于推动“一带一路”沿线国家对中国的了解。

对外国本土汉语教师的重视已经在国家汉办历年的工作报告中体现出来。根据2018年发布的《孔子学院研究年度报告2018》，我国已经支持10个国家共15所国外的大学建设汉语师范专业，共培养本土教师1031人；累计为南亚7个国家培养培训本土教师6401人，其中仅2018年就有1101人；累计聘用汉语国际教育硕士本土教师165人。[①] 由此可知，本土汉语教师培养培训体系正在日趋完善。

我国很多高校为留学生就读设立了汉语国际教育硕士专业，从而形成较为完善的专业人才培养体系；更值得强调的是，2018年汉语国际教育专业人才的培养迎来了新的进展。我国通过设立教育博士专业学位健全汉语国际教育人才培养体系，积极探索对汉语国际教育实践领域高层次专门人才的培养。这一试点也为“一带一路”沿线国家来中国接受更高层次的汉语国际教育创造了机会。

汉语国际教育硕士专业以培养具有汉语素养、国际视野，能够胜任汉语教学以及相关领域工作的复合型应用人才为目标。因此，外国学习者需要掌握汉语基础知识、中华文化知识、汉语教学基本知识、汉语教学基本技能，并且要具有国际化视野，能够从事汉语教学工作，促进文化交流、相互借鉴。在中国高校就读汉语国际教育硕士专业的留学生都必须是品学兼优、已取得学士学位或相当学历

① 宁继鸣. 孔子学院研究年度报告2018[M]. 北京：商务印书馆，2018.

的学生，这些学生都是由他们就读的本科学校推荐来中国学习的。为了更有效地促进汉语国际传播和中华文化传播，孔子学院给来中国学习的汉语水平考试五级及五级以上的汉语国际教育硕士留学生提供孔子学院奖学金。

为了促进国外汉语教师的国际合作与交流，鼓励和支持各国从事汉语研究、教学的学者和本土教师全面、深入地了解中国，国家汉办会定期组织汉学学者访华项目和国外汉语教师来华培训项目。来华访问的汉学学者以从事中国语言、文化、历史、法律、政治、经济等方面研究并已具备副教授职称或已取得博士学位并在本领域工作三年以上的研究学者为主。来华学者在华研究访问期限一般为 2—4 周，最多不超过 3 个月。随着海外学习汉语人数的不断增长，国外汉语教师的人数也在迅速增长，教师人数的不断增长并不代表教师的素质也在同步提高。为了解决这一尴尬局面，国家汉办定期组织“国外汉语教师”培训班，招收来自世界各地的数千名汉语教师来华进行培训，旨在提高外国本土汉语教师的教学水平，促进各国汉语教师的交流、沟通与相互学习，从而更好地推动汉语在世界范围内的传播。

（三）汉语国际教育专业留学生的国际化现状

国际化是当今世界高等教育发展的重要趋势，在该趋势下，留学生教育成为我国高等教育不可缺少的一部分。当前，我国的留学生教育正处于快速发展的时期。据教育部统计，2018 年，共有来自 196 个国家和地区的 492 185 名外国留学人员在我国的 1004 所高等院校学习，较 2017 年增加了 3013 人，增长比例为 0.62%（以上数据均不含港澳台地区）。①这些留学生主要来自韩国、泰国、巴基斯坦、印度、美国、俄罗斯、印尼、老挝、日本和哈萨克斯坦。结合上文提及的来华学习的汉语国际教育专业留学生数量，其绝对数量和所占比例都在不断增长。

来华留学生层次主要分为学历留学生和非学历留学生两大类。前者包括博士生、硕士生、本科生和专科生等，后者包括高级进修生、普通进修生和短期留学生。从近几年来华留学的情况看，来华学习的留学生以非学历生和本科生居多，硕士生和博士生所占比例很小。这些留学生来到我国后，多学习汉语国际教育及相关专业，或是在学习一段时间后再转到别的专业学习。

就毕业后的流向来看，有相当一部分的留学生毕业后会从事与中国经济、贸

① 教育部. 2018 年来华留学统计[EB/OL]. http://www.moe.gov.cn/jyb_xwfb/gzdt_gzdt/s5987/201904/t20190412_377692.html，2019-04-12.

易、外交、教育、文化等相关的工作。多元文化融合是当今时代的主流，各国文化交流愈发频繁且形式多样，留学生教育使留学生亲身感受异国的文化，在其学成回国后，也会将我国文化带回去，并在一定范围内传播。来华留学生在传播中华文化、促进中华文化与他国文化交流、推动文化融合上发挥了重要作用。由此可见，从分布来看，留学生来自五大洲 200 多个国家，只是这些学生主要是来自亚洲、美洲、欧洲等国家和地区，来自大洋洲和非洲的学生依然很少。

二、课程设置与教学实施

（一）课程设置

一个专业的培养目标是其课程设置的引擎器，也就是说，要清楚这个专业要培养什么样的人才，只有清楚了培养目标才能有效地进行课程设置，也才能保证课程设置切实符合这个专业的培养目标。根据《高等学校外国留学生汉语教学大纲：长期进修》，汉语国际教育专业以培养高校留学生中适应现代国际社会需要、具备良好综合素质的汉语人才为培养目标。具体要求有：具备扎实的汉语言能力与言语交际能力；掌握系统的汉语基础理论与基本知识；掌握基本的中国人文知识，熟悉中国国情和社会文化；掌握文献检索、资料查询的基本方法，具有初步的科学研究与实际工作能力。根据《高等学校外国留学生汉语教学大纲：长期进修》的培养目标与具体要求，长期进修教学的课程设置与学时安排，如表 3-1 所示。

从表 3-1 中，我们可以看出以下特点：①综合课和口语课、听力课，贯穿于长期进修教学的全过程，初等阶段、中等阶段、高等阶段都必修这三门课，且所修学时较多，每门课必修 6—10 学时。②初等阶段注重语言技能训练，主要是培养学生的口语能力、听力以及综合表达能力，代替了原来的单纯培养学生的语言文化知识。③中等阶段与高等阶段既重视对学生语言技能的培养，也重视对学生语言文化知识的培养，前者是必修课程，后者是选修课程。④中等阶段与高等阶段比较重视培养学生书法、武术等方面的才艺。国际化的课程和课外活动体系则可以培养学生的国际视野，使其具备国际竞争力。学生学习汉语，刚接触这门新语言时，首先是要能够听懂这门语言，并能够用这门语言进行简单的交流，这就是为什么学校在学生初等阶段注重语言技能训练。随着对这门语言的深入学习，学生就会慢慢接触到这门语言背后代表的精神气质、价值观念、文化体系，为了满足学生的学习欲望以及提升学生的国际视野，使学生具备国际竞争力，学校在学生中高等阶段开始注重对学生汉语文化知识、中华才艺、传统艺术等方面的培养。

表 3-1　长期进修教学的课程设置与学时安排表　（单位：学时）

<table>
<tr><th colspan="3" rowspan="2">课程</th><th colspan="3">等级</th></tr>
<tr><th>初等</th><th>中等</th><th>高等</th></tr>
<tr><td rowspan="12">语言技能训练课</td><td colspan="2">综合课</td><td>8—10（必修）</td><td>8（必修）</td><td>6（必修）</td></tr>
<tr><td rowspan="6">单项技能课</td><td>汉字课</td><td>2（必修或选修）</td><td></td><td></td></tr>
<tr><td>口语课</td><td rowspan="2">10（必修）</td><td rowspan="9">6—8（必修）
2—4（选修）</td><td rowspan="10">6—8（必修或选修）</td></tr>
<tr><td>听力课</td></tr>
<tr><td>阅读课</td><td></td></tr>
<tr><td>写作课</td><td></td></tr>
<tr><td>翻译课</td><td></td></tr>
<tr><td rowspan="5">专门技能课</td><td>商业汉语课</td><td></td></tr>
<tr><td>热门话题课</td><td></td></tr>
<tr><td>新闻听力（听读）课</td><td></td></tr>
<tr><td>报刊阅读课</td><td></td></tr>
<tr><td>古代汉语课</td><td></td><td></td></tr>
<tr><td rowspan="8">语言文化知识课</td><td rowspan="3">语言知识课</td><td>现代汉语语法</td><td></td><td rowspan="6">2—4（选修）</td><td rowspan="6">6—8（选修）</td></tr>
<tr><td>现代汉语词汇</td><td></td></tr>
<tr><td>修辞</td><td></td></tr>
<tr><td rowspan="3">文化知识课</td><td>中国概况</td><td></td></tr>
<tr><td>中国历史</td><td></td></tr>
<tr><td>中国文学（中国现当代文学作品选读等）</td><td></td></tr>
<tr><td rowspan="2">其他文化课</td><td>书法</td><td></td><td rowspan="2">20 学时以外自行安排</td><td rowspan="2">20 学时以外自行安排</td></tr>
<tr><td>武术</td><td></td></tr>
<tr><td colspan="3">周学时</td><td>20</td><td>＞20</td><td>＞20</td></tr>
</table>

在课程布局上，留学生所学的课程分为必修课和选修课。必修课是专业学习的主干课程，选修课则是对必修课的补充，这种补充是有针对性的，有助于提高留学生的汉语水平。听说读写是语言学习的四项基本技能，这四项基本技能贯穿于汉语学习的始终。由于不同学习者的学习目的和兴趣不同，当学习者的汉语水平达到一定阶段时，学生会根据自己的需要强化汉语里某一语言技能、语言知识或文化知识的学习，以便更快地提升自己这方面的国际化能力。在课程类别上，可以分为语言技能训练课和语言文化知识课，语言技能训练课包括综合课、单项技能课和专门技能课；语言文化知识课包括语言知识课、文化知识课和其他文化课。学科中的国际化课程指每个专业课程中要包含本专业领域中有关全球性问题的内容。汉语课程设置也是如此，无论是语言技能训练课里的口语课、听力课、

阅读课，还是语言文化知识课里的现代汉语语法、中国概况等课程，都夹带着阐述国际动态、世界视野、全球问题等方面的内容。我们可以通过图 3-1 来了解课程结构类型。

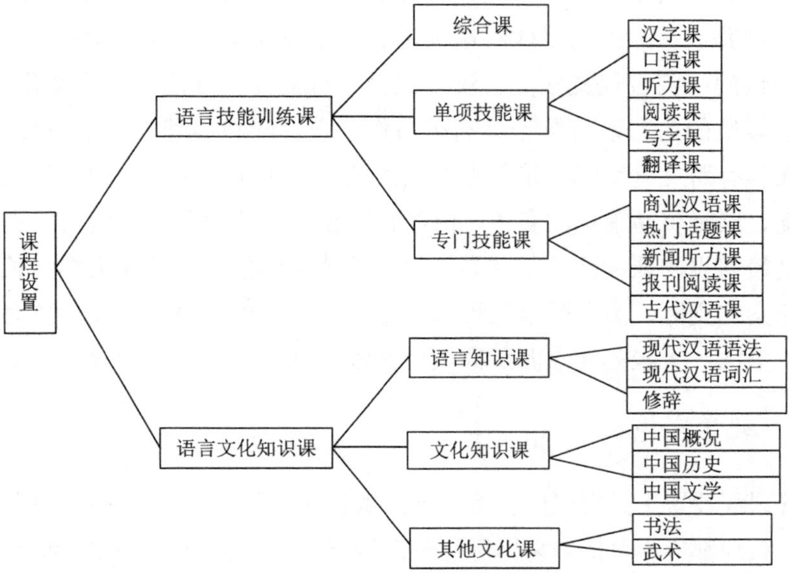

图 3-1　长期进修教学课程结构类型图

从图 3-1 中，我们可以看出，《高等学校外国留学生汉语教学大纲：长期进修》提出的语言技能主要是指对学生汉语听说读写译语言能力的培养。在语言文化知识培养方面，则注重让学生学习语法、词汇、修辞等汉语语言知识，以及历史、文学等方面的文化知识。通过长期的学习，留学生的汉语听说读写能力确实有了很大的进步，能够用汉语较为流利地进行日常交际、报纸阅读、网页浏览、邮件书写等。通过学习中华文化知识，外国留学生在与中国学生交往的过程中，能够尊重中国的文化习俗，了解中国人的价值观念，入乡随俗，能够做到和中国人顺利交流，有效避免文化冲突。语言技能训练课和语言文化知识课都以教授汉语知识为主，没有设置其他外语课程，也没有设置其他国家的文化方面的课程。可见，针对来华留学生所设置的课程种类较为单一，难以满足世界各国来华留学生对汉语学习的需求，从而很难培养出适应现代国际社会需要的汉语人才。这就需要我们对目前的课程进行适当的调整，可以适当增加国际时事政治、跨文化交际、各国文学常识等课程，以提高课程设置的国际化水平。目前，各大高校针对留学生开设的课程基本都符合《高等学校外国留学生汉语教学大纲：长期进修》的要求。以南方某市的两所高校为例，这两所高校给留学生开设的课程基本相同，在语言班的初中等阶段只开设了读写、听说、精读、阅读等培养学生听说读写译语言能力的课程；高等阶段则增加了新闻听力、报刊阅读、口语交际类课程，以便让学生更多地接触中国国情、汉语交际方面的内容。这两所高校针对本科生的不同专业，开设的课程也有所不同。给本科师范生增设的课程有培养语言知识的现代汉语词汇、汉语语法偏误、现代汉语语音；有培养文化知识的中国古代文学史、汉字概论；有提升交际能力的跨文化交际；有培养专业素质的第二语言概论、高级写作、教育学和心理学。给商贸班本科生增设的课程有跨文化交际和培养专业素质的当代中国经济、中国当代商务文化、商务精读、国际贸易理论与实务、财经视听说、经济学原理、贸易实训等课程。这两所高校增设的课程弥补了《高等学校外国留学生汉语教学大纲：长期进修》中缺少跨文化交际、国际时事课程的不足，但关于民间习俗与才艺方面的课程，如剪纸、书法、太极等在这两所高校中都没有开设，应适当增设一些。

（二）教学实施

尽管课程设置上具有国际教育元素的课程还不是太多，但是在实际汉语教学过程中，教师都应尽可能地以国际化理念进行教学。我国高校每年都会接收来自世界各地的留学生，学校会根据学生的汉语水平和所修专业进行分班。以 A 大学为例，把留学生分成了语言班和本科班。语言班又分为初级快班、初级上、初级下、中级上；本科班分为师范专业和商贸专业，覆盖本科一年级至四年级。各高校根据学生语言学习的特点，把汉语学习特点相似的几个国家的学生分在一个班。针对汉语国际教育专业的留学生，一般都是小班教学，十几个学生一个班，这十几个学生一般来自 5—8 个国家。这样的分班形式可以促进不同国家之间的学生学习交流。通过学习交流他们能够了解不同国家的文化习俗，增强学生的跨语言交际能力和跨文化意识。在同一所高校学习的留学生除了会和本班的学生交流外，也会和同校的其他学生交往。

前面提到的是教学实施中分班的国际化，下文我们将介绍教师在教学过程中是如何体现国际化的。在各高校，针对留学生开设的课程中很少设置介绍其他国家文化知识和跨文化交际的课程，但教师在教授口语课、阅读课、综合课等课程时，会提到其他国家的文化常识、历史背景等内容，有时会让各国学生来讲述他们国家的价值观念。接着，教师会让每个国家的学生都来说一下自己国家对不同职业的重视程度。如印尼的学生认为，“在印尼，商人的地位很高，然后是警察、医生，最后是教师，因为印尼人觉得金钱很重要，知识没那么重要”。后来，教师又让泰国、美国、法国等国家的学生谈了一下自己国家对职业的看法。最后，教师会对学生的回答进行总结，让学生能系统地了解每个国家对职业的重视程度。在讲授中华文化知识课时，教师也会让学生谈一下自己国家的文化常识。例如，印尼的某些地区是用手吃饭的，伊斯兰教的信仰者（穆斯林）是不吃自死物、不吃猪肉的，等等。因此，我们可以看出，教师在教学中很好地利用了资源，在向学生传授中国传统文化知识的同时，也让学生和大家分享自己国家的价值观念，这可以使学生了解到不同国家的文化，有利于培养具有国际视野的人才。学生对其他国家历史文化、传统习俗、价值观念的了解，很多时候是从其他同学的回答、介绍中获得的，如果教师最后只是做一个简单的总结，不进行深入的讲解，学生的这种了解也就只是泛泛而知的，知之不深。这就需要教师加强理论研究，了解每种文化习俗背后的历史渊源，提升自己的文化素养。

从教学活动来看，教师的言语活动有利于加强师生之间的交流和互动，从而促进学生的学习和发展。在留学生课堂里，教师通常运用诱发引导、提问讨论等言语活动，这样做有利于引导学生自由阐述自己的观点，给学生更多的课堂讨论、课堂表演时间，让学生在课堂上多发言，教师主要扮演课堂引导者与维护者的角色。教师也可以经常带领学生组织课外活动。例如，带领学生到茶馆品茶，让学生感受中国的茶道文化；带领学生参观中国建筑，让学生真切体会中国的建筑之美。

不论教学方法、教学组织形式还是教学活动安排有何不同，各高校都会对留学生教学进行教学评估。教学评估的方式有很多：有分班前的水平测试评估，一般在学生入学前进行；有检查学生对学习内容掌握情况的诊断性测试，各高校一般每个月会定期开展小测试；还有对学生进行某一课或一定学习阶段的成绩测试。

三、汉语国际教育文化活动

为了让世界人民都能更好地学习汉语和了解中华文化，推动汉语教育国际化，国家汉办举办了一系列的活动来促进汉语国际传播。例如“孔子学院日”、“汉语桥”文化活动以及中国文化年活动等。

（一）“汉语桥”文化活动

“汉语桥”中文比赛是由国家汉办主办的规模最大的国际汉语比赛项目，是世界人文交流领域的知名品牌活动，包括“汉语桥”世界大学生中文比赛、“汉语桥”世界中学生中文比赛和“汉语桥”在华留学生汉语大赛三项比赛。目的在于激发各国学生学习汉语的积极性，增进世界对中国语言文字与文化传统的了解。该比赛是各国学生学习汉语、了解中国的重要平台，同时也在中国与世界各国学生之间架起了一座桥梁。近些年，“汉语桥”采取国家汉办与地方政府合作的方式，并通过多家媒体和网络平台向全球转播。截至 2017 年，已成功举办九届大学生比赛，两届中学生比赛，三届在华留学生比赛。世界多个国家近千名汉语爱好者来中国参加“汉语桥”比赛，“汉语桥”中文比赛给这些汉语学习者提供了一个展示自己汉语水平、表达对汉语热爱的平台，也给世界各国汉语爱好者提供了一个相互交流、彼此分享汉语学习感受与体会的机会，从而有利于提高他们学习汉语的热情，激励他们在汉语学习的道路上不断向前。“汉语桥”中文比赛，这种国际化的文化盛宴，不仅引起了世界各族人民的关注，也加深了世界人民对汉语、对中华文化的了解与认同，有效地推动了中华文化走向世界。

为了吸引更多热爱汉语的人参赛，“汉语桥”通过多种途径进行宣传。目前主要的宣传途径包括传统媒体、网络孔子学院官方网站和“汉语桥俱乐部”官方 APP 等。传统媒体包括国内外的报纸、广播电视等。网络孔子学院和“汉语桥俱乐部”都是国家汉办负责运作的网络传播平台。网络孔子学院由孔子学院总部主办，是服务于全球汉语学习者及全球孔子学院师生的综合性门户网站。网站共设有 58 个频道，涵盖汉语学习、中华文化、教学资源、互动社区、孔子学院五大领域，为汉语、英语、西班牙语、法语的语言浏览者提供一键文字转换功能。网站发布了 12 000 多个不同类型的学习课件以及近千小时的音视频资料，目的在于为全球汉语学习者、教师以及中华文化爱好者提供丰富多彩的汉语学习资源，并为用户学习汉语提供及时高效的服务和支持。为了进一步加深与往届“汉语桥”比赛选手间的联系，加强交流，国家汉办在 2011 年 10 月成立了“汉语桥”俱乐部。该俱乐部力求成为热爱汉语和中华文化的人的重要交流平台，也有助于提高俱乐部成员汉语水平、加深成员对中华文化的了解，为其能更好地在华学习、工作和生活提供支持与帮助。

“汉语桥”世界大学生中文比赛自 2002 年开赛以来，每年一届，吸引了 130 多个国家、100 多万名青年学生参赛。[①]为了使“汉语桥”中文比赛吸引更多人的关注，湖南卫视采取了多种多样的节目形式，除了常规的外景录播加现场直播形式外，还积极推动创新赛制，将参赛选手的汉语水平和才艺相结合，并加入了一些新的文化元素。

近年“汉语桥”活动形式主要包括以下两个特点。一是中华文化与参赛者国

① 中国日报网．“天下一家”：2019“汉语桥”全英大区赛圆满落幕[EB/OL]. https://baijiahao.baidu.com/s?id=1630246290084434718&wfr=spider&for=pc，2019-04-08.

家文化的结合。比如，2013 年举办的“舌尖上的世界”活动[①]，是让参赛者到湖南美丽的凤凰古城向当地百姓学习烹饪一道凤凰当地菜，除此之外，参赛者还要准备一道具有自己国家特色、自己烹饪的菜肴。这样做，可以让参赛者在实践过程中，更好地了解中华文化、接受中华文化；另外，让参赛者准备具有本国特色的菜肴，也能让更多的人了解多国文化的特色。二是中华文化不断走向世界。外国选手不仅可以通过书本、电视、网络媒体了解中国，还可以通过交友、旅游、参加“汉语桥”中文比赛等多种方式接触中国，感受中国的发展与变化。“汉语桥”也有利于促进汉语在世界各地的传播与发展，提升中华文化的国际影响力。

“汉语桥”的传播媒体——网络孔子学院，全球孔子学院的综合性门户网站，设有 50 多个频道，约 10 种学习语言；“汉语桥”俱乐部成为热爱汉语和中华文化的外国朋友相互交流的重要平台。“汉语桥”中文比赛形式不断创新，既体现中国特色又能体现世界各国风采，有利于引领中华文化走向世界。

（二）中国文化年

文化年一般由中国和外国的国家领导人共同提议和确定，开展为期一年的文化活动，涉及领域非常广泛，包括文学艺术、宗教、民族、科技、传媒、旅游、环保等诸多方面。迄今为止，我国已相继与法国、俄罗斯和意大利等国合作举办了“中法文化年”“中俄文化年”“中意文化年”等对外文化交流活动。在活动举办期间，我国将传统的文学艺术、戏曲艺术、非物质文化遗产等集中介绍展示给外国民众。中国文化年的举办可以展现中华文明的持久魅力与旺盛的生命力，表现东方文化的深厚底蕴。长期以来，西方总是有意无意地丑化我国形象，影响了我国整体软实力的提升。因此，只有推动中华文化真正“走出去”，才能让世界了解真正的中国，重塑中国的国际形象；文化交流活动有助于增进世界对中国的了解，加深世界对中华文化的认识，强化中华文化与他国文化之间的融通，进而有利于提高中国国际地位。值得一提的是，中国传统文化的输出主要集中在京剧、武术、皮影、舞狮、民间剪纸等方面，但中华文化的真正精髓和智慧并没有被挖掘出来，中华文化输出样式的单一性，导致外国人对中华文化产生了刻板印象，认为中国的颜色就是红色，中国的建筑就是长城，中国的艺术就是京剧。这就需要我们增加中华文化输出的种类，中华文化的每个方面都要有所涉及。对于一些具有代表性的中华文化艺术、传统习俗应追溯其历史渊源、文化内涵等，并告知

① 国际在线．“汉语桥”上演决赛第二场 悬念不断精彩绝伦[EB/OL]. http://bridge.chinese.cn/article/2013-07/23/content_506457.htm，2013-07-23.

学生这只是中华文化的冰山一角，不是全部；与此同时，还应结合其他国家类似的文化、习俗、节日来讲解比较。例如，教师在给学生讲解中国传统节日时，应列出中国的节日有哪些，再选取最具典型性、最具代表性的节日进行讲解。以介绍春节为例，教师应告诉学生中国春节的来历、春节的习俗以及庆祝春节的意义等，并问学生在他们国家过不过春节或和春节类似的节日有哪些，让韩国、日本、越南等儒家文化圈的学生来介绍一下他们国家是怎样庆祝春节的，让美国或其他西方国家的同学来介绍一下他们国家是如何庆祝圣诞节的，再让其他国家的学生来介绍一下在他们国家和春节类似的节日是怎样度过的。这不仅加深了学生对中国传统节日的理解，也增进了学生对世界其他国家节日的了解，拓展了学生的国际化视野。

中国文化年是中国与世界许多国家的文化交流活动，具有交流领域广、覆盖范围大、合作程度深、时间跨度长等特点。现在的文化年和交流年等活动已发展为多样化、多主题的交流活动，影响遍及全球，为中国与世界的交流合作提供了独特的平台。

四、汉语国际教育学术交流与研讨

汉语国际教育的发展离不开专业的学术交流和研讨，这是由汉语国际教育本身所特有的国际性和学术性所决定的。学术讨论也是消除误解、增强我国与“一带一路”沿线国家在汉语国际教育方面的共识的必要途径。目前，国内外举办的关于汉语国际教育的学术会议多种多样，其中影响力较大、发展较为成熟的有国际中文教育大会（旧称“孔子学院大会”，2019 年更名）、对外汉语国际学术研讨会等。由国外的专业团体举办的相关会议有东南亚华文教学研讨会、全美中文大会、美国中文教师学会年会等。

国际中文教育大会是目前在促进汉语国际教育学术交流和讨论方面规模最大、影响力最强的平台，曾在北京、厦门、上海、昆明、西安、成都和长沙等城市举办会议，邀请到海内外的相关专家、政府工作人员和社会智库研究者等出席会议。从大会参会人员的来源和数量上，可以看出会议的影响力。在第一届孔子学院大会于 2006 年召开时，会议吸引了全球 38 个国家和地区的代表参会，与国内代表数量大致相当；到 2019 年国际中文教育大会召开时，全球有来自 160 多个国家的 1000 多名中外代表参会。会议影响力不断提升。

国际中文教育大会每年的主题也说明了每年汉语国际教育学术对话的重心。2006 年，第一届孔子学院大会的主题是孔子学院的创办和运营，会议明确了孔子学院建设的三条基本原则，即双方自愿、因地制宜规范教学标准、完善质量评估体系。① 2010 年，第五届孔子学院大会的主题是“孔子学院可持续发展”，重点关注孔子学院如何因地制宜地实现长久良好发展。2017 年，第十二届孔子学院大会的主题是“深化合作，创新发展，为构建人类命运共同体贡献力量”。2019 年的国际中文教育大会关注到“新时代国际中文教育的创新和发展”，强调国际中文教育在新时代的作为。由此我们可以发现，孔子学院不断发展，在世界的舞台上越发凸显出自身价值。

为了促进汉语国际教学的交流与合作，2000—2019 年，中国已成功举办了十五届国际汉语教学学术研讨会，这一会议成为汉语国际教育学术交流的重要平台。会议的承办机构来自中美两国的大学，第十届学术研讨会由浙江大学和美国耶鲁大学、夏威夷大学、罗得岛大学等联合举办②，第十五届会议则由北京师范大学、美国塔夫茨大学主办，美国罗得岛大学、纽约市立大学、佛蒙特大学协办。历届会议，与会代表均就国内、国外的汉语教材存在的教学问题进行分组发言，通过学者的探讨，增进对教材编写的认识，有利于学者思考和反省如何更好地利用教材。

国外有关的会议同样值得关注，相关领域的实践工作者和研究者开展了丰富的汉语国际教育研讨活动。例如，东南亚华文教学研讨会 1995 年在新加坡举办了第一届，该会议每两年举办一次，目的在于推动东南亚地区的华文教育和交流。2019 年，在泰国清迈举行的第十三届东南亚华文教学研讨会，会议以“质量提升　转型升级　展望未来”为主题，参会人员达 120 余人。③ 此前，会议曾由缅甸、印尼和菲律宾等东南亚国家的华文教育或汉语教育机构、协会承办，对东南亚华文教育和汉语国际教育的传播起到了重要的作用。全美中文大会是北美地区规模最大、影响力范围最广的汉语言交流会议，由亚洲协会（Asia Society）和美国大学理事会主办，自 2008 年发起以来已在美国芝加哥、华盛顿、波士顿和旧金山等城市举办过 12 届会议；会议参会人数不断增长，2019 年参会超过 1300 人。④

汉语国际教育作为国际性的教育实践活动，我国可以以此和世界各国进行密

① 中华人民共和国中央人民政府. 孔子学院大会 7 月 6 日在京召开　陈至立出席并致辞[EB/OL]. http://www.gov.cn/ldhd/2006-07/06/content_328809.htm，2006-07-06.

② 第十届国际汉语教学学术研讨会在浙江大学隆重举行[J]. 世界汉语教学学会通讯，2012（2）：30.

③ 世界华人周刊. 第十三届东南亚华文教学研讨会在清迈举行，共商华文教育转型升级[EB/OL]. http://www.sjhrzk.com/wap/ywrd/4895.html，2019-12-20.

④ 新华社. 第 12 届全美中文大会在美国圣迭戈举行[EB/OL]. https://baijiahao.baidu.com/s?id=1633216407928113294&wfr=spider&for=pc，2019-05-11.

切的交流，而世界各地的中文学习者和中华文化爱好者，尤其是华人华侨，是汉语国际教育有关学术交流活动的参与者、建设者和推动者。

五、海外实习基地的开发与建设

海外实习基地是培训汉语国际教育人才专业技能的重要载体，对提高学生的职业综合素质、促进就业、提升教师专业水平等都起着重要的推动作用。相比于学术学位，汉语国际教育专业学位更具实践性和应用性。因此，高校必须做好海外实习基地开发和建设工作，为汉语国际教育专业毕业生指明清晰的职业发展路径。

鉴于汉语国际教育自身的根本特性，并且由于汉语国际教育市场和服务对象主要分布在国外，高校必须坚持“走出去”的发展战略，拓展多元开发渠道、建设汉语国际教育海外实习基地，改进制度、创新机制，突破汉语国际教育师资供求失衡的发展瓶颈。在全球范围内进行资源配置是当今世界经济的发展趋势，但国际贸易中的交易成本总是阻碍中国正常融入世界经济，尤其是某些外国商人缺乏对汉语和中华文化的了解。因而，汉语的国际传播有助于我国与世界其他国家更好地进行贸易往来，增进彼此了解和人文交流，提高国际贸易服务质量。因此，汉语国际教育蕴含着巨大的经济利益。这也是汉语国际教育海外实习基地所具有的优势。对于海外企业而言，参与汉语教育国际传播，培养能够服务“一带一路”建设需求的劳动力，是抓住新时代发展机遇的必然选择。

（一）建设汉语国际教育海外实习基地的重要意义

首先，海外实习基地的建立是落实国家“一带一路”倡议的重要举措，与新时代加大教育对外开放的总体布局高度一致。相比于西方发达国家的语言国际教育（以英语为主），汉语国际教育人才培养的主要问题在于理论教育占比过重，实践能力的培养严重不足，在实际教学中对汉语知识的讲解不够生动具体。海外实习基地的开发与建设，为汉语国际教育人才实践能力的培养提供了新平台，有利于拓展汉语国际教育毕业生职业发展空间，提升高校办学条件及人才培养水平。

其次，汉语国际教育开发、建设海外实习基地是其实现自我可持续发展的必然选择。国内开设汉语国际教育专业的高校日益增多，就读人数逐年攀升，同时，社会上有志于投身汉语国际教育的职业人士也在不断增加，但高校软硬件条件却尚未达到高质量的汉语教育服务的标准（包括师资、场地、实习就业机会等），尤其是教学实践和毕业实习等方面也存在一些问题。由于办学经费有限，高校难以在汉语国际教育上投入较多资金。因此，将市场机制引入汉语国际教育人才培养链条，通过多元化的投资方式与海外政府机构、行业、企业建立紧密的合作关系，成为汉语国际教育可持续发展的重要手段和必然选择。

最后，建设海外实习基地是提升汉语国际教育学生实践能力、培养职业核心技能和开拓职业发展路径的有力保障。汉语和以汉语为载体的优秀中华文化不仅是我国对外开放过程中最好的名片，更是培养“一带一路”建设紧缺人才的必要工具。鉴于当下汉语国际教育学生就业情况不佳的现实，高校需要认识到学生“出口”问题对人才培养产生的影响力。应该以“校政企行”（学校、政府、企业和行业）四方合作的形式在海外开发、建设实习基地，充分结合教学与实践，一体化进行学生实习与员工培训，实现学校、行业、企业多方协同创新，同时提升汉语国际教育学生的就业质量并培养企业和社会所需的高素质人才。此外，海外实习基地还是培养其他国家了解中国、认同中国的各类人才的重要平台。

（二）当前汉语国际教育海外实习基地的开发、建设存在的主要问题

汉语国际教育海外实习基地的开发与建设是专业发展的核心内容，但在实施过程中却面临着不少亟待解决的问题。

第一，海外实习基地建设的理念滞后，制约了其发展。高校普遍对基地的实用效能缺乏认识，导致对基地的定位不符合用人单位的实际需求，造成基地的开发与建设严重落后于专业发展目标。高校应引导汉语国际教育专业学生转变就业观念，以市场化运作机制，多元化地开发和建设基地，实现学生就业领域、岗位多元化。在“一带一路”倡议下，汉语国际教育人才培养的思路应当与时俱进。此外，海外实习基地的建设不能出现“一言堂”的现象，要切实引入社会企业尤其是外国企业的代表，在实习基地的建设过程中充分考虑企业的需求，不能武断地决定实习基地的发展需求，而将企业特别是外国企业的声音淹没掉。

第二，海外实习基地供小于求。目前汉语国际教育专业毕业生的主要实习路径包括国内建的实习基地、通过汉语教师志愿者的选拔赴海外顶岗实习、到海外孔子学院当汉语教师、到国际合作学校或机构实习等。海外实习方式较为单一且实习基地所能提供的实习岗位无法满足汉语国际教育学生的需求。据本书调查研究，汉语国际教育硕士专业毕业生，往往到海外孔子学院服务3—5年后会选择回国就业。但其在国外所积累的工作经验无法作为在国内任职的基础。事实是，当前建立的海外实习基地，无法保证“持续性”的实习和就业，这种现状亟待改变。当然，在这一过程中应注意国内市场需求的特殊性，汉语国际

教育人才不同于从汉语言文学或者语言学毕业的人才，前者的发展导向是向外的，但是在他们回国后国内却没有足够的工作岗位，于是在转行的过程中势必遭遇不可预想的挑战。因此，伴随着“一带一路”倡议的落地，我们应注意资源的配置，创造新的就业岗位。

第三，多元主体参与不足影响了海外实习基地管理的质量。虽然目前我国汉语国际教育专业学生可以选择的海外实习点比较多，包括合作机构或院校、孔子学院、当地华人学校、补习或课外机构等，但是从管理层面来说，更多地集中在学校内部或校际之间的合作，相对比较封闭。这种封闭的管理方式往往忽视了社会经济发展的需求，未能很好地协同企业、政府、行业等多方主体，由此导致“校政企行”合作经验不足，限制了海外汉语教育实习基地的辐射功能。学校、政府、企业和行业四方主体的发展宗旨和发展取向的差异导致了运行模式上的不同，需要处理好学校教育教学与学生成长、国家安全稳定和人文交流、企业市场运行机制和行业发展的社会需求等多方利益诉求，并基于协商共享、公平谈判等机制，共同服务和建设海外汉语教育实习基地。这一方面有利于促进汉语教育本土化发展，另一方面有利于提升多元主体参与汉语教育事业的协同效应，从而形成竞合共赢的格局。这对多元主体参与海外汉语教育实习基地的治理能力提出了新挑战，尤其是在后疫情时代不稳定和复杂性因素增多的新时代背景下，急需完善多元主体参与的海外实习基地管理机制，以提升汉语教育实习管理质量。

第四，符合职业要求的师资力量不足，导致海外实习基地的教学效能低下。目前，我国汉语国际教育师资主要来自语言学，侧重于语言学理论研究与教学，“职业化”“专业化”的教师数量不足。在海外实习基地工作的教师，不仅需要从事本专业教学所需的理论知识，还需具备指导学生开展岗位实践性工作的能力。因此，对海外实习基地教师进行培养时，应当侧重于培养其实践操作能力；高校还应积极借用行业和企业的力量，聘请业务能力强、行业经验丰富的企业导师来充实海外实习基地的师资力量，减少因师资力量不足造成的实习基地教学效能低下的现象。

（三）汉语国际教育海外实习基地开发、建设的实施路径

职业教育领域在实习基地开发、建设方面有着先进的工作理念和卓有成效的实践经验。汉语国际教育应积极学习借鉴其先进做法，创新海外实习基地开发、建设的指导思想、管理体制、运行机制。

第一，以“校政企行”协同合作为指导思想，按照市场化的规则来运作。通过

投资主体多元化的方式来调动海外政府、行业及企业合作共建实习基地。实习基地以汉语国际教育教学任务为主要依托，根据行业、企业实际特点，开发设计岗位工作任务，拓展汉语国际教育学生的就业领域，不断丰富和发展学生知识与技能，加深海外合作方对汉语国际教育的认识，使其自愿吸纳汉语国际教育专业的学生为其员工，从而主动通过汉语国际教育合作，加强与中国经济、文化方面的联系。

第二，创新管理机制。高校汉语国际教育海外实习基地应当实行规范化管理。高校应当与合作政府、行业和企业一道成立实习基地管理委员会，执行实习基地的重大决策。实践证明，市场化运行机制能够优化实习基地的各类资源配置，有助于解决高校在实际工作中遇到的资金不足等重大问题。

第三，严选合作企业，确保实习基地发挥促进就业的作用。促进汉语国际教育海外传播、提升办学质量、增强学生实践能力、拓展学生就业渠道和提升我国高等教育的影响力是基地开发建设的核心目标。高校应该具有主动意识，与合作方保持长期、紧密的联系，并以此为基础，全面考察、验证海外合作方的整体实力、合作动机及合作发展空间、所处行业特点及发展趋势、地缘经济政治环境、对提升高校办学质量的效用等，以便进一步优化合作方的选择。

第四，强化导师制度建设。实习基地师资力量配备和建设的程度是其发挥效用的关键。强化双师型师资队伍建设是确保教学绩效的有效途径和重要保障。高校应当注重教师队伍专业理论知识和实践技能的培训，充分利用海外实习基地，选派骨干教师参加基地建设工作和海外企业顶岗工作。聘请海外合作方的技术骨干作为基地导师，加入汉语国际教育传播工作团队，弥补基地师资实践技能短板，联合开发更具市场传播价值的汉语国际教育新模式。完善基地导师制度，以高校教师和企业实习导师的双重指导，保障学生实践技能的培养。

第五，积极创建顶岗实习型的实习基地。海外实习会引发一些经济问题，在资金有限的情况下，将压力转嫁给学生及其家庭，会打击学生的积极性。因此，开发、建设海外实习基地必须要求合作企业为学生提供一定数量的带薪实习岗位，保证学生不会因经济问题而退出。另外，作为“校政企行”四方共建的实习基地，合作方也应当给予一定的资金支持，以确保实习基地的有效运作。

必须转变汉语国际教育人才的观念，多元化其就业领域和就业岗位。高质量的海外实习基地，可更好地满足汉语教学对职业环境的要求，以符合市场需求的理念进行课程学习分析和教学过程设计，有助于高校完善人才培养目标和教学实施标准，突出专业性、职业性和应用性，不断提升汉语国际教育的教学质量和人才培养水平。还需要强调的是，汉语国际教育的人才培养要注意本土化和职业化趋势。汉语国际教育不能一直是悬在半空中的，要与本土的需求和当地文化结合起来，才能真正落地，发挥更大作用，而不是仅限于语言培训。此外，汉语国际教育的发展还要关注职业化。“一带一路”倡议创造的机遇是丰富的，汉语国际教育应抓住机会，并将之与职业发展相结合，而不能停留在语言培训的阶段。因为只有这样，汉语国际教育才能为所在国家和地区带来切实的利益，其实际影响力才能得到提升。

第二节　汉语国际教育发展的动力因素

语言全球化随着经济全球化发展应运而生，作为“世界语言”“一门永不褪色的语言”的英语成为语言全球化的主角。作为源语国，英美两国的国际地位对英语的普及是不言而喻的。对外汉语教学事业的飞速发展得益于中国改革开放政策和国家地位的提升，从 1978 年至今，中国快速发展吸引了越来越多的外国投资者，他们在与中国的经济往来中需要了解中国国情、中国人民、中国社会及中华文化，因此学习汉语成为其必然选择。总的来说，我国汉语国际教育事业的发展有以下几方面的动因。

一、汉语国际教育发展的经济动因

随着中国经济的快速发展，汉语的经济价值属性也日益凸显。经济对语言的发展具有制约作用，这种制约作用体现在语言的发展受源语国国际经济地位的影响，经济发达的国家，其语言会得到较为广泛的使用；经济落后的国家，本土语言的使用会受到限制乃至歧视。即便是在一国内部，经济发展地区的语言和经济落后地区的语言也存在同样的关系，也源自一样的缘由。苏联解体后，世界呈单极化发展，单边主义盛行，英语作为强势语言加快了全球传播的脚步，包括中国在内的多数非英语国家选择英语作为工作需要的第二语言。进入 21 世纪以后，新的世界格局尚未确定，世界多极化发展的趋势却日益明显，尤其是中国在经济建设方面取得的成就，对越来越多的外国人产生了较强的吸引力。

中华人民共和国国家发展和改革委员会发布的信息显示，截至 2019 年，中国已成为世界经济第二大国、科研人员第一大国、货物贸易第一大国、外汇储备第一大国、服务贸易第二大国、使用外资第二大国、对外投资第二大国。① 面对巨大的经济份额和市场商机，汉语的学习者希望通过语言的学习获得更多经贸发展的机会。

① 中国日报网. 中国的世界经济坐标：在这些方面成第一大国[EB/OL]. https://baijiahao.baidu.com/s?id=1645522879817937594&wfr=spider&for=pc，2019-09-24.

2020 年来华留学生的相关数据显示，2004—2016 年的 12 年间，来华留学生人数由 11.1 万增长到 44.3 万，增长了近 3 倍；而“一带一路”沿线国家来华留学生更是增长了约 7.3 倍。东南亚国家是留学生的主要来源国，2015 年东南亚国家出国留学生共计 22.7 万人，约 7.12 万人（约 1/3）到中国留学。① 来华留学人员中，修习汉语言专业的学生人数远超其他专业，越来越多的留学生尝试以“汉语+其他专业”的模式就读，如经贸汉语和汉外翻译等。

二、汉语国际教育发展的文化动因

作为文化的载体，语言的传播与经济地位关系紧密，借民族语言传播本国文化，是文化传播的重要形式，有的国家甚至将其列入国家外交政策和对外宣传战略之中。与中国取得的经济成就相比，目前国外大多数国家对中华文化了解得还比较少，部分西方媒体基于利益以及意识形态方面的考虑对中国崛起进行刻意的歪曲和抹黑，使国际社会难以认识真实的中国，阻碍了中国提升国家形象，也不利于国家影响力的扩大。为此，中共中央办公厅、国务院办公厅联合印发的《关于加强和改进中外人文交流工作的若干意见》明确指出，要构建语言互通工作机制，推动我国与世界各国语言互通，开辟多种层次语言文化交流渠道。着力加大汉语国际推广力度，支持更多国家将汉语教学纳入国民教育体系，努力将孔子学院打造成国际一流的语言推广机构。汉语国际教育绝非单纯的语言教学，教师应着眼于中华文化的有效传播，使国外学生在掌握语音、词汇、语法、汉字等教学内容的过程中更多地了解汉语所蕴含的文化价值和意义，更深入地体会丰富多彩的中华文化。只有这样才能使他们真正了解和热爱中国的历史文化，从而更客观地理解中国的和平崛起。在全球范围内传播汉语和中华文化，促进世界的理解与交流，推动世界和平发展，是汉语国际教育题中之义。②

三、汉语国际教育发展的政治动因

近代英国的殖民扩张让世界认识了英语，使之广泛传播。20 世纪，美国以其突出的经济、军事和科技实力对英语全球化进行了持续的巩固和强化，夹带强势的国家政治意图，以英美为首的霸权主义思想随之产生，具体表现为通过

---

① 教育部. 2016 年度我国来华留学生情况统计[EB/OL]. http://www.moe.gov.cn/jyb_xwfb/xw_fbh/moe_2069/xwfbh_2017n/xwfb_170301/170301_sjtj/201703/t20170301_297677.html，2017-03-01.

② 崔希亮. 汉语国际教育与人类命运共同体[J]. 世界汉语教学，2018，32（4）：435-441.

英语泛化的途径来传播其意识形态和价值观念，并将英语国家和非英语国家分为不同圈层区别对待，因此，有学者将其称为“杀手语言”（killer language）或“语言凶手”（language murder）。[①] 而强势语言的兴起必然以其他语种的衰弱为代价，由此导致相应语言背景下历史、政治、贸易、宗教、文学、科学等的逐步消亡。汉语国际教育自诞生之日起便肩负了重要的历史使命，即在传播语言的同时，促进各国人民之间友好互通，共铸世界和平。汉语以及相关国家对外语言教育的发展，将有助于加强世界各国之间的联系。尤其在“一带一路”建设中，加强汉语国际教育、传播中华文化更有利于实现“五通”，打造国际合作新平台，增添共同发展新动力，同时，也有利于消除外界对中国对外交流活动所产生的误解，如“中国威胁论”等，推动中华文化“走出去”，支持世界文明交流互鉴。

第三节　汉语国际教育发展的制约因素

我国汉语国际传播事业滥觞于新中国成立后的国际交流。新中国成立后，我国汉语国际教育事业开始迅速发展，虽然在此过程中由于种种历史原因有过中断，但是，十一届三中全会后，改革开放政策使得汉语国际传播事业得到恢复并迎来了新的发展契机，汉语国际传播事业开始蓬勃发展。1987 年，国家教育委员会设置了国家汉办，主要负责指导对外汉语教学工作。进入 21 世纪后，国家政治经济的发展、中国国际地位的上升及中国在全球化过程中发挥的重要作用等使全球学习汉语的人数日益增多。伴随着这样的蓬勃发展，汉语国际教育事业亦迎来了全新的发展局面。

新中国成立以来，我国汉语国际传播事业从无到有、从小到大，已呈现一片欣欣向荣的景象。然而，汉语国际教育的对外传播面临诸多挑战，首先便是他国对中国正在通过汉语国际教育传播意识形态的质疑，以及西方少数学者对孔子学院所谓的“违反了学术自由”的批评等。[②] 以孔子学院为代表的汉语国际教育教学活动仍然面临着诸多考验，如何去认识和应对其中的制约因素，关系到汉语国际教育的长远发展。

一、国际地位和国际环境的制约

每一种语言在国际上的传播都与当时的国际环境有着密切的关系，汉语在国

① 付博. 英语全球化对其他语言及文化的影响[J]. 现代交际，2011（4）：63，62.

② 林杰，张曼. 对西方少数学者质疑孔子学院“学术自由”的驳论[J]. 比较教育研究，2016，38（3）：1-7.

际上的传播也不例外。汉语、英语、法语、俄语、阿拉伯语与西班牙语为联合国的 6 种工作语言。以这些语种为母语的国家所具备的国际影响力、经济实力、文化影响力、使用人口等因素决定了其成为联合国工作语言的合理性。另外，也有一部分因素是由该语言所使用国家的特定的历史发展进程所决定的。

（一）国际地位变化的影响

一个国家的语言的影响力是由该国的国际地位和国际影响力决定的。18 世纪，以英国为领头羊，欧洲各国相继通过工业革命迈入资本主义社会。生产技术的革新使这些资本主义国家的国力得到了大幅度提升，资本主义国家也在不断地进行殖民扩张。19 世纪，英国便开始在其殖民地实行帝国主义制度化的英语教育体制。这意味着，世界上有更多的人口必须使用英语进行交流。[①]这是以殖民的方式推动英语国际传播和英语语言与文化的传播。

第二次世界大战结束以后，美国成为超级大国，美国的经济、军事、科技、文化、教育等方面在国际上都首屈一指，英语开始以不可阻挡的力量影响着世界。此后苏联的解体和第三世界国家经济的复苏，也推动了英语在国际上的广泛使用。在当今社会中，英语在各个领域都充当着世界通用语的角色。英国语言学家戴维·克里斯特尔曾形容："在许多人的头脑中都已经毫无疑问地认定：由于说英语的各民族在过去二百年里已经取得的政治上和经济上的进步，英语已经成了世界性语言，而且很有可能会继续保持如此态势，使其国际地位进一步得到巩固。"[②] 英语在世界上的传播和影响力证明一个国家的语言的国际影响力与该国的国际地位密切相关。世界上有很多原来为强势语言而后来成为失传语言的案例，如印度的梵文。当英语还只是在少数几个国家使用的时候，法语随着法兰西帝国的崛起而盛行于欧洲。所以，语言的传播需要以强大的国力作为支撑，只有这样才会产生向心力，进而具有更强的传播力。历史证明，从某个角度来讲，语言的共时分布体现了对外话语权的分布。"语言传播是自古至今普遍存在的现象，其根本动因在于价值，首先取决于语言领有者的社会及历史地位。"[③] 无论是英语在世界上的广泛应用，还是法语曾经在欧洲的霸主地位，都与其源语国当时的社会地位密切相关。国家的国际地位决定着语言的地位。在国际中起着主导作用和占据支配地位的国家，其语言在国际上也常处于强势

① Leith D. A Social History of English（second edition）[M]. London：Routledge and Paul Ltd，1998：35.

② 崔姗，韩雪. 英语文化与翻译研究[M]. 北京：新华出版社，2015：39.

③ 李宇明. 探索语言传播规律：序"世界汉语教育丛书"[J]. 云南师范大学学报（对外汉语教学与研究版），2007（4）：1-3.

地位；相反，国际地位不高的国家，其语言基本处于弱势地位。

汉语在国际上的传播证明了我国的国际地位的提升和国际影响力的扩大。我国不同时期的外交政策便是最好的证明。新中国成立之初，我们的关注点在维护国家稳定、防止外患上，彼时的外交话语是“求稳”的。现如今，中国已经是一个具有较强影响力的发展中大国，在世界发展与治理中开始发挥更加重要的作用，因此在对外宣传中也有了更多的底气。汉语和中华文化便是我国对外交流最美的名片，而这与我国日益强大的国际地位是休戚相关的。我国之所以此时在世界上大力传播汉语，是基于我国的经济发展水平，以及我国国际地位的提升。在“一带一路”建设中，发达国家对于汉语的认识和定位充分说明了我国在国际上具有较强的影响力。意大利作为传统发达国家阵营的代表将汉语纳入其国民教育体系，释放出了积极的信号。①国际地位的提高和国际影响力的增强有利于汉语的国际传播，而汉语的国际传播和中华文化的传播又会增强我国的影响力，提高我国文化软实力。

（二）世界经济环境使然

自十一届三中全会确定了对外开放的基本国策之后，我国经济发展迅速，经济总额已经跃居世界第二。随着“一带一路”倡议的提出，我国对外开放格局日益扩大，与“一带一路”沿线国家联系更加紧密，开展了经济贸易、教育文化、科技、人文等多领域的合作交流。

各国与中国之间的经济贸易往来逐渐增多。语言是社会的产物，它与社会发展、经济地位有着密切的关系并体现了一定的社会属性。在当今社会，这种社会属性是与经济利益息息相关的。中国经济成为世界经济发展的强大拉动力之一，任何国家都不能对中国现在的经济实力和综合国力置若罔闻。语言与经济的密切关系催生了更为多样的沟通和发展，不局限于政府之间，民间的沟通更是国家经济往来的重要组成部分。这在“一带一路”建设过程中的语言服务中可见一斑。国家强大则在国际交往中具有某种优势，语言亦如此。经济实力的强弱直接影响到国力的强弱，国力的强弱又会影响到语言传播的强弱。理论上，世界各种语言地位是平等的，但往往由于一国经济地位较低，平等“对话”的语言权力便较小。因此，语言的传播力与其使用国的经济实力有着某种利害关系。②

---

① 光明日报. 意大利：将汉语纳入国民教育体系[EB/OL]. http://news.gmw.cn/2019-03/21/content_32661214.htm，2019-12-07.

② 林华东. 制约语言传播的几个因素：论汉语的国际推广[J]. 绍兴文理学院学报（哲学社会科学版），2007（3）：35-39.

自进入21世纪以来，和平与发展成为世界的主旋律。和平崛起是我国一直以来的发展理念，在当今国际环境的影响下，中国在实现伟大的民族复兴的道路上也绝不会走上侵略别国的道路。经济实力深刻影响着一个国家的综合国力并决定其国际地位。一个国家只有经济实力雄厚、综合国力强，在世界上才能具有较强的影响力。当一国的经济实力强大到使其成为世界经济不可或缺的一分子时，世界各国为加强与该国的沟通和交流，主动学习该国语言的人便会逐渐增多，该国语言在世界上的影响力也随之扩大。

我国国力的增强也使汉语的国际影响力提升。据统计，截至2021年10月，全球学习汉语的人数接近2亿[①]，但是，由于中华人民共和国成立以前的积贫积弱的国情，加上之前汉语在国际上的传播还不够充分，所以汉语在国际上的影响力还较小，而且一些西方资本主义国家对社会主义国家往往持有偏见，导致双方的交流较少。西方对我国的经济封锁与政治敌对态度使我国的汉语传播事业最初仅在东欧一些社会主义国家开展。后来社会主义阵营瓦解，我国开始在东南亚国家积极传播中华文化。近年来，汉语在世界上的影响力不断增强，但总体上说，汉语在世界上还是一种影响力有限的语言。对此，我国还要继续增强经济实力，扩大国际影响力，从而增强汉语的国际影响力。简言之，汉语在国际上的传播是以我国强大的经济实力作为支撑的，经济实力是汉语在国际上进行传播的基础，而我国国际地位的提升是汉语在国际上进行传播的有利条件。

二、汉语国际教育学科发展的挑战

（一）学科地位低

中华文化的对外传播有着悠久的历史，唐朝时期日本数次派遣唐使来中国学习便是最为典型的例证。中国的汉语国际教育真正的开始是在中华人民共和国成立以后。这之后，在“文化大革命”时期有过中断，直至十一届三中全会以后汉语国际教育传播才得以恢复。汉语国际教育相较于其他学科是一门新兴的学科，以前汉语国际教育是隶属于中国语言文学下的一个分科，更多地被称为“对外汉语教学”，甚至连一些专家学者也认为它是一门“小儿科”，是一门会说中国话的人就可以进行教学的学科。但事实上这是一门十分复杂的学科。这门学科的理论基础涉及语言学、教育学、心理学和社会学等学科。正是吸收

① 教育部. 关于政协第十三届全国委员会第四次会议第 2624 号（教育类 091 号）提案答复的函[EB/OL]. http://www.moe.gov.cn/jyb_xxgk/xxgk_jyta/yuhe/202111/t20211104_577702.html，2021-10-15.

了这些学科之长，汉语国际教育才成为一门综合性的学科。由于学科的起步晚，以及我国对汉语国际教育学科的重视程度不够，在以往的汉语传播过程中所派出的汉语教师大多毕业于汉语言文学专业或者英语及各小语种专业。这样虽然在初期暂时解决了汉语传播过程中的教师匮乏的问题，但是在教学过程中还是存在不少的问题。因此，在汉语国际传播过程中，我们要提高汉语国际教育在学界的学科地位，以引起社会各界对汉语国际教育学科的重视。此外，我国还要培养合格的汉语国际教育人才，更好地在世界范围内传播汉语和中华文化，同时还要注重提高汉语在国际上的影响力。

（二）学科理论匮乏

汉语国际教育学科形成得比较晚，虽然取得了理论性的研究成果，但是由于汉语国际教育学科起点较低，比起其他学科还是有很大的差距。关于汉语作为第二语言教学的教学理念和教学方法，是借鉴别的语言，如借鉴英语在世界上的传播经验来加以吸收利用的。但是毕竟汉语和英语不属于同一语系，汉语跟英语以及其他的语言有着很大的差别，英语在国际上传播的理论和教学方法不一定适用于汉语在国际上的传播，因此我们要加强汉语在国际上的传播的理论研究，并用得出的理论成果更好地指导实践。只有理论基础不断丰富，在国际上传播汉语的方法方式才能不断增多，也才能更好地服务于汉语在国际上的传播和中华文化在世界上的传播。

国际传播的汉语以北京语音为标准音，以我国北方方言为基础方言。我国是一个幅员辽阔的国家，方言也是丰富多彩的。我国存在七大方言区，除北方方言比较接近普通话外，其他方言（吴方言、赣方言、湘方言、闽方言、粤方言、客家方言）与普通话差别较大，而乡音又是中华文化中人们安土重迁的一个重要原因。所以，在我国很多地区在日常生活中交流仍以方言为主。据有关部门统计，中国普通话的普及率已经超过了 80.72%[①]，但是还是有一部分人在讲方言。另外，汉语本身就还存在很多争议之处，如汉语的语法还存在很多需要定论的地方，汉语理论知识还需要进一步丰富。汉语语法等问题对汉语在国际上的传播产生了较大的阻力，首先应该加强对汉语本体知识的研究，并且应该整理出一个统一的规范的标准汉语范式。这样做在国际上传播汉语才有一个统一的准则，汉语中存在争议的地方才能得到统一，只有这样才有利于国外学

① 人民网. 全国范围内普通话普及率达 80.72%[EB/OL]. https://baijiahao.baidu.com/s?id=1701503885-591016523&wfr=spider&for=pc，2021-06-03.

生的学习和理解，也才有利于汉语在国际上的传播。

（三）学科教师问题

对外汉语教师是汉语教育的重要组成部分，是整个汉语国际传播过程中的具体参与者和实施者，也是其中的灵魂。但是在汉语国际传播环节中，教师这一环节还存在着很多的问题。教师资源短缺，这一情况主要集中在发展中国家和欠发达国家。汉语国际教育发展迅速，但整体的师资力量不强①，这就导致输送到世界各国的汉语教师的水平参差不齐。由于海外汉语教学师资力量不强，而国内符合条件的教师数量又远远不够，所以一些不是汉语专业、教育专业等相关专业出身的中国人也到海外从事汉语教学工作。但是由于专业知识的缺乏以及教学经验的不足，他们基本上都是按照教中国学生学习汉语的方式进行教学，而中国的教育制度与教育理念与国外又不尽相同，所以在教学过程中，某些教师经常要求死记硬背学习内容，这无疑会打击国外学生学习汉语的积极性。非专业的对外汉语教师在教学中由于缺乏专业的素养和深厚的文化底蕴，当教学出现问题时，往往不能采取恰当的、合理的方法来解决问题。此外，在教学过程中这类教师只注重汉语教学，忽略了对中华文化的介绍，而语言是文化的载体，二者是密不可分的关系。如果我们只注重汉语的学习而不学习汉语背后所隐含的深厚的中华文化，那么学生学习的汉语将是不完整的。对于一些与文化密切相关的知识也是难以理解的，长此以往将会打击学生学习汉语的热情。这样的汉语传播也不是成功的汉语传播。在汉语国际传播过程中，储备师资力量是关键工作之一。我们必须高度重视对汉语国际教育师资队伍的培养。② 由于教师在教学过程中充当着重要的角色，在汉语国际传播过程中，教师的影响是巨大的。要着重培养一批专业性强、素质高的师资队伍，使其成为汉语国际传播的核心力量。

最近几年，国家每年会选派大量汉语教师志愿者到世界各地的孔子学院和孔子课堂进行汉语教学和中华文化的传播。在汉语教师志愿者的选拔过程中，有专业的对外汉语教师做主考官。严格的选拔制度，提高了选拔门槛，并且汉语教师志愿者在被派往赴任国之前会集中进行约 40 天的岗前培训，提高他们的教学能力、管理课堂能力和跨文化交际能力。但是，汉语教师志愿者不是一种稳定的工作，充满太多的不确定性，根据汉语教师志愿者的相关管理规定，每

① 吕金薇. 汉语国际推广的制约因素[J]. 学理论，2014（2）：135-136.

② 张广磊. 我国汉语国际推广教育问题探析[J]. 阅江学刊，2014，6（5）：36-39.

名志愿者最多在赴任国工作三年，但许多志愿者往往在结束一年任期的实习或者体验之后，或是出于孤独感，或是出于文化休克，或是出于工作稳定的打算，等等，而放弃继续从事这一行业。因此，汉语教师志愿者的流动性较大，需要频繁进行选拔和培训，造成了大量资源浪费。与此同时，汉语教师志愿者工作的不稳定性会让很多优秀的人才望而却步。所以，我们应该考虑一下对外汉语教师的后续安排问题。工作的不确定性也成为一些优秀人才选择从事汉语国际传播工作的阻碍。汉语的传播需要吸引大量优秀的人才来从事这一事关国家和民族发展的事业。

汉语国际传播需要大量优秀的对外汉语教师，但是，现在对外汉语教师存在的两大问题却制约着汉语国际传播的发展：一方面，对外汉语教师需求量很大，供不应求；另一方面，优秀的对外汉语教师又十分短缺，且在世界各地对外汉语教师的数量也不均衡。汉语国际传播要解决好这两个关键的影响因素，只有这样才能更好地在国际上传播汉语。

（四）学科教材问题

教材问题也是制约汉语国际传播的一大重要因素。首先，教材种类过于单一。我国专用教材种类繁多，正式出版教材数量高达好几百种，但模式单一，大部分是以中国传统式教学视角编写的，没有合适的、具有针对性的教材，甚至出现某些教师因不满意现有教材而自己编写教材的情况。[①] 其次，教材的形式以纸质为主，相对单调，在数字化时代，网络多媒体教材应该得到更多关注。在对外汉语教学教材不完善的情况下，网络多媒体教材的开发为教材编写者带来了更大困难。再次，现有教材的功能也比较单一，专业教材多，而辅助性教材稀缺。在汉语国际传播过程中，辅助性教材的缺乏属于该领域的短板，制约着对外汉语教学。教材的编写应以学生为主体，并具有针对性、趣味性、时代性等特点，只有这样才能吸引学习者的兴趣，实现本土化教材与普适性教材的协调与互补，这也是编写教材需努力的方向。在教材编排方面，我们应针对国别来编排教材，需要注意的是：对外汉语教材的国别化不是同一本教材有不同语言的译本，而应针对不同国家实际情况编写更加适合该国的教材。此外，还应注重国外汉语教材的开发和编排，国外的本土教材会更加适合该国学生学习和使用。许琳表示，目前国内输出的汉语教材都带有母语的痕迹，如果能有大批外国人来编写汉语教材，才是产业化的成功，汉

① 吕金薇. 汉语国际推广的制约因素[J]. 学理论，2014（2）：135-136.

语传播才有希望。[①] 可见，我国不仅要着手于国内汉语教材的开发，还应积极协助海外汉语教学机构开发适合国外汉语教学的教材。需要注意的是，在华文教育较为发达的国家，当地华人群体针对其他民族所编制的教材值得我们借鉴，但教材内容需要我们审慎对待。

三、孔子学院运行与发展的困境

目前，我国主要是通过在世界上建立的孔子学院和孔子课堂进行汉语国际传播的。伴随着孔子学院和孔子课堂等汉语国际教育平台的增加，世界上汉语学习者越来越多。可见，孔子学院等平台在汉语国际传播过程中起着至关重要的作用。孔子学院的出现使汉语传播有了一个很好的平台，也缓解了世界汉语学习者日益增长和当地汉语教师急缺之间的矛盾。孔子学院的迅速发展满足了一大部分汉语学习者迫切学习汉语的需求，但是由于汉语学习需求仍十分迫切，所以在过去的10年间孔子学院的发展速度都十分迅速。这也是由时代以及当时的国际环境决定的。发展到今天，我们应该注意到近些年来孔子学院在发展过程中所存在的问题。

孔子学院采用多元化的合作方式来建立。绝大部分的孔子学院都是由外方申请然后经中方同意之后方才合作建立的。孔子学院建立的方式主要包括中外高校合作办学，中外高校与企业合作办学，外国地方政府与中国地方政府、高校合作办学，外国民间社团与中国高校合作办学等模式。多元化的合作方式使孔子学院得以迅速发展，中外合作的方式还可以使孔子学院更顺利地得到当地政府的支持和认可。虽然中外合作的方式有诸多的有利方面，但是，合作建立孔子学院还存在一些问题，这些问题在某种程度上也制约了孔子学院的发展。

（一）管理层流动产生的管理问题

孔子学院是由中方和外方合作建立的，在运营和管理上也是由中方和外方共同合作管理的，在具体管理上由中外双方共同成立的理事会负责日常运营。理事长由中外合作院校的校级领导出任，其中外国院校员工担任外方院长，其任期不定，可终身制；中方院长由中方合作院校派遣，任期一般为3—6年。[②]外方一般不喜欢让孔子学院独自使用自己的权利，往往由外方领导决定孔子学院的事情。另外，外

① 国务院侨务办公室. 汉语需突出文化魅力 借助全球热实现“软推广”[EB/OL]. http://www.gqb.gov.cn/news/2008/0506/1/8873.shtml，2008-05-06.

② 雷莉. 孔子学院发展的新思路：慕课（MOOCs）教学模式的应用[J]. 西南民族大学学报（人文社会科学版），2014，35（12）：224-229.

方院长经常更换，使得孔子学院的各种政策实施的延续性得不到有效保证。此外，孔子学院教学活动和各种文化传播活动的开展可能由于新任外方院长不了解实际情况而中断。各项活动需要从头再来，造成了资源的浪费。不仅外方院长不固定，而且由于中方院长一般在国内单位还担任职务，因此也不适合长期在国外担任孔子学院院长。孔子学院双方院长的流动性也给孔子学院的管理带来一定的困难。

（二）资金分配与使用的问题

孔子学院的资金是由中外双方共同筹集的，但一般被纳入本土院校的财务管理范围，不能独立使用，所以不能保证经费得到充分利用，且中方对资金的使用，一般需要得到外方院长的审批，由于受当地工作习惯的影响，外方工作效率往往比较低。孔子学院分布在不同的国家、不同的地区，各地的经济发展水平有很大的差别，有的地区经济发达，对于保证孔子学院的经费没有问题；有的地区由于经济发展比较落后，有时很难保证孔子学院的经费能按时到位，所以有些孔子学院的条件比较艰苦，设施不够完善。这些问题都制约着孔子学院的发展，也制约着汉语国际传播。

（三）教学或经营理念的问题

我们在海外设立孔子学院的目的是在国际上传播汉语，让世界了解中国，在世界上传播中华文化。但是有时候我们的教学理念和外方的教学理念不同。在汉语国际传播过程中，中方认为语言和文化是密切相关的，在教学过程中应该有一些关于文化的介绍，但是外方有时会认为这是一种强势文化的入侵。在教学过程中，中方提出的某些教学建议，外方有时会认为这干涉了他们的学术自由。芝加哥大学于 2014 年 9 月 25 日宣布与孔子学院停止合作后，同年 10 月 1 日宾夕法尼亚州立大学也宣布于年底终止与孔子学院已达 5 年的合作，不再续约。它们片面地认为孔子学院是由中国教育部下属的国家汉办资助的，因此是传播我国意识形态的媒介，违背了学术自由。这导致很多宣传中华文化的活动都不能顺利实施。孔子学院逐渐地就成了外方的一个汉语培训基地，丧失了汉语传播的主动权。但是，语言和文化是密切联系的，如果脱离文化仅仅只教授语言，有时只能达到事倍功半的效果。

此外，还有与企业一起合办的孔子学院，虽然数量很少，但孔子学院作为我国向海外传播汉语、传播文化的名片，其每种模式都值得我们研究。由于我们在汉语国际传播中要采取多元化的合作方式，所以对每一种合作方式我们都有必要研究其利弊。只有这样才有利于孔子学院的发展，才有利于汉语在国际上的传播。与企业合作的孔子学院出现的问题也要加以解决，才能更好地指导以后的汉语国际传播。与企业合作的孔子学院存在的主要问题是经营理念问题。我们在海外设立的孔子学院本质上是传播汉语、传播中华文化的公益机构。但是企业追求的是经济效益和利润，所以在经营过程中，企业更多考虑的是怎样让孔子学院带来更大的经济效益。这使得很多的文化宣传活动不能顺利举行，所以，在此合作模式下，我们与合作方的经营管理理念通常较难达成共识。我们的理念不能被合作方认可和接受，这也制约着孔子学院的发展，制约着汉语在国际上的传播。

（四）传播途径单一的问题

目前，汉语国际传播的手段还比较单一，无论是孔子学院还是在国外的一些其他汉语学校都是通过课堂传授的方式进行传播的。可是，在21世纪仅仅依靠这种传统的汉语传授方式进行传播是不够的。当今时代是一个信息大爆炸的时代，而且学习汉语的人群也不一定都是在学校的学生。换句话说，现阶段的汉语国际教育还需要投入大量的精力去应对对象群体的多样性及其需求。有很多的社会人士，由于个人爱好或者贸易往来等，也想学习汉语，但是他们时间比较不固定，且他们的学习目标也可能只限于进行日常的生活交流。所以，对于他们来说，传统的教学模式不太适合他们。孔子学院也已在网站上成立了网络孔子学院，截至2014年，已经有超过345万人在网上注册了孔子学院账号[①]，这有利于促进汉语在国际上的传播，但是我们还应该拓宽传播途径，如开发多媒体的教材、开展线下和线上多重教授活动等。而且，孔子学院在校园内举办的相关文化活动也以华人、中国留学生、相关的当地学生参与为主，而其他社会人士参与得较少。出现这样的结果是因为当地人民对孔子学院知之甚少，普通群众大多不知道自己国家还有这样一条学习汉语的途径，父母在为孩子选择留学国家时也缺少对中国的了解。总之，汉语国际教育传播途径的单一也制约了汉语的传播。

在过去的几十年间，汉语国际传播已经做出了很大的成绩，汉语在国际上的影响力也在不断地增强。但是，在汉语国际传播过程中还有很多制约因素。我们必须克服以上因素，只有这样才能更好地在国际上传播汉语，加强中外交流合作，积极构建人类命运共同体。

① 人民网. 全世界已建立475所孔子学院 注册学员345万人[EB/OL]. http://politics.people.com.cn/n/2014/1208/c70731-26165132.html，2014-12-08.

第四节　汉语国际教育发展现状评价

汉语国际教育的发展现状是整体向好的，其未来发展具有无限潜力。汉语国际教育目前在发展规模、影响范围和整体质量上都得到了明显的提升，尤其是在社会转型升级的大背景之下，汉语国际教育的专业发展更是取得了明显的进步。所以，汉语国际教育发展有着紧跟时代的优势，但是依旧存在不少问题需要加以重视。

一、汉语国际教育发展的优势

从目前的发展情况来看，汉语国际教育在专业建设和实践影响上具有突出优势。“汉语国际教育”已经被明确定位为学科，而近年来随着汉语国际教育的快速发展，越来越多的高校设立了汉语国际教育博士点。这是汉语国际教育专业发展历史中不可忽视的一个变化，在学科发展上获得的认可为学科的未来发展提供了更好的保障。专业地位的提升对回应汉语国际教育所遭受的质疑是有益的。从对外汉语教学、汉语国际教学，到汉语国际教育，学科内涵得到不断丰富，体系逐渐完备，视野愈发开阔，范围更广，研究理念愈发先进，研究成果更加丰硕。[①] 2007 年，汉语国际教育硕士专业学位正式设立。这个学位的设立，不仅仅是将“汉语国际教育”引入高等教育领域，致力于培养对外教学师资，而且更加吸引报考学生的关注。汉语国际教育作为一个新生学科、一个朝阳学科，越来越多的学生认识到它的重要性。他们报考并攻读汉语国际教育硕士专业学位，只有这样才有利于汉语国际教育的发展，培养更多对外教学的师资。综上所述，从历史发展的角度来看，汉语国际教育当前的发展形势是乐观的，在专业建设上得到了长足发展，对我国未来的教育对外开放事业产生了重要影响。

中华文明历史悠久、博大精深，有其独特的魅力，因而越来越多地受到世界各国的关注，同时带动了世界各地的汉语学习者不断增加，来华学习汉语和了解中华文化逐渐成为很多青年的梦想。[②]在“一带一路”转向高质量发展和我国加大教育对外开放力度的背景下，汉语国际教育的桥梁作用被推至新的高位，然而需要注意的是，基于对汉语国际教育发展历史的分析，我们可以看到，其当前的专

① 赵金铭. 国际汉语教育研究的现状与拓展[J]. 语言教学与研究，2011（4）：86-90.

② 崔希亮. 对外汉语教学与汉语国际教育的发展与展望[J]. 语言文字应用，2010（2）：2-11.

业建设存在理论体系构建与实际发展相脱节的问题。具体来说就是，在新时代提出的要求中，汉语国际教育的理论并不能很好地解释和支撑其在实践中的传播应用。通过对近年来国家社会科学基金项目、教育部人文社会科学研究项目和国家语言文字工作委员会科研项目等相关科研项目的申报情况进行分析，我们可以发现，汉语国际教育在新时代的理论建设该走向何处。成为选题名单中的“常客”，也就是说这个领域缺乏相关研究成果。例如，2018 年，国家社会科学基金项目将“汉语国际教育理论和实践研究”作为语言学栏目的方向性选题，2019 年，“汉语国际教育和孔子学院研究”也出现在语言学栏目的选题中。此外，还有与汉语国际教育相关的选题也被纳入国家项目中。

诚然，正如英文在全球的传播与以英国和美国为代表的发达国家在世界发展特定阶段所占有的国际地位有关，汉语在世界范围内的发展与中国国际地位的稳步上升也是密切相关的，而这种关联正是汉语国际教育的一种优势，也就是说中国国力的支撑是汉语国际教育发展的独特优势。亚洲协会教育部的主任迈克尔·莱文曾表示，“汉语变得热门起来是因为‘学汉语是开始与中国打交道的有趣方法’”[①]。也就是说，在当前我国的教育对外开放事业中，学习汉语是外国学习者到中国留学的一个主要目的，也是中国教育“走出去”的重要方式。汉语国际教育与国家发展尤其是对外开放的紧密联系为其发展创造了良好的外在环境。面对来华留学生逐年增长的趋势与世界“汉语热”的大好势头，我国的汉语国际教育政策也在逐步探索、调整，努力做得更好、更完善。由相对封闭到现在已经是完全透明地颁布政策，这无疑是一大进步，也是国家对汉语国际教育事业重视的结果，这符合世界语言多元化格局的要求，也是我国寻求提高国际地位的要求。

二、汉语国际教育发展存在的问题

（一）汉语国际教育缺乏清晰的学科定位

汉语国际教育是我国扩大对外开放的一张王牌，但是对它的学科定位和专业发展，目前还缺乏清晰的认识。以汉语国际教育硕士的培养为例，当前汉语国际教育硕士的培养仍旧存在一些问题需要解决。一名优秀的汉语国际教育硕士，其必须要具有扎实的汉语基本功，这是毋庸置疑的。但与此同时，有些人错误地将

① 中国侨网. 中文应用价值不断提升，汉语国际推广进入好时期[EB/OL]. http://www.chinaqw.com/news/2006/0706/68/35345.shtml，2006-07-06.

汉语国际教育专业学生对母语（即汉语）的掌握与汉语国际教育的专业能力混为一谈。这不仅反映出实践发展中所存在的人才培养质量问题，更反映出人们对于这一学科的认识仍不足，认为这“不过是一个教汉语的学科”。从汉语国际教育的发展来看，我们必须清楚的是，并不是有一定的汉语基础就能够胜任汉语教学这一任务。有一定的汉语基础是非常重要的，因为要从事教学，必然要有丰富的汉语知识。但是仅仅具有汉语知识也还是不够的，还要懂得如何去教，以及如何才能教得更好。还有一种观念，是将汉语国际教育的教学与语文教学画上等号，甚至有些人认为能教好语文，就是能教好外国学生汉语。面对将汉语作为第二语言的学生，相比于汉语为母语的学生，对此两者的教学方法是不能等同的。

除此以外，汉语国际教育的学科定位的不明确还体现在这一学科的专业活动上。一个学科的专业活动是由这个学科的专业人员开展的专业实践活动，常见的形式有召开学术会议、进行学术研究、建设专业期刊和会议平台等。目前的专业实践活动多集中在传统的教与学活动中，“真正切合当前国家发展战略需求和专业变革需要的汉语国际教育究竟是什么？”“相应的专业活动应该如何开展？”这些关乎学科发展定位的活动仍然没有得到很好的答案。

（二）在人才培养中对培育师德与跨文化交际能力不够重视

我们总是把汉语知识和教学技能作为培养汉语国际教育硕士的重点，却往往忽略了对教师的师德和跨文化交际能力的培养。师德在汉语国际教育中关系到中国形象。在现实中，一直以来，人们很少对教师的师德产生过怀疑，因为教师一般是以传道授业解惑的形象存留在中国人的心目中，所以很多人并未对教师的师德进行质疑。然而在当今社会，越来越多的教师出现了失德行为，并不断挑战师德的底线。由此，师德的问题越来越引起人们的注意。在汉语国际教育人才的培养中，师德培养非常重要。直接的原因是，汉语国际教育培养的专业人才将与“一带一路”沿线国家的历史、文化和生活习惯等产生关联，如果不能很好地理解这些国家的习俗习惯，准确理解和定义汉语国际教育中的“师德”，那么汉语国际教育的对外传播将面临重重阻力。一个从事汉语国际教育的教师，当他走出国门那一刻，代表的便是中国的形象，其在对外传播中国形象的过程中担负着巨大的责任。从具体实践来看，尤其是面向“一带一路”沿线国家派出的汉语教师志愿者，在人才培养过程中对国别和区域研究不够重视，以及培训方式短平快，造成汉语教师志愿者对“一带一路”沿线国家社会最新发展缺乏足够的认识，这些都是汉语国际教育发展面临的挑战。

就培养跨文化交际能力而言，并不是背背定义就可以的。跨文化交际能力涵盖的内容非常广泛，并不是在课堂上这短短几十分钟就可以囊括的。影响因素很多、很复杂，如国家、地区、个体、风俗等都会影响到跨文化交际。所以，尽管这门课有时候已经被写入培养方案里，但是始终没有受到足够的重视。对较强的跨文化交际能力的需求，是汉语国际教育这门学科的重要特点。汉语国际教育是面向世界的，是面对来自不同国家、不同地区的人们的，培养跨文化交际能力是非常重要的。只有处理好教师与外国学生之间的关系，学生才能更好地学习汉语，课堂讲授活动才能更为顺利地实施。然而，怎样才能培养这种跨文化交际的意识与能力，还有待进一步的研究。具备扎实的汉语基础、高超的教学技能、良好的思想道德以及良好的跨文化交际能力，只有这样才能成为一名有利于推动汉语国际教育发展的、具有国际视野的综合型高水平人才。

跨文化交际能力是国际教育交流与合作中必不可少的能力，而这样的能力在“一刀切”的模式中是难以培养的，再加上“一带一路”沿线国家复杂多样的历史、人文和社会情况，跨文化交际能力的培养更是困难重重。需要注意的是，我们当前的跨文化交际能力培养更多地关注课堂内发生的事情，而缺乏对课堂外世界的关注，更是忽视了这两者之间的联系。在汉语国际教育的发展中，尤其在我国教育治理体系和治理能力现代化建设的时代背景之下，汉语国际教育从业者和研究者如何实现跨文化交际能力的提升，是当前亟待攻克的难题。

（三）汉语学习人数的增长与教育资源供给的不同步

10 多年来，来华留学生规模在不断地扩大，来华留学生人数不断增加。根据教育部统计数据，2018 年，共有来自 196 个国家和地区的 492 185 名来华留学人员到我国的 1004 所高等院校中学习，较前一年增加 3013 人；其中有 63 041 人获得中国政府奖学金，占总数的 12.81%。① 与此同时，随着我国“一带一路”建设转向高质量发展，我国与“一带一路”沿线国家的互联互通创造出大量的经济、文化和教育交流的机会，直接拉动了沿线国家汉语学习人数的增长。根据 2018 年国家汉办的统计数据，我国累计共派出了 10.5 万名汉语国际教育工作者，培养各国本土汉语教师 46 万人次。② 在这样的发展背景下，发展需求扩大与现有教育资源不足之间的矛盾将会逐渐显现。

这种矛盾既有传统的特征，也具备新的形态。例如，缺乏业务精湛的汉语专

① 教育部. 2018 年来华留学统计[EB/OL]. http://www.moe.gov.cn/jyb_xwfb/gzdt_gzdt/s5987/201904/t20190412_377692.html，2019-04-12.

② 宁继鸣. 孔子学院研究年度报告 2018[M]. 北京：商务印书馆，2018.

业教师便是一个沉疴痼疾。[①] 师资问题历来是汉语国际教育中受到广泛关注的问题，而培养具备跨文化交际能力和国际竞争力的专业人才是汉语国际教育教师培养中一直致力解决的问题。这类教师的培养在新的时代背景和需求下又衍生出新的需求。除此以外，汉语国际教育发展中还面临着多种新的矛盾。例如，伴随着中国国际地位的提升，传统西方发达国家对于汉语的国际传播产生了新的怀疑，这里面既有过去没有解决的疑惑，也有因为世界范围内民族主义和保守主义等思潮的推动所引发的新问题。

教育资源供给的不足与汉语国际教育扩大规模的需要还体现为数量扩张与质量保障之间的矛盾。在"请进来"的发展模式下，我国应该针对"一带一路"沿线国家留学生加大奖助学金资助力度，这就需要对有限的财政资源进行再分配；另外，在"走出去"的过程中，我国汉语教育的传播，尤其是以孔子学院为主的汉语教育传播耗资巨大，但在某些范围和层面收到的成效却不甚理想，主要体现在汉语人才培养成效低下方面。总而言之，汉语国际教育的传播需要平衡广域发展与内涵建设之间的矛盾。

（四）汉语国际教育教材的设计缺乏科学性和时代性

针对来华留学生的教材也存在着一些问题。教材在设计上太过于中国化以及偏重书面用语。教材中的对话有时候非常死板，一问一答、一板一眼；有时候只是纯粹为了教授语法点而把对话生硬地堆在一起。这种情况容易导致外国留学生在现实中与中国人交流时受阻，汉语在实际应用过程中较为灵活，所以外国人从书本上学到的有时候很难在实际中应用。有些教材，其组织结构和话语表述缺乏科学性，这与教材编写本身缺乏对"一带一路"沿线国家汉语学习者特点的了解是有关系的。很多现行的教材是"书斋里的产物"，并没有对"一带一路"沿线国家汉语学习者的学习基础、学习方式和特点等进行考察，对汉语学习在学习者的语言学习和专业学习中占有怎样的地位也缺乏相应的了解。因此，可以说从发展科学性的角度来看，目前的汉语教材在编写设计上还存在不足。

另外，汉语教材的时代性也是需要注意的问题。尽管根据国家汉办的统计，我国已出版 80 多个语种的 6700 多种汉语教材、文化读物和工具书[②]，但是这些汉语学习资料的质量不一，并且多为旧版的翻版上市，犹如重新套了一块新牌。然

① 崔希亮. 汉语国际教育的若干问题[J]. 语言教学与研究，2018（1）：1-7.

② 宁继鸣. 孔子学院研究年度报告 2018[M]. 北京：商务印书馆，2018.

而，中国社会的发展与“一带一路”沿线国家的发展都有了深刻变化，理应进行及时的调整，尤其是在扩大教育对外开放的背景下，究竟应该如何依据“一带一路”沿线国家的实际需要开发国别化教材，助力汉语教材的本土化发展，是新时代汉语教材建设中亟待解决的问题。

三、汉语国际教育发展所面临的挑战

虽然世界“汉语热”已经成为大趋势，我们致力于让汉语走向世界，但是我们仍旧任重道远。进入21世纪之后，世界格局呈现异化和多极化的特征，这对于中国的发展来说既是一次挑战又是一次机遇，对汉语国际教育发展来说也同样既是机遇又是挑战。在未来发展中，汉语国际教育仍将面临诸多挑战，其中既有我们一直以来在思考和需要解决的问题，也出现了不少新问题，尤其是汉语国际教育“老大难”问题在“一带一路”新背景下呈现的新特征和新形式。①这些挑战主要可以归结为以下几个方面。

第一，汉语国际教育的资源体系建设问题。为扩大规模和保障质量，发挥其在“一带一路”建设以及提升文化软实力中的作用，汉语国际教育的资源体系迫切需要加强建设。这一资源体系不仅包括“请进来”留学生和开展教育文化交流活动时的各类人才资源和物质资源，更包括“走出去”发展中能够持续跟进的各类人才、政策制度和资金等方面的资源。当然，“一带一路”沿线国家在历史、文化和政治等方面的情况差异明显，如何去平衡和把握好这些差异，建设好服务于汉语国际教育发展的优质资源体系，将是未来发展中所面临的严峻挑战。2020年，在全球新冠疫情影响下，汉语国际教育线上资源建设加快，进一步拓展了汉语国际教育资源体系的范围、内容和发展路径。

第二，汉语国际教育的专业体系建设问题。汉语国际教育在国内的专业根基尚浅，尽管可以从我国历史与文化发展过程中为汉语确立合法性，但是作为专业领域的汉语国际教育在其专业实践活动中还需要进一步加强建设。无论是从学科的逻辑起点、概念体系、专业平台，还是具体的人才培养和对外交流方面，汉语国际教育的发展都面临着不断变化的时代背景和环境，亟待依据新的背景和需求做出进一步调整，尤其是根据对外传播中的新需求开拓基于国外学习者的平台和途径，以开拓汉语国际教育的发展空间。

第三，汉语国际教育的身份问题。此处的身份问题主要是指汉语国际教育在

① 安亚伦，段世飞. “一带一路”倡议下的汉语国际教育：现状、问题及对策[J]. 湖南师范大学教育科学学报，2018，17（6）：45-52.

对外传播过程中由对象群体建构的身份问题，而不同于上一点所讲的专业体系建设问题。汉语国际教育和以孔子学院为代表的传播机构，在发展过程中，受到某些西方国家的怀疑，其核心就是围绕着汉语国际教育的身份问题质疑，甚至衍生出了文化殖民的观点。对此，我们需要注意到，对汉语国际教育的身份问题，与汉语学习者对于汉语国际教育和中国的认知是密切关联的，这是未来发展中需要重视的一个问题。如何解决这一问题关乎到汉语国际教育在海外的可持续发展。此外，还需要明确“汉语国际教育”究竟属于语言学问题还是教育学问题[①]，这是其专业建设过程中不可忽视的问题，但也应注意不可以用“二元对立”的观点来思考其专业归属问题。

以上主要从整体上介绍了汉语国际教育发展的动因、制约因素和发展现状，然而，不同国家的汉语教育发展水平不同、层次不一，且发展环境存在较大差异，需要进一步从国际比较的视野去加强探索，以求展现汉语国际教育在不同国家发展中的具体情况及所遇到的问题，并探寻优化策略。

① 崔希亮. 汉语国际教育的若干问题[J]. 语言教学与研究，2018（1）：1-7.

第四章　国别视域下汉语国际教育发展

第一节　美国汉语教育发展研究

美国是世界上最大的移民国家，语言使用情况纷繁复杂。当下，法语作为美国最“火”的第二语言的地位已经被汉语取代，汉语教育作为美国最重要的外语教育之一，不仅已经上升到国家层面，而且还成为其国防教育不可或缺的一部分。近些年来，中美政府之间的联系越来越频繁，两国之间文化交流也越来越密切，这对汉语国际教育在美国的发展起到了促进作用。研究美国汉语教育发展，既能促进汉语国际教育的传播与发展，又能为汉语教育的国际化提供有益借鉴。

一、美国汉语教育发展背景

语言离不开特定的客观存在，其产生与发展受到政治、经济、文化、贸易等众多因素的影响。①美国汉语教育的发展，也与特定时期的社会因素相关。比如，中美关系日趋紧密，使得美国汉语教育得以立足；美国语言政策的支持与引导，促使美国汉语教育地位得到巩固；移民国家的社会包容性，为美国汉语教育的发展带来新契机。

（一）全球化时代中美关系日趋紧密

21 世纪以来，随着全球化的深入发展，国家之间的交往日益密切。中美两国作为重要的战略合作伙伴，互动频繁，关系也日趋紧密，这给美国汉语教育的发展带来新的机遇。一方面，汉语是同中国人交往并直接了解中国及其文化的工具，这使越来越多的美国人学习汉语的积极性被激发出来。根据美国人口普查局的统计数据，截至 2011 年，美国人中讲汉语的人数已超 290 万，而 2015 年已经达到 300 多万，人数为中美建交之初的 5 倍多。② 学习者构成呈现多样化

① 吴坚. 全球化下国家语言推广战略：政策、模式与中国的借鉴[M]. 北京：科学出版社，2013：29.

② 央广网. 习主席访美带火美国人学中文热 人数达中美建交之初 5 倍多[EB/OL]. http://china.cnr.cn/qqhygbw/20150928/t20150928_520001111.shtml，2015-09-28.

趋势，不仅包括商人、政客等阶层，也涵盖了大量的学生。截至 2017 年，美国中小学的普通话学习者大约为 40 万人。[①]另一方面，伴随着中国国际地位的提升，无论是汉语在全球化竞争中的优势地位，还是汉语在处理国际事务方面扮演的角色都已经被美国联邦政府看在眼中。因此，尽管近年来中美关系偶有摩擦，但在经济全球化趋势不可逆的背景下，汉语仍然是美国国民教育体系的一部分。

（二）美国语言政策的支持与引导

美国汉语教育地位的进一步巩固，得益于其语言政策的支持与引导。美国语言政策可以追溯到殖民时期，并在特定利益驱动下进行不断地调整。虽然英语作为正统的地位无法撼动，但美国社会语言的多样性依然得到当局的支持与鼓励。美国真正开始重视汉语教育始于 1958 年颁布的《国防教育法》（National Defense Education Act，NDEA），该法案第六条明确规定汉语属于关键语言。[②]在该政策的指引下，美国高等教育机构、众多专职机构的汉语教学环境得到较大幅度的改善，学习汉语的人数也在迅速上升。这意味着美国联邦政府为外语教育发展制定了明确的法案，因而该时期被视为美国外语教育史上的里程碑。[③]21 世纪伊始，美国联邦政府陆续发布一系列外语政策。2004 年 6 月，美国国防部召开由政府、企业、学界和语言协会领导人参加的全国语言大会，该会议的目的是“通过提高外语能力增进对世界文化的了解和尊重，改善美国在全球的领导地位”。[④]2005 年 1 月，美国国防部发布白皮书《国家外语能力行动倡议》（A Call to Action for National Foreign Language Capabilities），号召美国公民学习国家需要的关键语言（critical language）。同年 5 月，民主党参议员利伯曼与共和党参议员亚力山大向参议院提交《美中文化交流法案》（United States-People’s Republic of China Cultural Engagement Act）提案，要求 5 年内从联邦资金中拨款 13 亿美元，用于美国学校开展中文教学，以改善与中国的贸易和文化关系。利伯曼在提案中指出，“为我们的孩子们提供了解中国语言和文化的机会，将使他们在经济全球化过程中获得更好的获胜机会”。[④]几经预热与铺垫后，2006 年，美国教育部和国防部在与大学校

---

① CGTN. 400,000 American Students Learning Mandarin[EB/OL]. https://news.cgtn.com/news/ 7963444f31557a6333566d54/share_p.html，2017-08-28.

② 姚道中，张光天. 美国汉语教学历史回顾与现状[C]//张海惠. 北美中国学：研究概述与文献资源. 北京：中华书局，2010.

③ 李英姿. 美国语言政策研究[D]. 天津：南开大学，2009：76.

④ 王建勤. 美国国家语言战略与我国语言文化安全对策[J]. 国际汉语教学动态与研究，2007（2）：3-11.

长召开的国际教育峰会上宣布将提高国民的外语能力作为国家教育政策的重点。[①]在国务院、教育部以及国防部联合发起之下，时任总统布什在峰会上正式提出“国家安全语言计划”（National Security Language Initiative）。该计划将汉语与阿拉伯语、俄语、印地语、波斯语等一道列为美国最急需语言人才的关键语言。这些外语政策的重大调整，提升了汉语教育在美国国民教育体系中的地位。

（三）移民国家的社会包容性

美国是一个移民占绝大多数的国家，语言具备多样性。虽然从建国以来美国人民就面临着一个矛盾的问题，即维持英语的绝对地位的同时，又不能失去语言的多样性，但由于移民国家的社会包容性，这一矛盾能够在特定的情境下得到解决。这种包容性体现在：一方面，由于多民族生成的多元化结构，语言多样性得以保留，汉语教育作为美国外语教育的重要组成部分，能够起到维持社会稳定的作用；另一方面，移民国家的社会包容性承认文化的多元化。汉语作为美国小语种的代表之一，其发展能够融入美国语言政策当中，具有较强的适应能力。

二、美国汉语教育政策发展

语言政策是在不同国家的语言接触和冲突中产生的，美国作为一个多民族国家，语言种类有上百种，汉语教育作为美国外语教育的重要组成部分，其政策的制定既可以帮助人们进一步了解美国多元化的民族政策，又是美国外语教育政策的最生动的体现。从建国至今，美国汉语教育政策经历了由被忽视到受重视的重大变化。

（一）建国初期：汉语教育尚未受联邦政府重视

建国初期，美国由于国力不强，在国家安全问题上奉行独立主义，即强调维护自身的国家安全，既不赞成欧洲各国干涉其国内事务，也不干涉其他国家的事务，专注于自身的管理。[②]由于遵循独立主义原则，美国对于他国语言没有明显的需求，故而奉行的是英语单语主义。对应地，汉语教育也没有受到重视，反而处在被忽视的状态。因此，该时期美国汉语教育政策受制于单语主义政策，存在价值尚微。

美国传教士卫三畏（Samuel W. Williams）意识到学习汉语的重要性与必要性。

① 任弘. 美国中文教育发展报告[EB/OL]. https://hqhrlps.hqu.edu.cn/201901.pdf，2019.

② 孟庆龙. 美国国家安全思想和战略的演变[J]. 社会科学论坛，2000（9）：20-25.

他给时任美国国务卿卡斯写信，建议在中国办一所西式学校，并用美国的方式培养学生，这样既能够为美国学生提供在华学习的机会，又能给对外贸易等提供帮助。[①]虽然卫三畏的建议并未得到美国联邦政府的重视，但却引起了美国本土高校的兴趣。19 世纪 70 年代耶鲁大学聘请卫三畏开设汉语课程，拉开了美国本土汉语教学和研究的序幕。此后，哥伦比亚大学、夏威夷大学等高校也陆续开设汉语课程，希望借此了解东方大国。但遗憾的是，该时期美国实行的是英语单语主义的政策，也就是说，除英语外的语言并不在政府的政策支持范围内。因而，此时的美国汉语教育不过处于社会自发办学阶段，尚未进入国家政策层面。

（二）第二次世界大战结束后至 20 世纪末：美国汉语教育政策不断调整

第二次世界大战结束以后，美国凭借雄厚的国力跻身世界强国，在美苏争霸的过程中——特别是苏联成功发射人类历史上第一颗人造地球卫星后，逐渐意识到外语教育的重要性。1958 年，美国颁布了一部对其教育史具有里程碑意义的法律——《国防教育法》，这部法案的历史意义已经超越了科学技术的领域，该法案指出要加强自然科学、数学等 8 个重点领域的教育规划，明确了国防与教育之间的重要关系，并将外语视作同科学技术一样重要。该法案还对外语发展问题做出了明确的规定，将汉语同俄语、日语、印地语、阿拉伯语列为第一层次关键语言。在该政策的指向下，美国高等教育机构及众多专职机构的汉语教学环境得到较大幅度的改善，学习汉语的人数也快速上涨。数据显示，1965 年，美国有将近 80 所高校开设汉语课，1968 年增加至将近 110 所，学习汉语的人数也由 1986 名增长到 5061 名。[②]就连长期以来备受忽略的中小学汉语教育也得到了更多的关注。例如，卡内基基金会先后为中学的汉语教学和师资培训拨款 100 余万美元，截至 1970 年，美国有 150—200 中学设有汉语课程，学习人数为 2000—3000 名。[③]对此，美国学者贺凯（Hucker）认为，20 世纪 60 年代，美国汉语教育和区域研究的发展离不开《国防教育法》的推动。[④]

进入 20 世纪 70 年代后期，美国汉语教育并没有继续先前的繁荣景象，反而进入了停滞期。除了受到国内反战运动、妇女解放运动等事件的影响外，还

---

① 徐海燕. 国家安全视野下的美国汉语教育[D]. 上海：华东师范大学，2013：15.

② Lindbeck J. Understanding China：An Assessment of American Scholarly Resources[M]. New York：Praeger Publishers，1971：49.

③ Lindbeck J. Understanding China：An Assessment of American Scholarly Resources[M]. New York：Praeger Publishers，1971：48.

④ Hucker C O. The Association of Asian Studies：An Interpretative History[M]. Seattle：University of Washington Press，1973：43-44.

与美国的外语政策的重新调整息息相关。

例如，美国针对汉语教育的财政经费被大幅削减。在这样的情况下，汉语教育得不到足够的资助，选修汉语的学生人数也有所下降。[①]在这种背景下，美国汉语教育发展困难重重，甚至出现停滞。

伴随世界政治格局走向多元化，经济、信息的全球化也得到了迅猛的发展，美国的霸主地位遭受重大挑战，国内外的局势也使得美国意识到加快培育外语人才和复合型人才的重要性。对此，1983 年，美国国家教育优异委员会推行的《国家在危机中：教育改革势在必行》（A Nation at Risk：The Imperative for Educational Reform）做出规定：外语教育与其他基础学科具有同等地位，这标志着包括汉语在内的外语教育受到重视。1994 年，美国大学理事会把中文纳入美国大学入学考试（scholastic assessment test，简称 SAT Ⅱ）中。SAT Ⅱ是高中生进入大学的入门考试，这一举措使得美国高中的汉语教育与大学汉语教育衔接，也大大提高了汉语教育的地位。随后，美国在一系列的法案中继续支持汉语教育的发展，如美国国会在 1994 年推行的《2000 年目标：美国教育法》（Goals 2000：Educate America Act）中，明确指出外语是所有课程中的核心课程。1996 年，由美国教育部门以及多个外语教学协会共同研制的国家外语课程标准《21 世纪外语学习标准》（Standards for Foreign Language Learning in the 21st Century）正式出版。其中包括美国中文教师学会（Chinese Language Teachers Association，CLTA）和全美中小学中文教师协会（Chinese Language Association of Secondary-Elementary Schools，CLASS）参与编制的《全美中小学中文学习目标》。[②]

这一时期，尽管美国汉语教育的政策处在不断调整与变化当中，但这并不妨碍汉语教育进入美国主流教育，为日后汉语在美国深入和全面传播奠定了坚实的基础。

（三）21 世纪：立足国家安全的美国汉语教育政策

21 世纪以来，世界各国之间的联系日趋紧密。为了能在经济全球化竞争中继续得利，也为反思“9·11”事件带来的影响，美国发布了一系列以国家安全为目标的外语政策，当然汉语也被包含在内。

2003 年，美国国土安全部颁布了《国家安全语言法案》（National Security Language Act），该法案强调将外语作为美国扩大国际跨文化对话的手段，目的是解决国家所需关键语言人才缺乏的问题，其中，汉语、阿拉伯语、朝鲜语等被定

① 吴原元. 中美建交前美国汉语教育史述略[J]. 华文教学与研究，2010（4）：11-18.

② 罗青松. 美国《21 世纪外语学习标准》评析：兼谈《全美中小学中文学习目标》的作用与影响[J]. 世界汉语教学，2006（1）：127-135.

义为关键语言。同时，该法案还针对加强外语教育提出了建议，特别是针对中小学阶段的外语教学方面，指出为了使学生受到好的外语教育，应当充分利用全部资源，从而为未来美国外语人才在海外市场的竞争保有优势。美国国防部于2005年发布了《国家外语能力行动倡议》，其中提到后“9·11”时代美国面临着语言的危机，因此美国必须像20世纪50年代重视俄语那样，去重视其他外语。这意味着外语教育在美国不仅上升到国家层面，而且还被视为国防教育的重要组成部分。2006年，美国开始推行“国家安全语言计划”，在该政策所列出的八种关键语言中，汉语位于第二位，仅次于阿拉伯语。针对该计划，时任美国总统布什宣布2007年联邦政府将针对外语教育拨款1.14亿美元。汉语被列入美国新时期的关键语言，除了与中美两国经济贸易的频繁互动有关外，还与美国安全战略重心向亚太转移息息相关。在一系列的政策指引下，学习汉语人数不断攀升，汉语教育在高校中也得到了蓬勃发展。2006年，美国现代语言协会研究发现，自2002年起，美国高校对外语的兴趣有了明显的提高，对各种语言的兴趣占比是汉语占51%、韩语占37.1%、日语占27.5%。

近年来，美国又颁布了“十万强计划”、《国防部语言技能、区域知识、文化能力的战略规划：2011—2016》等，旨在进一步加强汉语教育，可以说，美国汉语教育又迎来新的发展时期。

三、美国汉语教育发展相关机构

美国汉语教育按机构划分，主要分为孔子学院，开设汉语课程的美国高校、中小学及其他民间汉语教育机构。这些机构的发展不仅能促进美国汉语教育的进步，也促进中美之间的合作交流。

（一）美国的孔子学院

孔子学院自2004年开始在美国设立，截至2020年2月，国家汉办官网的统计数据显示，美国总共开设了81所孔子学院和13个孔子课堂，合作高校有斯坦福大学、马里兰大学、加利福尼亚大学洛杉矶分校等。孔子学院和孔子课堂不仅仅在汉语教学和师资培训上做出了贡献，而且也向美国各方传播了中国传统文化。全球公共卫生危机时期，孔子学院在美国经历了“关停潮”[①]。

① 2022年，美国全国学者协会的报告称，共有118所孔子学院在美国大学运营，其中104所已经关闭或正在关停之中。

从地区分布来看，孔子学院分布在美国各州的不同地区。由于每一所孔子学院都有其独特的优势，因此各孔子学院开展了不同的教学和文化活动，也慢慢地形成了各自的特色。例如，纽约州立宾汉顿大学戏曲孔子学院重点宣传中国的戏曲、音乐；美国华美协进社孔子学院则更加侧重为美国的中小学职前和在职的汉语教师进行专业的教师培训；密歇根州立大学孔子学院主要负责有关汉语及中华文化的教学及科研活动。2013 年，孔子学院总部在美国首都华盛顿为孔子学院美国中心举行揭牌仪式，孔子学院美国中心的服务重点是：改善孔子学院总部服务学院的方式；向美国民众公开透明地介绍孔子学院；促进孔子学院、孔子课堂间资源的共享和信息的交流；与美国社会各界一起提高汉语传播水平和汉语教学质量。①

从办学形式来说，美国的孔子学院大多数采取与当地高校联办的形式，如有些孔子学院设立在了斯坦福大学、哥伦比亚大学等著名高等学府内，这些学校学术力量强，具有增进两国文化交流互动的功能。可以说，孔子学院的出现无论是对美国的教育、文化，还是对美国的社会都产生了重要影响。

（二）美国高校的汉语课程

除了孔子学院外，美国高校也是汉语教育的重要机构。事实上，孔子学院的设立也主要依托于高等教育机构，如纽约州立宾汉顿大学和密歇根州立大学都设有孔子学院作为学习汉语、传播汉语的机构。这里仅以美国高校的汉语课程为例，进行具体说明。

美国的汉语教学以大学的汉语教学为中心。19 世纪时大多数美国人对汉语学习并没有多大兴趣，汉语教学在 19 世纪美国的发展经历了非常坎坷的路程。耶鲁大学于 1871 年将汉语教学列入大学课程②，1877 年，聘请卫三畏作为中国语言及文学教授。作为美国卓越的公立学校，位于美国西海岸的加利福尼亚大学，于 19 世纪 80 年代设立了中国语言文学课程，但是一直没能招到合适的汉语教师，直到 1896 年才由英国人傅兰雅（John Fryer）担任这个职务。

进入 20 世纪之后，美国几所名校陆续开设汉语教学课程。1917 年哥伦比亚大学在广东籍资助者丁龙先生的帮助下设立了汉语课程。芝加哥大学和斯坦福大学也先后于 1936 年和 1937 年开设了汉语课程。第二次世界大战期间，美

① 新华网. 孔子学院美国中心正式揭牌[EB/OL]. http://www.zhld.com/content/2013-11/21/content_273624.htm，2013-11-21.

② 姚道中，张光天. 美国汉语教学历史回顾与现状[C]//张海惠. 北美中国学：研究概述与文献资源. 北京：中华书局，2010.

国的汉语教学因军事原因而有所发展。哥伦比亚大学、哈佛大学、耶鲁大学接受美国陆军委派为军人教授汉语。1943 年，美国陆军派出超 15 000 名士兵学习外语，他们学习包含汉语在内的 27 种语言。另外，美国空军还派出飞行员去耶鲁大学学习汉语。

受苏联于 1957 年成功发射“斯普特尼克 1 号”人造卫星的影响，1958 年美国颁布的《国防教育法》也强调了外语在国防、科技发展上的地位。政府还专门拨出款项用于促进一部分外语的教学。美国将关键语言分为三层，其中汉语与日语、阿拉伯语、北印地-乌尔都语、葡萄牙语、俄语共同居于第一层。出于加强国防的考虑，很多大学都在政府的资助下设立了汉语课程。

20 世纪下半叶，美国大学汉语教育的发展较为稳定。1980 年的学习者人数为 11 366，1986 年为 16 891，1990 年为 19 490，1995 年为 26 471，1998 年为 28 456。不同于早期设立汉语课程的只有较少的几所学校，后来越来越多的私立和公立大学也开设了汉语课程，多达几百所。数据显示，到了 1994 年美国开设汉语课程的高校数量已经达到 486 所。

在学习目的层面，学生选修汉语课程的出发点各不相同。一部分学生被中国的语言和文化所吸引，试图进行进一步的深造研究，一部分学生则被中国的经济、社会等所吸引，意图在中国工作（包括进行英语教学），还有一小部分学生的男女朋友或配偶为中国人，因此来选修汉语课程以帮助其进行交流。但是，大部分学生是出于大学外语必修课的需要而学习汉语，不过这之中也有部分学生在学习了一段时间之后对汉语产生了兴趣，进而主修汉语。

在课程设置层面，大多数美国的大学，汉语课程学习需要 3—4 年。学成之后，学生可以根据自身的发展需要，选择不同的职业发展路径，包括从事独立研究（independent study）工作。汉语课程学习因受学生不同背景的影响而各有差异。这主要取决于不同学生的家庭背景和汉语水平。学生是否有汉语背景，也会导致其汉语水平差异。在美国的大学里，有的学生来自中国；有的则是出生于美国，但是其家庭使用语言仍然以汉语为主，他们在周末也会去汉语学校学习。因此，他们的汉语水平是不同的，汉语水平较高的已经在中国的小学或中学毕业，水平低的甚至不会讲普通话，仅仅会讲某一种方言，读和写自然也不会。

在教学理念层面，在当代语言学和第二语言习得理论的影响下，大学汉语教学与其他外语教学的重点都是培养学生的交际能力，即语言应用能力。但由于当前的汉语课程授课时间较少，每周只有 4—5 小时进行汉语教学，如果一个学生学习两年的汉语，其总课时量大致为 300 小时。那么，其听说读写能力若是想在短时间内得到较大幅度的提升是很难的。因此，在这样的情况下，不仅要培养学生的交际能力，还应重视中华文化知识的传授和培养学生独立学习汉语的能力。

1. 简体字与繁体字的争论

简体字与繁体字在汉语教学中的争论长期存在，当前各个大学所采用的方法是大学自己决定的。以加利福尼亚州立大学长滩分校为例，该大学繁体字与简体字可以共同使用，学生先学习繁体字，接着学习简体字，虽然课本内容、作业和考试题目均运用繁体字，但是基于识繁写简的提议，学生在书写时可以自由选择繁体字或者简体字。这种做法基于以下两点原因：第一，繁体字在中国以外的地区使用率比较高。比如在北美洲，几乎所有的中文报纸、杂志、刊物都用繁体字出版。那么学生需要阅读这些内容时，就要有认识繁体字的基础。第二，学习繁体字会促进简体字的学习，因而不会增加学生的负担。因为每个繁体字的简化都是有其根据的，教师在教学的过程中可以给学生讲解繁体字的简化过程，以帮助学生更好地认识简体字。随着信息技术的发展，在当今时代，识别简繁体字已经不再是一项复杂、困难的学习内容，学习简体字和繁体字变得容易很多。如果某一网页全部是繁体字，计算机软件可以将其转换为简体字，反之也一样。Microsoft Office 软件也具有简繁体自动转换的功能，只要按几个键，简繁体就可以自动转换，而且转换的准确率相当高。

2. 汉语拼音的采用

几乎所有大学在汉语教学中都会涉及汉语拼音。汉语拼音的使用与政治因素无关，而是符合实际情况的需要。现如今，汉语拼音除了具有给汉字注音的功能，也作为中国人名、地名的罗马字母拼写出现在国际社会上。比如，美国国会图书馆在21世纪初开始用汉语拼音取代韦氏音标来编目中文图书。读者可以根据拼音字母表的顺序检索中文图书，并且可以直接使用图书馆电脑检索端的西文键盘进行检索。

3. 计算机的使用

随着教育信息化的发展，一个明显的趋势就是汉语教学中计算机的出现与使用。当前，教师利用计算机备课、出试卷、教学已经得到了较为广泛的应用。多数大学的汉语系都通过计算机网络系统创建了自己的网页，用以介绍课程。部分学校通过网络给学生提供学习材料，供学生学习。人们开始运用多媒体光盘和计算机网络资料后，教学中采用汉语文书处理软件的频率开始增多。教师指导学生运用汉语拼音软件输入汉字、完成作业、撰写文章，学生会因此在拼音学习、汉字识别以及写作方面受益。对于学生来说，手写汉字比识别汉字和用计算机输入汉字更困难。所以，学生更倾向于用计算机输入汉字。基于此，学生的学习效率也得到了相应的提高。

4. 海外汉语学习的倡导

在美国的大学中，学校通常会建议自己的学生在进行 1—2 年的汉语学习后，再到中国进行深造。因为在学生拥有一定的语言基础之后去目的语国家进行学习，可以较快地提高外语水平。美国的许多高校暑期都会举办去中国学习的短期班。例如，哈佛大学、哥伦比亚大学、俄亥俄大学等美国高校和北京语言大学建立了合作关系。学生经过在中国短期班的学习后，汉语口语水平得到了较大幅度的提升。当这些学生返回美国后，他们将继续学习汉语，并且对中国问题研究表现得越来越感兴趣。这些学生成为汉语学习的中坚力量，进而有利于调动其他学生学习汉语的积极性，其影响是不可估量的。

5. 考试或测试的推进

检测学生的学习效果，主要依靠测试。美国与汉语教育有关的标准测试主要分为三种：SAT Ⅱ中文测试、中国汉语水平考试、AP 中文项目考试。

（1）SAT Ⅱ中文测试

SAT Ⅱ是美国大学理事会针对个别学科开展的多项选择标准化考试，通常用于评估学生的大学入学资格，1994 年开设中文科目的测试。SAT Ⅱ中文测试是为汉语背景空白，且已经在学校学习了 2—4 年汉语的学生设计的。考试共 85 道题，题型包括听力部分（占 1/3），时长 20 分钟；阅读部分（词汇运用占 1/3、阅读理解占 1/3），时长 40 分钟。

（2）中国汉语水平考试

中国汉语水平考试旨在评估母语不是汉语的人的汉语水平。自 1985 年经过试测后，施行至今已有 30 多年。20 世纪 90 年代末，中国汉语水平考试在美国出现，第一个考试中心在密歇根大学成立，于每年秋天举行考试。之后，纽约大学、休斯敦大学、旧金山大学、帕萨迪纳城市学院、肯尼索州立大学、佛罗里达国际大学和西雅图大学也成立了汉语水平考试中心。截至 2023 年 3 月，汉语考试服务网显示，美国共有 122 个汉语考试点，涉及 HSK、BCT、YCT、HSKK 等多种考试项目。中国汉语水平考试已获得中国教育部的认证，被誉为“中国托福”，其面向的对象主要为在华留学人员或工作人员。该考试分为三个级别，即基础、初级和高级，并且考试通常可同时使用简体字和繁体字。前两级主要测试听力、阅读、语法和句型等，最后一级则增加了口语和作文测试。如果能够通过最后一级，便可以申请在中国大学学习。

（3）AP 中文项目考试

美国大学理事会组织了 AP 项目，至今发展 60 余年，它面向的是有能力学习更多内容的高中生。学生通过 AP 项目学习一种或几种外语，并且考试达标，则可以预先获得大学的学分。先前，AP 项目中包含的语言只有西班牙语、法语、德语三种。由于全球出现了“汉语热”，美国大学理事会于 2003 年通过了大学高级汉语课程和考试项目。AP 中文项目按照 5C（communication，cultures，connections，comparisions，communities）理念将汉语和中华文化纳入教科书，并在考试中考评学生的汉语语言文化知识水平。2006 年秋季项目正式推出，次年 5 月 9 日举行了第一场 AP 中文项目考试，受试者有 4000 余人。受试者通过计算机考试，受试者的试卷可以直接通过网络进入美国大学理事会的计算机系统。

6. 中学汉语课程与大学汉语教学衔接问题

相比世界上其他国家来说，美国汉语教育体系相对完善，但是中学汉语课程与大学汉语教学衔接上还存在一些问题，需要引起我们的重视。现今，中学级别的汉语课程主要包含两类，分别设立在主流学校和周末汉语学校。另外，类似的组织机构，如全美中小学中文教师协会也在积极推动美国各个中小学校的中文教学与学术研究交流，为美国中小学校汉语教育的发展及相关问题的解决提供了良好的沟通平台。在与大学汉语课程的教学衔接上，自美国大学理事会宣布开放 AP 中文项目并实施考试起，中学教师便开始关注中学课程如何与大学课程做好衔接的问题，其关注点集中在以下三方面：简繁体字的选取、注音拼音的选择、教科书的采编。

美国绝大部分的高校（包括社区学院）都开设了汉语课程。根据美国现代汉语协会的调查，美国汉语课程覆盖面极广，共 40 余个州 900 多所大学开设了此门课程。美国大学的学生（大专生、本科生和研究生）中，以秋季学期为评估时间，汉语学习者从 1998 年的 28 456 人，增加到 2002 年的 34 153 人，增长了 20%。[①] 与绝大多数的语言课程一样，美国大学中的汉语课程主要是以选修课的形式出现，或者是以通识教育课的形式出现，通识教育课是一门交叉性的混合课程。可以说，学生大多不以汉语为主要专业，一学期中，汉语只是他们所学的 4—5 门课程中的一门。也就是说，他们学习汉语的时长是有限的，汉语学习一般占他们课程学习的 1/4 或者 1/5。这种情况对汉语的传播是不利的。但也有例外，以美国著名的明德学院（Middlebury College）为例，该学校开设为期一

① 徐超然. 美国汉语教学的历史、现状、问题和对策[D]. 哈尔滨：黑龙江大学，2012：14.

个月的冬季学期的汉语课程，在此期间学生可以专心致志地学习汉语课程而不用上其他课程。①

（三）美国中小学的汉语教育

自 1988 年起美国的中小学校开始开设汉语课，1988 年以前对于美国中小学生来说汉语是十分陌生的。美国道奇基金会与普林斯顿大学东亚研究系在 1988 年合作实施了“开始学汉语”项目，第二年，该项目扩展至幼儿园。经过多年的发展，美国中小学学习汉语的形式更加多样，有选修课、AP 项目、沉浸式双语教学等多种形式。

第一类，选修课。在美国，除了西班牙语、日语、拉丁语等，汉语选修课的出现，为美国中小学生学习外语提供了另一种选择。课堂教学模式为“小班教学”，每班 15—20 人。课时一般为一周 5 节，内容侧重听说读写四项基本技能。

第二类，AP 项目。美国大学理事会在 2003 年底为中学生开设了 AP 中文项目，后来又在中小学相继开设汉语课程。AP 中文项目考试在 2007 年 5 月首次举行，考试字体是简体字、繁体字并用。学生经过在高中学习汉语，并且能够顺利通过考试的话，便可以拿到大学学分，进而可以免修大学的汉语课程。设立 AP 中文项目成为汉语教育进入美国主流教育体系的标志，对美国中小学汉语教学来说具有里程碑意义，此外还帮助汉语实现了从边缘学科向主流学科的跨越。

第三类，沉浸式双语教学。这一教学模式的受众是华裔和部分说英语的学习者。所谓沉浸式双语教学，就是汉语和英语作为教学语言共同出现在课堂中。在这一过程中，学生对于目的语的学习更为轻松。对于华裔学生来说，既能在此过程中有效地习得英语，自己的汉语水平在此过程中又能有所提升。同样，具有英语背景的学生也能够在此过程中更好地学习汉语。

1. 美国中小学汉语教学中存在的问题

（1）缺乏优质的汉语教材

在美国，教师拥有较大的课堂教学自主权和领导权。所以，选择什么样的汉语教材，如何进行汉语课程开发与教学设计主要由教师自主决定。因此，很多汉语课程都没有固定的教材。在美国，中小学汉语教材存在很大的问题，由于各学校所使用的教材大多是自行编写的，因此质量参差不齐，通用性也较差。汉语教材在小学更为缺乏。罗春英认为，在美国，只有 4—5 套专门为小学生设计的汉语

---

① 印京华. 近五年美国汉语教学状况与发展趋势[J]. 国际汉语教学动态与研究，2005（1）：26-41.

教科书，可供选择的范围很小。小学迫切需要生动、有趣、有互动性和实用的教科书。①

相比于小学汉语教材所处的窘境，初、高中的情况有所改善，但是其中仍然存在着教科书针对性较差、界限模糊等情况，一部教材的适用范围甚至涵盖了初中、高中，以至大学。例如《中文听说读写》不仅在初中、高中使用得较为广泛，在大学课堂中也得到了广泛应用。此外，汉语考试用书也比较缺乏。比如，只有Cheng&Tsui公司于2009年出版的《AP考试5分：汉语考前训练》与AP中文项目考试相关。

（2）缺乏优秀的中文教师资源

在现阶段，拥有高素质的汉语教师已经成为汉语教学发展中十分重要的一环，但是在美国，形势却不容乐观。据了解，在美国，约有一半的汉语教师没有教师资格证。因此，汉语教学的重点工作是加大教师团队的专业化培训力度。

新时代下，在美国如果想成为一名高素质的汉语教师，应该具备以下条件，如具备汉语专业知识、掌握汉语教学理论与方法、具有较强的英语语言能力、熟悉教学对象等。对于美国的本土汉语教师来说，他们的优势在于能够更好地掌握学生的情况，并且所教授的学生具有较强的英语表达能力，这便于师生在教学中进行交流。但是相对而言，他们的汉语素养可能没有达到非常专业的水平。对于中国派出的汉语教师来说，他们的汉语语言能力较强，汉语教学也更为熟练，但是对于他们的作用的发挥同样存在着很多的制约因素，如英语水平较差、教学环境不够熟悉等。此外，还存在一些问题，如国家汉办外派的志愿者，通常在美国教学了1—2年后，又必须返回中国。除了中国派出的汉语教师不稳定外，美国的本土教师同样受到外界因素较大的影响，如受到经济、政治等因素的影响。总体来说，在美国，汉语教师的质量参差不齐，稳定的高素质教师的数目则更少。

（3）学生流失情况严重

在美国的中小学中，汉语学习者的流失也是一个亟待解决的问题。之所以会出现这样的现象，主要有以下两方面的原因。第一，汉语本身的问题。汉字的构字法等内容对于学生来说有些晦涩，汉语学习并非易事，学生会因此退缩，造成人员流失现象。第二，汉语教学的问题。由于汉语教学在美国出现得较晚，与其他外语教学相比，美国的汉语教学在当前还不够成熟，无论是高素质汉语教师的缺乏，还是教材、教法的不完善，都会对汉语教学造成一定的影响。因此，如何调动学生学习汉语的积极性，让学生对汉语学习产生稳定和持久的兴趣也是值得

① 罗春英. 美国K-12汉语教材现状及特点分析[J]. 外国中小学教育，2010（11）：58-62.

我们思考的问题。因此，我们要从多角度、多层次考虑问题，以采取有效的措施解决学习者流失的问题。

2. 美国中小学汉语教学的发展趋势

随着“汉语热”风靡世界，美国国内学习汉语的中小学生人数正在增加。但是随着汉语传播的深入，人们更应该有自己的见解。在 2009 年，国家汉办主任许琳女士指出，“根据美国的统计，现在美国学外语的中学生中有 70%的人学西班牙语，20%学法语，6%学德语，3%学拉丁语，剩下 1%里面有多少学汉语的人，我们也不敢说这个数字”。这段话里的意蕴值得我们每个人深思。近年来，美国地方保护主义对汉语教育的影响也在一定程度上打击了汉语学习者的积极性。要想真正提升中小学汉语教学质量，增加汉语学习者人数，应当从以下两方面努力。

（1）加大教材研发和传播的力度

目前，教材开发在海外汉语教学中是一个亟待解决的难题。如果要编写出真正适合美国中小学的汉语教材，就需要中方和美方共同努力，合作开发。合作开发既能使编写出的对外汉语教材更加地道，同时也能更加适应本土化的需求。与此同时，教师手册、学生练习册、课外读物和多媒体教学资源等配套的教学资料也是必不可少的，并且开发出更多符合美国中小学生认知特点、习得规律的教学产品也是十分重要的，如可以适当开发学习小游戏、多媒体汉语教材等教学产品。

除了研发新的汉语教材外，还应该加大对已有教材的传播力度。这些年，国家汉办在教材领域做出了重要贡献，比如，从 2010 年起，国家汉办会定期举办“国外汉语教师教材培训班”。为了使海外汉语教师更好地把握教材，国家汉办还积极举办专题讲座、座谈会、讨论会以及示范观摩等活动。这些活动都是卓有成效的，参加活动对于教师来说是具有重要意义的，在活动中学员之间也可以进行充分的交流讨论，并且针对海外汉语教材的开发提出更好的建议，进而优化教材，使教材与实际教学联系得更加密切，这同样也是活动的意义所在。

（2）建立多元化的教师培养机制

首先需要明确的是培养的教师类型：一是国内派出的志愿者；二是在美的本土教师。21 世纪初，在中国有 20 多所高校首先招收汉语国际教育硕士生，旨在培养适应汉语国际传播工作、胜任汉语作为第二语言教学的高层次、应用型和复合型的专门人才。为了快速实现该目标，我们应该改变传统的培养模式，当前的重点工作应该是加强对教学对象的培养，即针对美国中小学生，重点探讨其认知特点、学习动机、学习方式等，以便采取相应的教学策略。此外，中美之间的交流也变得极为重要，密切的交流能够为学生搭建有效的海外实践平台，使其尽快适应美国中小学的汉语教学环境。

在美国本土汉语教师培养上，除了传统的“请进来”和“走出去”的方法外，未来我们还应该将重点放在对美国本土汉语教师教学实力的培养上。例如，在高校开设经我国教育部批准的汉语班，通过培养本土汉语教师，提高当地学习者的汉语语言水平、文化水平和教学技能，进而使汉语教师本土化程度大大提升。此外，还可以增强美国汉语教师培训学校的实力。到 2012 年，只有 3 所中国教师培训学校（俄亥俄州立大学、纽约大学、马萨诸塞大学阿默斯特分校）得到全美教师教育认证理事会的认可[①]，中国专家学者应加强与这些教师培养机构的交流与合作，定期举办教师培训课程，培养真正符合美国本土汉语教学所需的人才。

（四）其他民间汉语教育机构

除了在美国公立中小学设立汉语课程外，一些官方的汉语学校协会和联合会也相继设立了汉语学习班，这对于美国汉语的发展来说是有着很大帮助的。此外，其他汉学研究机构也相继成立，包括美国现代语言协会（1883 年）、美国历史学会（1884 年）和亚洲协会（1956 年）。这些机构用不同的方式推动了美国汉学的发展，由此美国汉学走上了专业化、职业化之路。

当前在美国，汉语学习人数不断增加，汉语教学逐步规范化，这是各方共同努力的结果。美国最大型的汉语教师学术组织是成立于 1962 年的美国中文教师学会。这个组织主要研究汉语及其文化、教育等，其会员包括美国大学的汉语语言、文学、文化等领域的教授和讲师、中小学汉语老师以及其他国家的汉语教学与研究人员。2002 年，该学会发出的会员名单中有成员多达 600 人。全美中文学校协会是一个全国性公益组织，其成员包括一大批 1978 年以后来美的留学人员和华裔新移民。全美中文学校协会于 1994 年创建，截至 2023 年，已在美国近 50 个州开设了 500 多所会员学校。会员学校的学生已达 6 万多名，服务和影响着美国数以万计的美籍华人家庭。全国的汉语学校每周都有固定的时间和场所教授汉语拼音和简体字。全美中文学校协会全国代表大会隔年举行一次。全美中文学校联合会也是一个非营利、非政治性的汉语教学组织，该组织是 1994 年创建的。全美中文学校联合总会在南加州中文学校联合会的邀请下，由美国各地区中文学校协会、联谊会及联合会组成，其成员学校分布于美国的 47 个州，招收的学生已经超过 10 万人，成

---

① 张静静，牛端. 美国中小学中文教学的现状、问题及发展趋势[J]. 外国中小学教育，2012（2）：56-60，16.

员学校内部教授汉语注音符号和繁体字。需要强调的是，上述学校绝大多数是华人创建的，其学生也基本是华裔子女。

在美国国内，一部分国际化教育机构、协会创立了一些项目，让学生有机会在中国本土学习汉语。比如，美国国际教育交流协会安排学生去北京、南京等地实习。

美国加州中文教学研究中心，作为一个非营利性的汉语教学研究组织，其贡献主要包括以下几个方面：召集在美汉语老师前往中国进行调研学习；召开了多种多样的国际和国内汉语教育讨论会；开办了各类汉语知识比赛；为汉语教育书目做传播；组织青年学生前往中国参加活动，如夏令营等。该组织对在美汉语教育的发展起了重要的作用。值得一提的是，该组织在2010年以前就已经与暨南大学共同开办了对外汉语教学硕士班，该班设立在美国本地。

在学生习得较困难的语言当中，汉语一直位列榜首，因此如何让美国的学生较轻松地掌握汉语，一直是人们关注的重要议题。经过长时间的努力，汉语界在汉语教育方面进行了深入的探究。

1. 美国中文教师学会

该组织对汉语教育的贡献集中在信息发布方面，它会通过《中文教师学会时事通讯》发布一些会议信息、教职招聘信息等。另外，在美国外语教学委员会举办的外语教学年会上，美国中文教师学会有自己的筹划组来安排汉语教学事项，比如审查与汉语教学相关的论文提要、组织相关的汉语教学研讨和文章的发表等。①

汉语教师的外语教学年会采取分组研讨的形式，组与组之间研讨的内容不同，因此研讨内容丰富多样，多角度、多层次地涵盖了汉语教学内容。该年会为美国的汉语教师提供了发展契机，便于教师之间沟通交流、分享经验。2007年，汉语教师的外语教学年会的主要研讨内容包括："星谈计划"、AP项目、汉语测试、教学方法、现代汉语与古代汉语的关系、高级汉语的教学模式、文化教学等。《中文教师学会学报》是该学会的正式刊物，主要刊登汉语教学的相关学术文章。这些文章可以在该学会的相关网站上检索到。很多学者还撰写了专著，如约翰·德范克（John DeFrancis）出版了《汉语：事实与幻想》《初学汉字》。其中，《初学汉字》是一部汉字教学教材。

2. 大学内的研讨会

汉语在美国蓬勃发展的数年间，美国各大高等学府的汉语教学部门除了在汉语传播层面卓有成效外，在汉语研究上也贡献出自己的一份力量。越来越多的研讨会在不同的大学召开，这些研讨会分布在不同的区域，有着不同的研讨内容。

① 印京华. 近五年美国汉语教学状况与发展趋势[J]. 国际汉语教学动态与研究，2005（1）：26-41.

比如，每年 4 月，普林斯顿大学东亚研究系都会主办关于汉语教学的研讨会，这个研讨会是诸多会议中十分重要的一个。

3. 国际性学术会议

21 世纪，汉语在国际化进程中扮演着越来越重要的角色，因此汉语教学对于各国来说都是亟待关注的领域。在美国也涌现出新的汉语教学研究模式，当前比较受到关注的是中方和美方分别选择一所大学，然后两所大学共同负责召开国际性学术会议，参会者来自多国的大学。比如，2022 年 12 月 10 日，由厦门大学主办，厦门大学国际中文教育学院/海外教育学院、美国普渡大学语言与文化学院承办，汉考国际、中文联盟协办的第二届中美高校教师汉语文化研究与教学论坛暨厦门大学-普渡大学第二届国际汉语教学研究论坛以线上线下相结合的方式隆重举办。此次学术研讨会为期两天，共设 1 个主论坛、16 个分论坛以及 1 个圆桌会议和 5 个工作坊，来自全球 17 个国家和地区、167 个高校和研究机构的 135 位专家学者及高校师生围绕面向国际中文教育的语言本体、认知与习得、国际中文教育的区域国别问题、国际中文教育技术应用与在线教育等议题展开讨论。

在召开学术会议研讨的基础上，这些学术会议还产生了一系列的研究成果，包括在美汉语教学理论和实践。研究成果有《回顾与展望：美国汉语教学理论研究述评》(柯传仁、沈禾玲)、《美国中文教学的理论与实践》(王晓钧)，以及汉语语言本体教学成果，其中汉字教学和声调教学成果有桂明超和杨吉春在《美国英语语调对美国学生学习汉语普通话声调的干扰》一文中撰写的关于美国英语语调模式如何干扰学生学习汉语声调，印京华在《美国大学汉字初级阶段教学效率的问题与对策》中揭示了美国的大学在汉字初级阶段教学中遇到的困难及解决策略。

四、美国汉语教育发展策略

（一）由被动接受向主动迎接转变

与其他外语一样，美国汉语教育的传播与发展经历了由被动接受到政府主动迎接的策略性转变的过程。被动接受是指建国初期的美国并不重视外语教育。在这种情况下，美国汉语教育的发展既不形成规模，也不成系统，因此更不会涉及汉语教师的专业培养、课程设置的科学性等问题了。值得庆幸的是，自第二次世界大战结束以后美国汉语教育的策略有了一定改变，我们将之称为主动迎接的策略。具体来说，一方面美国联邦政府主动制定了一系列有助于汉语教育的发展政策，从美国《国防教育法》到“十万强计划”、《国防部语言技能、区域知识、文化能力的战略规划：2011—2016》，美国汉语教育的发展有了官方性的指导，也为汉语教育进一步开拓了市场。另一方面，汉语教育的传播正被视为改善教育系统的强心剂。美国各个教育阶段都设置了相应的学校从事汉语教育教学，并设置了相应的汉语课程，有些学校还将汉语课程作为主要的宣传点，以吸引世界各地的学生前来就读。这种主动迎接的策略，也影响了美国汉语教育的布局与走向。

（二）民间传播与官方助力同行

美国汉语教育的发展已经形成民间传播与官方助力两种模式。全美目前有多个民间机构支持汉语教育的传播与发展。美国大学理事会、弗里曼基金会（Freeman Foundation）等部分组织和基金会不仅在汉语学习方面为学习者投入了大量资金，而且为汉语教师提供了众多培训计划。新闻集团行政总裁默多克（K. Rupert Murdoch）在 2004 年初春举行的亚洲协会年会上呼吁全美继续开展汉语教育，他的集团也将斥重金对美国的汉语和中华文化教育进行投资。① 当前，由于美国的汉语教育还处在发展阶段，急需官方的支持。特别是随着中美双方贸易、交流的不断深入，美国官方的助力显得尤为重要。官方助力的内容包括官方专设汉语教育发展基金，用于汉语学校的改善等。同时，有赖于美国联邦政府对于其民众汉语学习的支持，与中国政府在汉语推进方面做出的努力，在汉语教育层面上，中美双方是能够实现互利互惠的。

（三）注重汉语课程的传承与衔接

长期以来，美国汉语教育因课程的衔接度不够备受诟病。这引发了人们关于国际汉语课程质量的思考。事实上，无论是专业机构的课程设置还是民间机构的课程设置，形式都比较单一，综合性不强。针对该问题，美国的汉语课程也开始注重课程的传承性和衔接度。就前者而言，课程的传承性是指课程包含系统性的教学指南，并且课程内容和教学任务相一致。这一点，从美国发行的众多汉语教材中就能够体现出来。比如，在《新编汉语教程》（刘瑞年、李晓琪）中，作者采用简单的句子结构、词汇，就将中国面临的政治、经济、文化形势体现了出来。该书既重视学生的阅读体验，也对汉语课程的传承有一定的帮助。对于后者来说，汉语课程的衔接度体现在初高中不同年级的汉语课程之间要有过渡。这也反映了美国汉语教育的一种本土化策略，即美国在课程设置方面，重视培养学生的听说能力，汉语教师也要适应这一习惯。

---

① 华生报. 美国媒体大亨默克多呼吁全美高中教中文[J]. 海外华文动态，2004（4）：20-22.

（四）重视汉语教学与研究并举

在实际教学过程中，美国汉语教学既注重教学过程也重视教学的研究与反馈。尽管学生在知识的获得上，对于一些基本内容有了了解，如语音、词汇、语法等；在技能的提升上，听说读写方面也有了一定收获，但是由于环境的差异，学生在听说能力方面还有所欠缺。针对这种情况，汉语教学与研究并举就显得十分重要了。多数教师认为，汉语教学不只是一门科学，也是一门艺术。因此，美国汉语教学中实行的是多种教学法，并辅之以研究策略。有经验的教师会结合学生特点、教学环境以及自身的优势，设计最有效的教学流程，力图使教学效果达到最佳。同时，他们也对教学过程进行研究和反思，并取得了一定的成效。

（五）由重汉语师资的培训到重汉语教师的可持续发展

当前制约汉语教育发展的重要因素之一是国际汉语教师的专业化水平。就汉语师资来说，美国形成了由重视汉语师资的培训转向重视汉语教师的可持续发展这一策略导向。首先，中美两国政府出台了一系列政策措施支持汉语教师的发展。美国联邦政府的关键语言教师项目（TCLP），为中小学的外语教师提供改进培训内容、提高实操能力等帮助。其次，根据实际需求，对汉语教师培养采用订单模式，即定向培训预备教师。最后，对在职教师开展继续教育，并提供继续深造的机会。这种策略既可以缓解汉语教师短期教学能力欠缺的问题，还有助于汉语教师的可持续发展。

第二节　英国汉语教育发展研究

作为最大的语言输出国，英国在很长一段时期内并不重视外语教育。在第一次世界大战之前，其殖民地面积远超本土面积，被称为“日不落帝国”。当时英国不仅仅致力于寻求本民族的利益，也为其他国家带去了语言、发达的技术等。正因为如此，当时英语成为全世界使用最广、受众最多的语言。同时，与其他民族对英语学习的狂热不同的是，英国人对其他语言的学习并没有狂热过。但在后殖民时代，多元文化主义盛行全球，美国和澳大利亚等国家越来越重视对他国文化的包容和学习。在这种形势下，英国也意识到了学习外语的重要性，进而开始转变语言教育战略，积极推动外语尤其是汉语的教学。同时，随着中国的发展步伐加快，中国在国际上的地位逐步提升，英国与中国的联系越来越密切。尤其是近年来，英国不仅仅在政策层面对外语发展规划做出了调整，在实践上也加强了与中国的交流合作，为汉语在英国的传播奠定了坚实的基础。

一、英国汉语教育发展背景

随着“汉语热”的潮流持续在各国扩散，英国政府也采取了多元文化政策，并调整了外语教育政策，为英国汉语教学的发展创造了一个相对开放的环境。

1998 年，纳菲尔德基金会（Nuffield Foundation）对英国语言教学进行了调查，并于 2000 年发表了题为《语言：未来一代》（Languages：The Next Generation）的报告。[①]这是英国首次发布跟汉语教学相关的报告。该报告提出，应为汉语学习者提供基金支持。该报告主要调查了英国人需掌握哪些外语，并为推动语言教育的发展制定了战略规划。该报告从经济发展态势上明确了中国在 1980—2000 年成为全球发展速度最快的经济体的重要地位，以及汉语学习对于未来发展的重要性。报告积极倡导英国教育系统应为多语言的学习发展创造有利环境，当今英国年轻人只掌握母语是不够的，仅仅将法语作为第二语言也是不够的；培养他们跨文化交际的能力是未来发展的必然趋势，而掌握一门外语便是其中一种关键技能。[②] 因此《语言：未来一代》指出，英国需要在保护自身经济利益的基础上追求语言发展的平衡，而英国的年轻人为了在未来就业时保持自身的竞争力也需要学习法语之外的语言，如汉语。21 世纪初，英国汉语教育便拥有了良好的发展环境，此后，英国的汉语教育也进入了新的发展阶段。

21 世纪以来，中英两国的交流合作不断加强，汉语教育也步入了快速发展阶段。2000 年，英国教育部发布了《学校课程中全球问题内容的开发》（Developing a Global Dimension in the School Curriculum）细则。2009 年，英国国家学术院（British Academy）在《语言问题》中指出，中等教育、高等教育和研究领域语言技巧的缺乏会直接影响英国在全球市场中的竞争能力，同时也会使英国公民与海外人员在工作竞争中处于不利地位；同年 11 月，中国教育部部长袁贵仁和英国教育大臣迈克尔·戈夫签署中英教育合作框架协议，极大地促进了中英两国学校交流和英国汉语教育的发展。为了保障语言教育的顺利发展，2010 年英国教育部发

① Nuffield Foundation. The Nuffield Languages Inquiry and Nuffield Languages Programme[EB/OL]. http://www.nuffieldfoundation.org/nuffield-languages-inquiry-and-nuffield-languages-programme，2017-12-27.

② Pachler N. Foreign Language Learning in England in the 21st Century[J]. The Language Learning Journal，2002（25）：4-7.

布的《布朗报告》（Browne Report）中明确提出资助重要的语言课程，汉语在所资助的课程之中[①]，这一文件的发布成功地引起民众对汉语的关注。2011 年，中国和英国合作制定了“中英教育伙伴关系行动计划”，该计划旨在强化双方的教育合作，期限为 3 年。该行动计划的目的是深化基础教育、高等教育、职业教育以及语言和文化培训四大领域的合作和交流，语言层面主要指向在英国传播汉语，同时在中国传播英语。

英国国家语言中心（National Centre for Languages）在 2011 年发起为期 5 年的“话说未来”（Speak to the Future）项目来促进语言的学习。其中，“一分钟汉语”（One Minute Mandarin）项目在推动汉语传播方面做出了积极的贡献。2013 年，英国国家学术院在英国开展为期四年的外语传播活动，并颁布了名为《英国的语言现状》（Languages：The State of the Nation）的报告，报告指出英国国民外语能力严重不足，现阶段学校外语教学水平不能满足当前和未来的社会需求，以此来加深国民对这一问题的认识并思考如何有效解决这一问题。

英国对汉语教育给予了高度重视，不仅是因为中英双方关系愈加紧密，而且还因为双方的经济往来日益频繁。英国文化教育协会在 2013 年正式发表的《未来的语言》报告中指出，当今各国的经济地位正在发生着变化，而中国是一个非常有发展潜力的国家。

基于中国日益雄厚的经济实力和广阔的就业市场，英国政府为汉语的学习提供了相对开明的政策环境。《未来的语言》细致地分析了英国未来发展所需要的语言，并为英国经济、政治、文化、教育等领域发展所需要的语言设计了评价指标。《未来的语言》还指出，英国的未来发展需要多种语言，并第一次明确提出对英国未来 20 年经济繁荣、国家安全等会产生重要影响的 10 种语言，其中汉语位居第四；英国人需要着眼于未来，只有学习和掌握更多的语言才能够在未来的国际化环境中占据有利的地位。[②]《未来的语言》的发布也反映了当今英国外语教育的走向——汉语教育逐步受到更多人的重视。

2013 年 7 月，英国商业、创新与技能部（Department for Business，Innovation and Skills）发布了《国际教育——全球增长与繁荣：一个伴随分析叙事》（International Education—Global Growth and Prosperity：An Accompanying Analytical Narrative）的报告。该报告确定 8 个重要国家和 1 个地区作为英国的国际教育伙伴，其中之一

① Government of UK. The Browne Report：Higher Education Funding and Student Finance[EB/OL]. https://www.gov.uk/government/publications/the-browne-report-higher-education-funding-and-student-finance，2017-11-30.

② Tinsley T，Board K. Languages for the Future：Which Languages the UK Needs Most and Why[R]. British Council，2013.

便是中国。英国中文教育促进会（UK Association for the Promotion of Chinese Education）会长伍善雄表示，2020 年全英共计有 59 所中文学校，2200 位老师，2.3 万多名学生。①

新时代背景下，英国非常重视外语教育，着重强调当今经济全球化进程中通过语言习得从而促进跨文化的交际与合作的重要性，并强调应不断根据实际情况进行倾向性的调整。总之，汉语教学在英国受到更多人的重视。英国对语言态度的转变，表明了在互相尊重的基础上其追求经济和文化交流的价值取向。由于英国政府对汉语的国际化地位予以充分肯定，对汉语教学活动采取较为包容的态度，并给予汉语教育政策上的支持，这一导向无疑激发了英国民众对汉语学习的热情。

二、英国汉语教育发展现状

英国的汉语教学可以从办学的机构、办学的层次及办学的目的等角度来描述，本节主要从办学的层次上来介绍，主要包括了大学阶段的汉语教学、中小学的汉语教学、孔子学院的汉语教学以及成人和社会汉语教学。各层次的汉语教学共同构成了英国当前蓬勃发展的汉语教学现状。

（一）大学阶段的汉语教学

1. 汉语学习者人数不断增长

在英国，大学阶段的汉语教学在某种程度上受到了社会经济需求的影响，这也是英国高等教育基金委员会对汉语教学大力投资的结果。英国汉学协会（British Association for Chinese Studies，BACS）在 2023 年 3 月发布的报告中指出，根据英国高等教育统计局（Higher Education Statistics Agency，HESA）提供的数据，自 2017 年以来，在英国高等教育机构就读中国研究相关课程的学生人数每年都在下降，但在伦敦高校中国委员会（Universities' China Committee in London，UCCL）调查的总体数据中，学生人数有所上升。②

表 4-1 显示，自 2009 年以来，汉语相关专业的新生人数呈现大致增长的趋势，仅在 2012—2013 年稍有下降。5 年间，汉语相关专业的本科生人数增长约 24.5%，研究生人数增长约一倍。

① 中国侨网. 欧洲时报：学习中文热情高涨 英国华文教育未来可期[EB/OL]. http://www.chinaql.org/n1/2020/0620/c431600-31753985.html，2020-06-20.

② The British Association for Chinese Studies. Report on the Present State of China Related Studies in the UK 2021-22[EB/OL]. https://bacsuk.org.uk/wp-content/uploads/2015/05/BACS- State-of-the-Field-2021-22-Report.pdf，2023-03.

表 4-1　汉语相关专业新生人数

	2009—2010 年人数	2010—2011 年人数	2011—2012 年人数	2012—2013 年人数	2013—2014 年人数
研究生	145	185	300	295	295
本科生	265	290	330	300	330

表 4-2 的数据显示，2018—2020 年，全日制研究生数量总体减少，全日制本科生数量总体增加，兼读制学生数量总体减少。

表 4-2　2018—2020 年汉语相关专业全日制专业和兼读制专业学生人数

	2018 年全日制专业学生人数	2018 年兼读制专业学生人数	2019 年全日制专业学生人数	2019 年兼读制专业学生人数	2020 年全日制专业学生人数	2020 年兼读制专业学生人数
研究生	978	52	1192	48	921	50
本科生	1937	4	1620	5	2041	2
总数	2915	56	2812	53	2962	52

注：表中数据仅为伦敦大学学院调查的 29 所院校的数据。

表 4-3 显示了 2013—2014 年汉语相关专业招收新生人数与其他外语相关专业招收新生人数的对比情况，由此得知研究生层面汉语相关专业人数比其他外语相关专业人数多，但是本科生层面人数明显少很多。

表 4-3　2013—2014 年现代语言专业全日制招生人数对比

专业	本科生人数	研究生人数
汉语研究	330	295
西班牙语研究	1440	40

总体而言，英国大学阶段的汉语学习者近年来保持着稳步增长的态势，大学阶段的汉语学科建设以及人才的培养为社会、企业提供了充足的智力支持。

2. 大学中汉语相关专业课程设置

英国大学中汉语相关专业课程包括汉语语言文学、“汉语+”专业、公共汉语必修课、汉语选修课、非学分汉语课等。前两种是学士课程，剩下的是学士、硕士、博士课程。当前双专业学士课程已经得到了普及，这类课程能够与英国社会发展相匹配，也符合当前培养复合型人才的趋势。与第一种学士课程一致，双专业学士课程的学制为 3.5 年或 4 年，其间在汉语本土国家学习半年至一年。在科目设置上，汉语能够和经济学、日语、法语等科目搭配，但是比较普遍的是和商科搭配。部分大学将语言系设在商学院，目的是体现汉语在商务活动中的地位。

随着中国在英国的受关注程度大大提升，英国将关于中国的研究放在了重要的位置，英国不仅创设了“英国跨大学中国研究中心”（British Inter-University China Centre，BICC），各大高等学府中关于中国的课程数目也逐渐增加。

近年来，英国的汉语教育在高校中越来越受到重视，既得益于社会对汉语人才的需要，又得益于英格兰高等教育拨款委员会（Higher Education Funding Concil for England，HEFCE）资金的支持。以下是英国政府重点扶持的一些重点项目。例如，20 世纪末的中国研究中心项目。这个项目资助了许多大学的汉语系，并且设置了汉语教师岗位，目的是提高课程教材的编写水平，推动汉语教学的发展。此外，英国跨大学中国研究中心项目设立于 2006 年，其重心在于培养了解中国的专业研究人士，“英国跨大学中国研究中心”之所以这样命名是因为它注重大学之间的合作，主要包括牛津大学、布里斯托大学和曼彻斯特大学，这个项目的招生对象是想要研究中国相关问题的人员，如硕士和博士研究生。值得强调的是，研究生一年级只教授中文课程，目的是提升学生的汉语水平。

同时，英国汉学协会指出，为了满足学生学习以及未来就业的需求，2015 年，已有 39 所大学（表 4-4）设有与中国研究（包括汉语）相关的本科课程，37 所大学（表 4-5 至表 4-7）开设了研究生课程（包括辅修），并有 11 所大学设立了汉语相关课程的博士点。截至 2021 年，设有中国研究相关课程的高校至少有 44 所。①高等阶段的汉语教育逐步走向专门化，并建立了比较完善的学习发展系统。

表 4-4　英国开设中国研究相关本科课程的大学统计表

大学	单一荣誉学位	联合学位	联合学位中辅修/其他
阿斯顿大学		√	
班戈大学		√	
伯明翰大学	√现代语言	√	√
剑桥大学	√亚洲和中东研究（汉语）		
卡迪夫城市大学			√
中央兰开夏大学	√亚洲-太平洋研究（汉语）	√	√
切斯特大学		√	

① The British Association for Chinese Studies. Report on the Present State of China Related Studies in the UK 2021-22[EB/OL]. https://bacsuk.org.uk/wp-content/uploads/2015/05/BACS- State-of-the-Field-2021-22-Report.pdf，2023-03.

续表

大学	单一荣誉学位	联合学位	联合学位中辅修/其他
德蒙福特大学		√	√
杜伦大学	√汉语言研究		√
爱丁堡大学	√汉语	√	√
埃塞克斯大学			√
埃克塞特大学	√现代语言		√
伦敦大学金史密斯学院		√	
赫瑞-瓦特大学		√	
赫特福德大学			√
赫尔大学	√汉语言研究；现代语言	√	√
肯特大学		√	
兰卡斯特大学		√	√
利兹大学	√现代汉语研究	√	
伦敦南岸大学	√中国针灸		
曼彻斯特大学	√汉语言研究	√	√
曼彻斯特城市大学			√
密德萨斯大学	√中医；针灸	√	√
纽卡斯尔大学	√汉语言和中国传统文化	√	√
诺丁汉大学	√当代汉语研究	√	√
诺丁汉特伦特大学		√	
牛津大学	√东方学		
牛津布鲁克斯大学		√	
伯恩茅斯大学	√综合语言	√	√
贝尔法斯特女王大学			√
伦敦摄政大学		√	√
伦敦大学亚非学院	√汉语言研究；现代和当代汉语；日本语和汉语；国际管理；汉语和藏语	√	
谢菲尔德大学	√汉语言研究	√	
南安普顿大学		√	
斯旺西大学			√
阿尔斯特大学	√应用语言学和翻译		√
威尔士三一圣大卫大学	√汉语言研究	√	
华威大学			√
威斯敏斯特大学	√汉语言和语言学	√	√

表 4-5　研究生阶段仅提供汉语言笔译和口译课程的英国大学汇总表

大学	学位	课程名称
班戈大学	文学硕士、哲学硕士、哲学博士	翻译研究
巴斯大学	文学硕士	口译和笔译
中央兰开夏大学	文学硕士	笔译和口译
埃塞克斯大学	文学硕士	英汉口译和笔译
埃克塞特大学	文学硕士	翻译
赫瑞-瓦特大学	理学硕士	中英口译、中英笔译
伦敦城市大学	文学硕士	会议翻译、口译、公共服务口译、专业翻译、笔译
萨尔福大学	文学硕士	口译与笔译、笔译、国际商务笔译
斯特灵大学	理学硕士	笔译、翻译与英语教学研究
萨里大学	文学硕士	商务翻译和口译
斯旺西大学	文学硕士、哲学博士	英汉翻译和语言教学、文学翻译、专业翻译、笔译和口译

表 4-6　研究生阶段提供汉语相关专业辅修课程的英国大学汇总表

大学	学位	课程名称
阿伯丁大学	文学硕士、理学硕士	现代历史（汉语可供选择）、笔译和口译
英博夏尔大学	法学硕士	比较商法
布里斯托大学	理学硕士、文学硕士、哲学硕士、哲学博士	东亚发展和世界经济、翻译
卡迪夫大学	文学硕士、哲学硕士、哲学博士	亚洲宗教、历史
基尔大学	法学硕士	国际法（汉语可供选择）
斯泰福厦大学	文学硕士	全球经济和欧洲一体化（汉语可供选择）

表 4-7　研究生阶段提供汉语相关专业课程的英国大学汇总表

大学	课程名称
剑桥大学	亚洲和中东研究——中国研究
佳士得美术学院	中国艺术
爱丁堡大学	汉语言研究、当代中国文化研究、艺术史、全球中世纪历史、法律与汉语
格拉斯哥大学	中国艺术、汉语言研究、国际关系、国际政治、翻译
赫特福德大学	中国商法
伦敦国王学院	中国与全球化
利兹大学	汉语言研究、当代中国治理
伦敦政治经济学院	汉语与商业、应用翻译、东亚研究等

续表

大学	课程名称
伦敦南岸大学	比较视角下的中国、公共管理、国际事务、全球媒体与交流
曼彻斯特大学	商业管理——中国商业实践、会议翻译
纽卡斯尔大学	汉语言研究、翻译、影视研究
诺丁汉大学	公司会计、当代中国银行与金融市场、当代中国经济、当代汉语言研究等
开放大学	后殖民研究
牛津大学	汉语言研究、当代中国研究、传统东亚研究等
伯恩茅斯大学	语言研究——汉语
谢菲尔德大学	当代中国、东亚商业、翻译
伦敦大学亚非学院	高级汉语言研究、中国法律、中国政治、中国学、台湾研究等
苏富比艺术学院	东亚艺术
伦敦大学学院	亚洲建筑学、中国健康、汉语言研究等
威斯敏斯特大学	汉语言研究

通过对比表 4-4 至表 4-7 中数据，我们可以了解到，英国一些大学只有本科生汉语相关专业课程而没有设置研究生阶段相关课程。与此相反，一些学校只有在研究生阶段才设置汉语相关课程。大学阶段汉语相关专业课程的设置受到多种因素的影响。最重要的是社会需求的驱动，如商务翻译、口译等专业。同时，英国孔子学院在很大程度上也推动了大学中汉语相关专业课程的开设与研究，例如，班戈大学孔子学院重视法律课程，所以班戈大学本科生阶段相应地为学生开设了法律与汉语言课程；兰卡斯特大学学生可以在兰卡斯特孔子学院学习汉语，汉语可作为本科生辅修专业。

总体而言，英国大学阶段的汉语教育已经建立了相对完善的学科体系，每年修习汉语相关专业的学习者在不断增加，这不仅为英国社会提供了大批汉语国际人才，还为中小学阶段汉语教学活动的开展提供了雄厚的师资力量。

（二）中小学的汉语教学

由于受到政治、经济、国际环境以及文化需求的影响，英国的汉语教育也进入了快速发展阶段，由以高校汉语教学为中心逐步转移到中小学层面。在国家汉办和英国文化教育协会的共同指导下，越来越多的中小学校开始开设汉语课程，英国的汉语学习者规模也在不断扩大。就汉语教学的层次而言，英国汉语教学对象的主体是中学阶段的汉语学习者。

英国教育部于 2016 年启动了“卓越汉语教学”项目并投资 1000 万英镑，该项目旨在 4 年期间最少培养 100 位汉语教师以及 5000 位汉语流利度较高的中学生。2017 年，英国《金融时报》一文中提到，私立学校开设汉语课程的比例已达 45%。可见，英国汉语教育市场非常广阔。

随着中小学汉语学习者数量的增长，参加初中高等级认证考试的人数也随之增加。2013 年，英国中小学校有 10 000 多名学生参加了汉语考试，即在普通中等教育证书（General Certificate of Secondary Education，GCSE）以及 A Level 考试中，将汉语作为外语考试的一个科目。在 GCSE 考试中，参加汉语考试的学生人数在 2008—2015 年总体呈现增长态势（图 4-1）。2016 年发布的“语言趋势”（language trend）调查显示，英国外语学习仍主要集中于西班牙语、法语以及德语，虽然这三者的语言学习者占绝对比例，但是近年来学习者人数在不断下降，而汉语则是继西班牙语、法语、德语之后的学习者人数增长最快的一门语言。汉语课程在中小学教育阶段普遍开设。

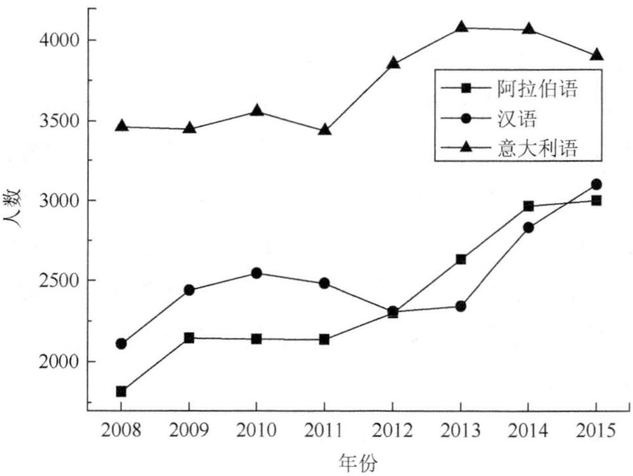

图 4-1　2008—2015 年 GCSE 考试各语言学习人数趋势图

在中小学层面，汉语教学活动不仅仅局限于教语言，近 1/2 设有汉语课程的学校把汉语教学与其他课程融合，如地理、艺术等。在英国的中小学里，私立布莱顿中学（Brighton College）的做法值得所有学校借鉴。在这所学校，汉语是外语必修课。与此同时，传统单一的汉语学习在这所学校中已经被综合性学习取代，汉语学习覆盖了经济、历史、地理、艺术等不同的学科领域。

在英国，学习的过程性和学习者的感受被置于重要的位置。因此，汉语和中华文化尝试课出现在了未设有汉语课程的学校中，尝试课的设置旨在激发学生对汉语的学习热情。在这些中小学中，尝试课一般设在诸如“亚洲日”“中国日”“国际多元文化日”，在教学过程中一般会引导学生唱中文歌、学习中国舞蹈、学习中国书法、讲简单的汉语、学习包饺子以了解中国的传统文化。另外，中国的大学与英国的中小学也会进行交流合作，使得英国学校能够更直接地了解汉语、了解中国。

由于汉语已被纳入英国国民教育体系，中小学阶段的汉语学习者迅速增长，并成为英国汉语教育的学习主体。截至2017年，中小学阶段的汉语学习者占据了英国汉语学习者的大半，中小学阶段的汉语学习能够为大学阶段的汉语学习夯实基础。

（三）孔子学院的汉语教学

孔子学院的性质是非营利性教育机构，由中外合作建立，主要致力于满足全球各国（地区）人民对汉语学习的需要，增进对中国语言文化的了解，加强与世界各国的文化交流合作，发展与外国的友好关系，促进世界多元文化发展，构建和谐世界。孔子学院作为我国汉语国际教育发展中的重要平台，在汉语教育国际化方面取得了巨大成就。截至2020年2月，孔子学院官网显示，英国共有30所孔子学院。

随着汉语国际教育事业的发展，许多国家都设立了孔子学院，每一所孔子学院都有其特色，各所孔子学院都以其独有的方式为汉语的传播事业做出了贡献，向全世界人民介绍汉语与中华文化。与此同时，孔子学院的职能由汉语教学、外国语言文化交流活动等扩展到汉语教师资格认证以及汉语教师培养等活动。英国已经有部分孔子学院开始提供汉语教师的培养和培训服务，如曼彻斯特大学孔子学院①、谢菲尔德大学孔子学院②、诺丁汉大学孔子学院③等。由于孔子学院的主要责任是教授汉语和传播中华文化，培养汉语教师正在作为新兴服务项目出现，目前，对于教师培养活动多是以专题研讨会的形式开展。孔子学院职能的扩展表明了各国汉语教学活动的顺利推进，更加验证了在当今国际形势下，汉语国际教育发展的良好态势。

同时，英国的特色孔子学院更具有专业性与立体性：全球第一家以舞蹈和艺

---

① Manchester Confucius Institute. Course[EB/OL]. http://www.confuciusinstitute.manchester.ac.uk/courses/professional-development-courses，2017-11-10.

② Sheffield Confucius Institute. Training Programmes[EB/OL]. http://www.sheffield.ac.uk/confucius/training，2017-11-08.

③ The Nottingham Confucius Institute. Teacher Training[EB/OL]. https://www.nottingham.ac.uk/，2017-11-12.

术为教学内容的孔子学院是伦敦大学金史密斯舞蹈与表演孔子学院；全球第一家由中国出版机构与国外大学合作共建、具有出版特色的孔子学院，在牛津布鲁克斯大学正式成立，牛津布鲁克斯大学孔子学院由中国外语教学与研究出版社与英国牛津布鲁克斯大学共同创办；伦敦中医孔子学院是一所在汉语教育中融汇了传统及现代中医药科学的学校。

英国各孔子学院自开办以来便为本国汉语教学活动的顺利开展提供了各项支持。各孔子学院课堂活动的广泛开展更加激发了英国中小学生学习汉语的热情。当今孔子学院职能的转变为世界各国（地区）的汉语教学提供了一种可行的方式，孔子学院的发展为各国本土汉语教师的培养做出了重要贡献。

（四）成人和社会汉语教学

在英国，纵观其国民教育体系，完成中学义务教育的学生和成人，继续深造的方式主要有以下两种：继续教育和成人教育。继续教育培养的是国家的技术工人、技师，培训实用技能，并且是通过国家职业认证的，这对于中学毕业生和在职人士来说是一条可靠的就业渠道。和继续教育类似，成人教育为社区民众创设了娱乐消遣文化教育，二者都是为社会创设不同种类的课程。近年来，二者开设的汉语课程逐年增多。但是从地域角度分析，由于经济发展的不平衡、学校同中国往来的频次不同，汉语课程的开设情况也不同，发展的速度也存在差异。

越来越多大学的语言中心，作为面向社会办学的机构，其汉语课程在传播汉语、传播中华文化方面起着重要作用。以伦敦大学亚非学院语言中心（School of Oriental and African Studies Language Centre）为例，作为一个历史悠久且设施较为完善的语言中心，它的一项业务是根据公司的需要为公司提供课程服务，设计课程并且上门拜访。该语言中心的课程纵向有四种，从初级、初中级、高中级直到高级课程，每一级课程的时长是 3 学期。在课程的选取上，设置了一些专业课程，如商务汉语、法律汉语等。它们的年平均招生人数为 1500，并且每年招生三次。该语言中心除了在课程设计上别具一格，还会关注汉语教学的具体内容，如教学法设计、教材编写等。在伦敦孔子学院入驻该语言中心后，其发展态势更为良好。在英国，提供类似课程服务的语言中心并不罕见，但是在规模、形式上存在差异。

除了上述提到的社会办学机构外，还有两类机构也不可忽视——民营办学机构和华人社区学校。这两类学校都传授普通话和简体字，并且其从业人员大多素质较高，与传统的学校存在很大的差别，因此也吸引了很多非华裔学生。这两类学校也吸引了很多家长，这些家长渴望自己的孩子学习汉语，但是苦于在学校没有机会，因此便选择了民营办学机构和华人社区学校，甚至有很多家长和自己的孩子一同学习汉语。

总而言之，不论是大学层面、中小学层面还是成人和社会层面，汉语教育的规模都在逐渐扩大，学习汉语的人数都有了明显增加；学习者更加关注当代中国，学习内容里语言与文化并重；英国国民学习汉语注重其实用价值；政府调整政策适应人民的实际需要。政府的作用是不容忽视的，政策的调整和变化，为汉语更好地在英国生存、融入主要的教育体系起到了助推作用。总而言之，汉语在英国的发展离不开各方的共同努力。

三、英国汉语教育发展相关机构

（一）英国汉语教学研究会

创建于 1997 年的英国汉语教学研究会是一个由英国大学教师组成的专业性组织。截至目前已经发展了 20 余年。该研究会的创建为英国汉语教师提供了一个交流的平台。该组织会定期组织研讨会、培训交流会，着力于提升其成员的汉语理论素养和汉语教学能力，也比较注重与别国教师群体的交流。与此同时，英国汉语教学研究会在中小学教学上也投入了大量的精力，还经常就中小学教师培养、教学大纲编写等方面进行研讨。

（二）英国中文教育促进会

1933 年，英国中文教育促进会成立，作为一个非营利性组织，它创建的初衷是为了联络各方汉语教师、增强汉语教学水平、传播中华文化，进一步促进英国汉语教育的发展。该组织的主要贡献在于推荐及提供由国内专业人士编写的汉语教科书，组织英国汉语教师到中国参加教师培训，成立教学研讨会，组织英国青少年夏令营来华学习，传播普通话、简体字、汉语拼音等。

（三）英国中文学校联会

英国中文学校联会是一个为英国中文社区学校提供服务的慈善志愿团体，成立于 1994 年，目的在通过其会员学校传播汉语及中华文化。英国中文学校联会从成立到现在，会员学校不断增加。现今，英国中文学校联会共有会员学校约 80 所，学生人数超过一万名。英国中文学校联会主要为各中文学校提供专题资讯、课本教材、专业性支持及相关培训服务等。

（四）国际汉语教育学会

国际汉语教育学会是一个国际性学术团体，下设 4 个分会（北美、澳洲、欧洲、亚太）和 3 个专业委员会（语言测试研究专业委员会、第二语言习得理论专业委员会、教材专业委员会）。学会与国际上多个国家的高校、政府主管机构、各类语言培训机构以及相关民间机构的合作，真正意义上加快了汉语在全世界的发展步伐。该团体的成立具有以下意义：第一，为汉语教学相关机构、人员之间的交流搭建平台；第二，完善了汉语教学的理论与实践研究体系；第三，为全球语言、文化的多样化发展贡献力量，推动了人类的进步。

另外，英国跨大学中国研究中心、英国专长学校联合会等都对汉语在英国的传播做出了重大贡献。

四、英国汉语教材与教师

21 世纪，随着汉语国际教育的发展，汉语教学的“三教”问题逐步暴露出来，并成为限制汉语国际教育事业的发展核心问题。“三教”即教材、教法和教师，是发展汉语国际教育事业的重要支柱。其中，关于汉语教法方面，英国汉语教师均能尽力地结合汉语自身的特点以及当地学生的学习特点，有针对性地制定汉语学习方案。相对而言，英国在汉语教材编写与汉语教师培养方面存在的问题较为严重。

（一）汉语教材编写

汉语教材编写方面，英国与其他国家一样，正在努力开发适应本国教育系统以及学生学习特点的本土教材。伦敦大学亚非学院语言中心率先探索本土汉语教材的开发，以供当地汉语学习者使用。2006 年 10 月，伦敦孔子学院携中国驻英使馆教育处、常青图书公司及其他组织，召开了第一个汉语教材展览会，这几个组织共同刊发了有关汉语教学的期刊——《中文教与学》，受众是中学教师与学生。①近年来，英国汉语教材的数目已经在逐渐增加，但是绝大多数汉语教材都没办法很好地适应汉语教育的实际需要，其内容和形式也不能很好地与英国课程体系相匹配。尽管一部分教材质量较高，但是没有被很好地利用。目前，英国各教育机构正着力开发适宜英国学生学习特点的本土教材。

---

① 张新生，李明芳. 英国汉语教学的现况和趋势[J]. 海外华文教育，2007（2）：46-57.

目前，英国在本土教材的编写上已经取得了一些成绩。《汉语口语》（佟秉正主编）是一本非常受欢迎的书，这本书于20世纪80年代发行，在今天的课堂上仍在使用。2003年出版的《快乐汉语》也是一本十分出名的中学汉语教材。它是由北京大学李晓琪教授等几位专家主编的，由国家汉办和英国文化教育协会一起推出，为弥补中学汉语教材之不足做出了重要贡献。《步步高中文》作为公共汉语教材，是基于英国市场发行的新型书目，该书的亮点在于，结合了母语为英语的汉语学习者的学习特点，并且基于欧洲语言框架设计了新的教学思路。[①] 如今，英国的相关专家仍然致力于编写适应本土特点的汉语教材。

（二）汉语教师培养

决定整个教学过程成败的关键环节是教师。高素质汉语教师的缺乏一定程度上阻碍了英国汉语教育的发展。

“输出”型汉语教师群体对英国的教育体制与学生特点并不熟悉，他们往往需要花费很长时间来适应英国的社会环境、教学模式和学生特点。这一点也导致他们逐步进入正轨的时候，任期也接近尾声。此外，尽管“输出”型汉语教师群体对于汉语知识体系较为了解，但由于受到签证以及语言等因素的影响，不能在某一学校长期任教，这影响了英国汉语教育的可持续发展。随着英国“输出”型汉语教师群体存在的弊端日渐显现，英国各方开始呼吁加强本土汉语教师的培养。

面对英国汉语教育迅猛发展的态势，人们开始注重对本土汉语教师的培养。目前，已经有多所高校的学位教师教育证书课程（postgraduate certificate in education，PGCE）纳入了汉语板块，接受此类培训的教师将成为英国中小学汉语教师的重要来源。同时，部分高校还设立了汉语国际教育专业，培养专业的学术型人才将为汉语教学的相关研究提供智力支持。同时，孔子学院的职能也在发生变化，除了具有汉语教学以及传播中华文化的功能外，还负有培养本土汉语教师的责任。

尽管如此，英国本土汉语教师仍然处于稀缺的状态。这一方面是受到“汉语热”所带来的汉语学习需求增加的影响，另一方面受到英国固有的教师资格认证体系的制约。英国有着较为完善的教师资格认证体系，如果教师要在公立中小学任职，必须有其任教学科的师范证书。但是在英国能够颁发汉语师范证书的高校较少，直到近年来才有几所大学提供全国范围同意认证的汉语教师培训计划，但

① 张新生，李明芳. 英国汉语教学的现况和趋势[J]. 海外华文教育，2007（2）：46-57.

是招生人数特别少，这种固有的教师资格认证体系从一开始就限制了汉语教师的培养规模，也加剧了英国本土汉语教师供不应求的态势。

五、英国汉语教育发展策略

（一）课程设置的规范性

与澳大利亚、马来西亚等国家类似，21 世纪初英国就把汉语纳入了国民教育体系当中，这一举措从根本上保证了汉语在中小学课堂中的地位。课程设置的规范性拓宽了汉语学习的渠道，激发了汉语学习者的学习兴趣。大学阶段不仅开设了完善的语言人才发展课程，还开设了专门用于培养汉语教师的课程。这些课程的设置不仅为英国培养了一批汉语人才，还培养了一大批学术型人才。英国当今的汉语教育很大程度上是由于课程的规范性设置才得以持续蓬勃发展。

（二）教师的专业化培养

英国作为一个高度关注教师培养的国度，英国政府及社会群体都非常关注汉语教师的培养。为了满足本国对高素质汉语教师的需求，英国教育部于 2004 年将汉语教师培养纳入了学位教师教育证书课程（PGCE）之中。经过专业的 PGCE 模式的培养，汉语教师对英国教育系统、学生学习特点等方面都有了更为系统的认识和了解。汉语教师的专业化也为汉语教育在英国的稳步发展奠定了坚实的基础。

第三节　俄罗斯汉语教育发展研究

一、俄罗斯汉语教育发展背景

从历史上来看，中国与苏联于 1949 年 10 月 2 日正式建交，尽管 1991 年苏联解体，但是俄罗斯与中国在地理上相邻，两国长期保持了友好合作关系。20 世纪 90 年代以后，许多中国人移民到俄罗斯，主要是因为两国长期友好的关系，推动了政治、经济、文化等方面的交流。语言是促进两国交流合作的重要工具，这就为汉语教育的发展提供了良好的市场。

俄罗斯的“汉语热”始于 20 世纪 80 年代。汉语教学在俄罗斯的发展历史可以追溯到 150 多年前，一直延续到现在已经形成了俄罗斯特有的汉语教学体系，汉语教学也成为俄罗斯的优良传统。据俄罗斯《生意人报》报道，截至 2022 年 10 月，学习汉语的俄公民人数为 6—8 万，其中大多数是中小学生和大学生。其中，约 2.2 万俄大学生在 142 个俄罗斯高校学习汉语。[①] 其学习方式并不只限于在学校学习，他们正在通过各种途径学习中文。总体来看，汉语教育在俄罗斯有着非常广阔的前景，对俄罗斯汉语教育的全面研究，有助于俄罗斯汉语教学工作的开展。

（一）汉语教育发展的保证：中俄政治友好往来

众所周知，苏联解体后，俄罗斯承袭了苏联的强大实力，并登上了国际政治的舞台，但俄罗斯政府也需要解决苏联未能完全解决的问题，如语言问题。为了改变俄语发展不良的状况，俄罗斯政府采取了一系列措施，如建立法律法规以保护俄语的纯洁性。同时，俄罗斯政府还采取相应措施以维护其他民族语言的合法地位。俄罗斯的语言政策有助于俄语的境外传播，促使地缘政治空间的形成，也对汉语在俄罗斯传播有一定的影响。随着中俄两国民间交往日益频繁，俄罗斯国内对汉语人才的需求量逐渐增加，越来越多的俄罗斯人开始学习汉语。不得不说，俄罗斯“汉语热”的兴起与政治因素是密切相关的，政治因素为俄罗斯汉语教育的发展提供了保障。

进入 21 世纪后，中俄两国关系更趋于紧密。“一衣带水”的地理关系，更促进了中俄两国的政治合作。2019 年 6 月 5 日，《中华人民共和国和俄罗斯联邦关于发展新时代全面战略协作伙伴关系的联合声明》在俄罗斯签订，这成为中俄两国关系的发展里程碑，政治合作、安全合作、务实合作、人文交流、国际协作成为中俄全面战略协作伙伴关系的重点领域。[②]由此可见，全方位、多层次的人文交流成为中俄新时代外交关系的重点，相应地，两国的语言教育尤其是汉语教育在这一过程中扮演关键角色。

（二）汉语教育发展的动力：中俄经济发展的需求

21 世纪以来，快速发展的中国经济取得了可喜的成绩，越来越多的人意识到

① 俄罗斯卫星通讯社. 汉语在俄罗斯人中越来越受欢迎[EB/OL]. https://baijiahao.baidu.com/s?id=1747021572061909520& wfr=spider&for=pc，2022-10-18.

② 中华人民共和国中央人民政府. 中俄元首签署《中华人民共和国和俄罗斯联邦关于发展新时代全面战略协作伙伴关系的联合声明》[EB/OL]. http://www.gov.cn/xinwen/2019-06/06/content_5397860.htm，2020-07-13.

学会汉语将会获得更好的就业机会以及更多的商机。同时，各国政府也意识到让国民了解中国、学习汉语的重要性，所以也相继出台了一系列有利于汉语在其国内传播的相关政策，汉语教学在外语教学中的比重开始增大。2009 年是中国的“俄语年”，更多的中国人开始学习俄语。2010 年，俄罗斯成功举办了“汉语年”，汉语学习在俄罗斯也得到了空前的发展，俄罗斯有 100 多所大学开设了汉语课程，共有一万多名大学生在学习汉语，越来越多的中小学也开设了汉语课程。据俄罗斯卫星通讯社在 2019 年的报道，俄罗斯国立研究大学高等经济学院东方学学院院长阿列克谢・马斯洛夫表示，俄罗斯是世界上学习汉语人数最多的国家。①另外，俄罗斯在 2019 年将汉语作为第五个可自主选择的高考外语科目，其他四种语言分别为英语、德语、法语和西班牙语。马斯洛夫认为，俄罗斯有 170 所大学（占高等院校的 1/5 左右）在教授汉语。另外，约有 8 万俄罗斯人掌握了汉语，大约有 5000 名中学生正在学习汉语。可以说，汉语学习人数的增加与中俄经济贸易往来息息相关。

如图 4-2 所示，中国同俄罗斯的双边贸易仅在 2014—2015 年出现过下滑，2015—2019 年双边贸易均保持稳步增长，足见两国经贸往来较为稳定。在全面建设新时代战略协作伙伴关系的同时，两国的经济合作也不断向纵深发展。“走出去”的中国企业和“请进来”的俄罗斯企业，其发展都需要汉语国际人才和以汉语为载体的语言服务。

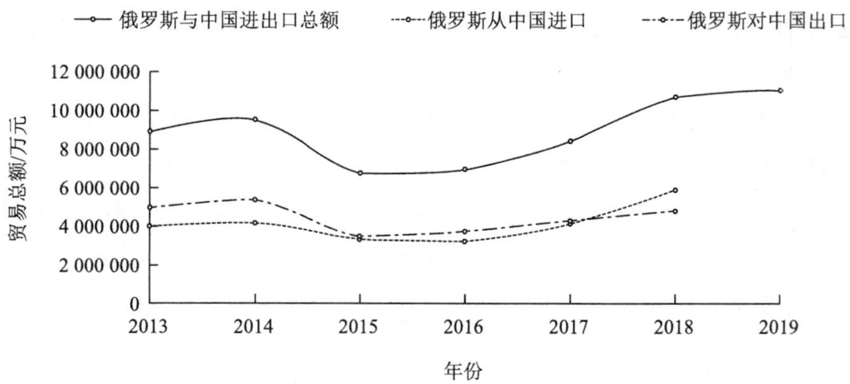

图 4-2　中国与俄罗斯双边贸易情况

资料来源：根据中国一带一路网中相关数据整理而成

① 中国侨网.俄罗斯学者：汉语是国际交流语言 俄应完善体系 [EB/OL]. https://baijiahao.baidu.com/s?id=1645158038945381713&wfr=spider&for=pc，2019-09-20.

（三）汉语教育发展的基础：中俄邦交底蕴深厚

中俄两国人民的交流可以追溯到金帐汗国统治时期，那时就已经开始有了直接接触。16 世纪，俄国开始向外扩张领土，与中国的距离不断缩短，这样一来，两国间往来便愈加频繁，出于了解中国的需要，俄国的汉学研究开始萌芽。

更为重要的是，中国在 1949 年后向苏联学习了诸多社会发展经验，我国的经济发展模式、教育制度等受到苏联的影响。尽管在苏联解体后俄罗斯选择了一条新的发展道路，但中国依然与俄罗斯保持了较为频繁的经济往来。在中国教育现代化发展进程中，诸多开创者都是留学俄罗斯的归国人员，由此也加深了苏联和俄罗斯制度对中国社会发展的影响。

（四）汉语教育发展的环境：中华文化对俄罗斯的影响

对于欧洲来说，中国一直具有较强的吸引力。“丝绸之路”把古代中国的商品、技术、文化传播到欧洲的一些国家，其中就包括中国的四大发明以及养蚕、丝织技术等，这为世界文明的向前发展做出了重要的贡献。欧洲各国开始对汉语产生兴趣，俄国也不例外。比如《恰克图条约》激起了俄国人对中国商品和艺术的向往和追求，俄国市场上的中国商品很受欢迎，这在一定程度上促进了俄国对中国社会的了解。[①]除此之外，在彼得一世统治时期，俄国的艺术时尚就包括“中国风”，比如中国商品、中国服饰等。因此，中华文化对俄罗斯的影响，为俄罗斯汉语教育发展提供了良好的环境。

二、俄罗斯外语教育政策发展

俄罗斯从英国、美国等国家学习在国内和国际传播语言的经验，及时调整外语在俄罗斯的传播策略，在保护俄罗斯根本利益的前提下，改进域外语言与文化在俄罗斯的传播方式。21 世纪初，俄罗斯颁布了三个重要的外语教育指导性政策文件，分别是俄罗斯教育部发布的《关于在普通教育机构中学习外语的函》（2000 年）、《普通教育国家教育标准（联邦部分）》（2004 年）以及《关于在普通教育系统中学习小语种的函》（2007 年）。有关外语教育政策的内容主要体现在以下几个方面。

① 雷丽平，李渤. 俄罗斯汉学的发展演变及其现实意义[J]. 东北亚论坛，2011，20（4）：112-122.

（一）明确了外语教学的基本理念和要求

语言教学的主要目的是培养学生的外语能力以及跨文化交流的能力。在具体实施方面，注重培养学生的五种能力，分别是语言交际能力、听说读写基本技能、社会文化能力、代偿能力（在缺少语言手段情况下的应对能力）以及认知能力，从而使学生意识到学习外语、用外语进行沟通是自我实现和适应社会的一种手段。除此之外，还要进行爱国的公民教育，增强民族意识，以及对不同种族、不同文化之间的相互了解。

（二）遵循语言多样化原则，大力发展双语和多语种外语教学

由于地缘政治和社会经济等客观因素的影响，俄罗斯等国家的中小学英语课程的开设情况有扩大的趋势。俄罗斯外语教育政策认为所有的语言是一样重要的，这为俄罗斯开展双语教学和多语教学创造了必要条件。在语言多样性理念的指导下，考虑到社会、经济、文化的历史和民族文化的实际情况，俄罗斯针对中小学开设了欧洲语种的课程，也开办了与其相邻的国家的语种的教学活动，包括汉语、日语、波兰语、保加利亚语、芬兰语、瑞典语、挪威语等。俄罗斯的许多教育机构以普通教育大纲为指导，通常开设四种语言课程：英语、德语、法语和西班牙语。但是 20 世纪 90 年代起，俄罗斯中小学对于一些没有开设课程的小语种需求很大，例如意大利语等。2006 年，俄罗斯在联邦教育专项发展规划框架内，制定了普通教育机构相关小语种教学示范大纲。

俄罗斯中小学开设的外语课程多种多样，一般来说，主要有三种类型的外语可供选择，一是俄语的同源语，比如塞尔维亚语；二是在语法结构上与俄语类似的语言，比如属于罗曼语族、日耳曼语族等的大部分欧洲语言；三是其他外语，比如汉语、日语等。

（三）倡导教育多元化理念，采用灵活的双语和多语种组合教学模式

俄罗斯地域辽阔，每个地区都有自己特定的社会经济环境，相应地，在外语需求方面也体现出区域特色，例如，俄罗斯加里宁格勒州、乌拉尔山脉和伏尔加河中部地区通过设立合资企业的形式，与德国保持着密切经济合作关系，这就要求生活在该地区的专业技术人员要学会德语，才能争取到工作机会。每个地区的学校都有自己的实际情况，多数学校采用一门外语搭配除该门外语以外

的一门小语种。由于考虑到地区和俄罗斯学校的实际情况，在大多数情况下，政府建议人们第一外语可选择英语，第二语言可选任意一种欧洲国家语言或者一种与俄罗斯相邻国家的语言。

目前，俄罗斯主要有五种中小学外语语种教学组合模式，分别为：①英语（一外）+德语（二外）；②英语（一外）+法语（二外）；③德语（一外）+英语（二外）；④法语（一外）+英语（二外）；⑤西班牙语（一外）+英语（二外）。从几年级开始学习第二语言取决于学校的安排。有的学校很早就开始第一外语教学，在五年级就开始了第二外语教学；有些学校从五年级开始第一外语教学，七年级开始第二外语教学。有些第二外语开设得较晚的学校会从八年级或者十年级才开始，但它们每周会增加学时，如每周安排 4 学时。第二外语在不同类型的小学和中学的必修或选修课开设，并不局限于外语特色学校或外语学校。

（四）实施了俄罗斯国家外语教学大纲和教育标准

1. 普通教育外语教育标准

俄罗斯政府颁布的《普通教育国家教育标准（联邦部分）》对全俄罗斯的教育机构都具有约束力，其中有些部分更是要求强制执行，比如在教学的课时和学时安排、教学大纲以及人才培养标准等方面。2004 年修订的标准对普通教育阶段的外语教育进行了明确的规定，即俄罗斯普通小学生从二年级开始学习外语，并将外语与俄语同时列入“语言与文学”课程板块。[①] 在外语课时的安排上，规定二到四年级每周 2 课时，中等普通教育（基础级）阶段每周 3 课时，中等普通教育（专长级）阶段每周 6 课时。

2. 高等教育外语教育标准

俄罗斯高等教育阶段的外语教育主要参照 2000 年颁布的《非语言专业高校外语课程示范教学大纲》（简称《大纲》）。在外语教学方面，《大纲》强调各高校教学要分阶段进行，其中大学第一学期、第二学期和第三学期是大学的第一阶段教学，一共有 170 学时，这是强制性的学习课时。每课时都相应要求学生有一定课外个人自学时数，在第三学期举行笔试和口试，通过方为合格。第二、三阶段为自愿学习阶段，如果要开始第二阶段的外语学习，必须通过测试，

① 《俄罗斯联邦教育法》将普通教育系统划分为初等普通教育（全日制学校一至四年级）、基础普通教育（全日制学校五至九年级）和中等（完全）普通教育（全日制学校十至十一年级），分别相当于我国基础教育阶段的小学、初中和高中。

第二阶段的外语学习课时为 200 课时，第四学期每周是 6 学时，第五学期每周 2 学时。第二阶段结束（在第五学期结束时）后，通过笔试和口试后可获得翻译证书。大学第三阶段（第六学期和第七学期）开始分方向进行教学，每周学习 2 课时。

3. 研究生外语教育标准

俄罗斯研究生[①]外语教育标准主要依据 2000 年俄罗斯教育部颁布的《大学后职业教育各学科国家教育标准模型》和 2002 年批准的《大学后职业教育各学科基本教育大纲暂行规定》。对副博士学位研究生的外语水平的要求，主要是以下几项：一是能够阅读外文文献并理解其内容；二是能用外语撰写相关研究报告；三是能翻译至少 150 页的外文文献；四是能熟练使用外语做学术报告。在外语考试方面，主要考查学生的翻译、阅读和写作能力，其中翻译题一般是将外语翻译成俄语，阅读题一般为 200 字的短文阅读，写作题则主要考查学生的论述和语言组织能力。[②]

三、俄罗斯汉语教育发展现状

（一）孔子学院汉语教育在俄罗斯的发展现状

1. 孔子学院汉语教育现状与存在的问题

孔子学院作为中国与世界上其他国家进行语言文化的交流平台，以及中国与世界各国人民建立友谊的桥梁，在传播中华文化以及促进国外增进对中国的了解等方面发挥了积极的作用。随着中俄关系的进一步发展，俄罗斯在兴办孔子学院以及发展汉语教育等方面都表现出了积极的态度，自 2006 年俄罗斯第一所孔子学院——俄罗斯远东国立大学（现合并至远东联邦大学）孔子学院设立开始，俄罗斯孔子学院就如雨后春笋般迅速发展。

根据孔子学院官网的统计消息，截至 2022 年 5 月，我国已经在俄罗斯建立了 19 所孔子学院，如表 4-8 所示。截至 2022 年 10 月，约 2.2 万俄大学生在 142 个俄罗斯高校学习汉语。从地区分布上来看俄罗斯的孔子学院和课堂大部分位于俄罗斯疆域中属于欧洲大陆的部分，这样的分布与俄罗斯的人口的分布有很大关系，不在欧洲部分的俄罗斯人口只占俄罗斯总人口的 1/5。再者，从边境线上来看，俄罗

① 俄罗斯的“研究生”指副博士学位研究生，其科学副博士学位相当于我国的博士学位。

② 王森. 俄罗斯副博士学位研究生培养环节探微[J]. 继续教育研究，2012（5）：173-176.

斯与中国有着漫长的边境线，两国间边境贸易的繁荣，也在一定程度上推动了汉语在俄罗斯的传播。

表 4-8　俄罗斯孔子学院信息表

序号	学院名称	序号	学院名称
1	远东联邦大学孔子学院	11	俄罗斯国立人文大学孔子学院
2	莫斯科大学孔子学院	12	莫斯科国立语言大学孔子学院
3	梁赞国立大学孔子学院	13	阿穆尔国立人文师范大学孔子学院
4	圣彼得堡大学孔子学院	14	伏尔加格勒国立社会师范大学孔子学院
5	伊尔库茨克国立大学孔子学院	15	新西伯利亚国立技术大学孔子学院
6	喀山联邦大学孔子学院	16	布拉戈维申斯克国立师范大学孔子学院
7	卡尔梅克国立大学孔子学院	17	托木斯克国立大学孔子学院
8	布里亚特国立大学孔子学院	18	下诺夫哥罗德国立语言大学孔子学院
9	乌拉尔联邦大学孔子学院	19	新西伯利亚国立大学孔子学院
10	克拉斯诺亚尔斯克阿斯塔菲耶夫国立师范大学孔子学院		

目前来看，俄罗斯人学习汉语的热情依然较高，俄罗斯孔子学院发展前景广阔，但也存在着一些问题需要引起我们的重视。第一，俄罗斯“汉语热”持续高涨，汉语教师师资却依然匮乏。目前俄罗斯的汉语师资主要来自中方供给，由于缺少本土化汉语教师，俄罗斯在汉语师资上尚不能自给自足。第二，俄罗斯汉语教师的教学能力还有待提高。众所周知，孔子学院大多数都是大学设立的，汉语教师在教授大学课程的同时，还要兼顾中小学的汉语教学任务。这样一来，教学任务更加繁忙，教学质量就无法保证。第三，俄罗斯各大学的汉语学习者使用的教材不统一，一些教材里面的词汇已经与中国当前的实际情况不相符；在教材选择上，我国台湾地区出版的教材受到了很多俄罗斯师生的喜爱，但是台湾地区出版的教材大多都是繁体字的，这就不利于推行简体字和普通话。另外，国家汉办提供的教材大部分是通用型教材，针对性不强，缺乏实用性。第四，俄罗斯的汉语教学课堂缺乏良好的语音实验室供学生们使用。尽管目前在俄罗斯中小学课堂中，多媒体教学设备的使用率有所提高，但是在给学生提供汉语口语表达、练习听说等方面依然存在教学环境和教学设备不支持的情况，一方面是由于班级人数的限制，另一方面则是由于相关教学资源的欠缺。第五，

俄罗斯汉语教学缺乏统一的教学大纲。莫斯科国立语言大学汉语教师、语文学副博士亚历山德拉·沙哈耶娃称，俄罗斯汉语教学存在的主要问题之一是缺乏统一的学校教学大纲，这导致学生的汉语水平存在较大差异，学习的汉语知识缺乏系统性。①

中华文化、汉语的对外传播是促进世界其他国家了解中国的一个有效途径。语言是文化的载体，学习语言是了解一种文化最直接的方式。所以，作为中国悠久历史文化资源的一部分，汉语的传播也向世界人民展示着中华文化的魅力。在俄罗斯孔子学院，学生不仅能学习汉语，还能通过各种具有中华文化特色的课程了解中华文化、感受中华文化的魅力。比如，俄罗斯远东联邦大学孔子学院开设有书法课、剪纸课、武术课、中医课等，这些特色课程的开设能很好地激起学生学习汉语、了解中国的兴趣，并且这些元素向他们展示了中华文化的独特魅力，这也会慢慢浸入他们的心灵，使他们觉得中国不再陌生。

对于大多数有丰富汉语教学经验和汉语言知识的对外汉语老师来说，在不同文化背景下有针对性地进行教学还是较难的，很难做到真正的"因材施教，有的放矢"。一是因为教学对象的非本土化，二是因为跨文化交际能力的欠缺。要想解决这一问题，培养俄罗斯本土汉语教师是关键，也是俄罗斯汉语教育能长远发展的基础。

此外，解决孔子学院师资缺口的另一方法就是增加国际汉语教师志愿者数量。汉语教师志愿者的缺点虽然很明显，如缺乏实战教学的经验，但是有一点我们应该承认，他们年轻且充满活力、敢于挑战，他们愿意为中华文化的传播贡献一己之力。另外出国前对汉语教师志愿者的培训和严格考核使他们也基本具备了在国外进行汉语教学的能力。在教材编写上，俄罗斯的汉语教材应该以俄罗斯的思维为主，符合俄罗斯的生活习惯，在此基础上编写符合俄罗斯国情又能满足俄罗斯汉语教育发展需求且具有中国特色的汉语学习教材。在国际汉语教师培养过程中，课程教材开发与设计更是必不可少的。

为了更好地推进汉语教育国际传播，相应的配套措施是必不可少的，如政策保障、专门的组织机构和专项资金的支持。在《国家中长期教育改革和发展规划纲要（2010—2020年）》中，特别强调了要加强文化的国际交流和合作，扩大教育的开放，增加中国政府奖学金数量，重点资助发展中国家学生，优化来华留学人员结构。实施来华留学预备教育，增加高等学校外语授课的学科专业，不断提高来华留学教育质量。2020年，教育部成立的中外语言交流合作中心也

① 人民政协网. 俄专家：俄罗斯学校需要统一的汉语教学大纲[EB/OL]. http://www.rmzxb.com.cn/c/2020-01-03/2497547.shtml?n2m=1，2020-01-03.

为汉语教育在俄罗斯的深入发展提供新的发展机遇，并一如既往地通过提供资金、师资、教材及其他项目等方式支持俄罗斯汉语教育发展。中国国际中文教育基金会全面负责孔子学院的品牌建设，促进孔子学院的转型升级。

汉语作为第二语言教学最主要的阵地就是我国在海外设立的孔子学院，也是最权威的机构。为了鼓励学生学习汉语，国家汉办设立了孔子学院奖学金，为那些学习成绩优异、通过了汉语水平考试，并且有强烈的意愿来中国深造的学生提供了强有力的支持。2014 年有新闻曾报道过一名来自俄罗斯的留学生述说了他在中国学习汉语的经历，他还曾担任上海世博会的志愿者。报道字里行间都透露出他对中国的喜爱和对中华文化的赞赏之情①，亲身体验到了中国的文化，使他对中国社会有了更深入的了解与感受。

2. 孔子学院在俄罗斯发展的内外部探析

（1）孔子学院在俄罗斯发展的内部建设状况

俄罗斯的孔子学院的状况与世界上其他的孔子学院状况差不多，都是以传播汉语为主。这也和俄罗斯的孔子学院从 2006 年创办到现在不过十余年的时间有一定的关系。孔子学院的教学模式就是国外高校与国内高校合作的办学模式，所以在师资上培养本土汉语教师的机制并不成熟，培养速度较慢。大部分孔子学院的老师还是以中方派出的志愿者或公派教师为主。虽然近年来在招聘海外汉语教师志愿者时也有海外留学生参与其中，但依然以国内派出为主。俄罗斯的孔子学院中的汉语教师大多是学习俄语专业的，但是从高校派出的老师有限，并且相比于学习英语专业的学生来说，俄语专业的学生相对较少，很难满足俄罗斯孔子学院的教师用人需求。

师资有限的话，也会制约课程的设置，许多有针对性的课程无法开设。比如说，中俄贸易不断增长，相应地对商贸汉语的需求量就在增加；针对俄罗斯寒冷天气导致的慢性病的中医治疗方法在俄罗斯很受欢迎，俄罗斯人觉得中医治疗安全健康，很多人希望可以学习汉语从而学习中医的知识。这些出于实用原则的课程设置是现在所缺少的。除此之外，有一些学生出于对中华文化的好奇，希望通过学习中文了解神秘的中华文化，比如茶艺等。但是有些汉语老师并不会展示这些文化知识，只在课堂上谈一些表面的内容，使得学生慢慢对中文不感兴趣，最后放弃学习汉语。

所以，课程设置与教师的素质是紧密关联的。我国对于外派的国际汉语教师

① 中国新闻网. 俄罗斯人上海沈阳体验南北差异 会说中文很美好[EB/OL]. https://www.chinanews.com.cn/hwjy/2014/02-24/5872829.shtml，2014-02-24.

的选拔要求是比较高的，非汉语国际教育专业的教师和对口专业的学生一样，都要参加选拔考试，都需要接受培训。但是，往往存在这样的问题，汉语知识水平高的教师外语水平可能并不高，而外语水平高的教师大多数是本土教师，其汉语知识储备可能相对较弱。中华才艺突出的老师可能要么国学修养不够，要么外语或者汉语知识水平不达标等，这些问题是长期存在的，并且都在影响着孔子学院的高素质师资队伍的建设与发展。

（2）孔子学院在俄罗斯发展的外部生存环境

2000 年以后，中俄两国的关系不断升温，两国的贸易额也不断增加。两国每年都有高层的定期会晤，并且在旅游、经贸等领域也合作密切。比如两国经常举办旅游年、文化年等交流活动，并且开展夏令营、冬令营等活动促进两国青少年间的交流。可以说，中国和俄罗斯外交关系的持续、稳定发展为俄罗斯孔子学院的发展创造了条件，也为汉语在俄罗斯的传播提供了沃土。

虽然孔子学院才走过了 10 多个春秋，也可以算是新生事物，但我们非常有理由相信新生事物有着它自己强大的生命力，走过的 10 多年只不过是万里长征的一小步。然而，当前逆全球化、世界公共突发事件等加剧了世界的不稳定和各国之间彼此的不信任，由此孔子学院品牌建设也受到了一定的影响。俄罗斯孔子学院品牌建设依旧任重道远。

（二）大学的汉语教育现状

据统计，开设了汉语课程的俄罗斯大学共有 100 多所。全球范围的“汉语热”的兴起离不开中国经济的发展，当今中国的许多方面的成就都是举世瞩目的，所以汉语开始风靡全球，这些因素使俄罗斯政府及其民众产生对汉语的重视。因此，在这一大背景下俄罗斯的人民更有动力学习汉语的相关知识，有很多俄罗斯的年轻人将汉语作为他们重要的学习目标。

俄罗斯开设汉语课程的高校很多，由于高校自身办学特点存在差异，因此在汉语教学上的情况也不尽相同。接下来将以几所典型大学为例进行介绍，这些大学在汉语教学和科研上都具有悠久的历史和丰富的实践经验。

1. 莫斯科大学亚非学院汉语教育状况

莫斯科大学亚非学院是俄罗斯最早开始培养东方学人才的学府之一。在语言教育上，以学习东方语言为主，汉语便是其中一门重要的东方语言。亚非学院还设有汉语教研室（中文教研室），1956 年创设，其创始人是Л.Д.普兹德涅耶娃，1956—1959 年期间任职。之后的汉语教研室的主任有 A.П.罗格契夫（1969—1970 年任职，著名翻译家、文学理论家）、M.K.鲁闵采夫等。汉语教研室是教授现代汉语、中国语言文学和中国文学史的主要阵地，同时还是培养东方语言学家、文学家的基地。汉语教研室的学生不仅要熟练掌握现代汉语的听说读写能力，还要学习中国古代语言学知识，包括文言文等。除此之外，还要注重理论知识的学习，比如语言学理论。在教材使用方面，既有中国出版的汉语教材，也有教研室自己编写的汉语教材。教研室还肩负翻译中国文学作品的重任，由教研室主持翻译的许多文学作品已在俄罗斯出版发行。①

2. 远东国立大学汉语教育状况

远东国立大学是俄罗斯滨海边疆区第一所开展汉语人才培养工作的高校，其下设的东方系是该校汉语人才培养的主阵地，每年都有成百上千名俄罗斯学生在东方系学习汉语。东方系设有五个专业，分别是中国对外政策、中国语言与文化、中国经济、区域管理和跨文化交际以及中国历史。远东国立大学东方系非常注重汉语人才的培养，教学资源和教学条件丰富，有专门的汉语语音和汉语口语教研室、翻译教研室等。良好的汉语教学条件使该校在 1999 年便获得了汉语水平考试中心资格，并且在 2006 年开办了俄罗斯首家孔子学院。2011 年，远东国立大学与其他三校合并成为远东联邦大学。

3. 圣彼得堡大学汉语教育状况

圣彼得堡大学汉语教育历史悠久，从 1855 年至今已有 100 多年历史。在此期间，圣彼得堡大学汉语教育不断发展完善，为俄罗斯培养了大批优秀的汉语人才，它也成为俄罗斯重要的汉语人才培养基地。圣彼得堡大学进行汉语教学的机构和远东联邦大学一样，也是东方系，但在汉语教育内容和安排上却又有着自己的汉语办学特色，比如圣彼得堡大学注重对中国历史文化的研究，开设有商务汉语、宗教学、中国民族学等课程。

4. 伊尔库茨克国立语言大学汉语教育状况

伊尔库茨克国立语言大学也是俄罗斯汉语教学的一个重要场所，它于 1989 年开设汉语专业。该大学对于俄罗斯汉语教育最大的贡献在于它对汉语教材和工具书的编写。俄罗斯汉语教育史上第一部汉俄成语词典就是该校与我国东北师范大学合作编写完成的，此后，又相继出版了许多高质量的汉语工具书和汉语自编教材，受到了俄罗斯学习汉语的青少年的青睐。2014 年，伊尔库茨克国立语言大学

① 崔钰. 当代俄罗斯汉语教学现状[J]. 开封教育学院学报，2015，35（4）：138-139.

正式成为莫斯科国立语言大学在伊尔库茨克的分支，被称为莫斯科国立语言大学伊尔库茨克欧亚语言学院；2016年，莫斯科国立语言大学伊尔库茨克欧亚语言学院并入伊尔库茨克国立大学。

5. 赤塔的大学及赤塔地区汉语教育状况

后贝加尔地区东南部与中国接壤，因为地理原因，赤塔地区的汉语学习需求一直比较旺盛。该地区也有许多大学都开设了汉语课程，比如，赤塔大学法律学院国际信息系教研室、乌苏里斯克国立师范学院东方系、库尔斯克国立技术大学等。各个学校都有它们自己的特色，如赤塔师范大学外语系的特色是有专门的对外汉语教研室；赤塔大学法律学院国际信息系教研室的特色是用汉语进行国际关系、中国历史、中国地理的教学；乌苏里斯克国立师范学院东方系的特色是设立经济贸易与合作方面的课程；库尔斯克国立技术大学开展汉语与汉文化教学。这些大学由于邻近中国，对中国和中华文化都比较了解，而且由于该地区贸易合作的需要，经常可以与中国人交流。这在一定程度上为该地区的汉语教学提供了良好的汉语练习环境。除此之外，这些大学本身与中国高校开展了密切的合作，经常派遣本校汉语教师和汉语专业的学生赴中国学习交流。因此，无论是在教学理念还是教学方法等方面都能得到很好的指导和帮助，在一定程度上促进了当地汉语教育的繁荣发展。

（三）中小学的汉语教育现状

凡是沟通必定需要语言，而中俄两国的交流不仅是在经济政治上，也有文化交流，所以共通的语言是必不可少的。这就对俄罗斯的汉语教学提出了更高的要求，尤其是位于中俄边境的城市，两国的交往更频繁，汉语教学更应该被重视。现在，越来越多的学校开始注重汉语教学，汉语课开设的年级越来越向低年级发展；有少数地区正在改革实行12年普通教育试点。[①]

莫斯科和圣彼得堡的中小学让汉语走进课堂，并从二年级开始就开设强化汉语课程，从四年级起，历史、地理和文学课则改为中文教学。这些中小学与高校建立了联系，许多学生毕业后直接报考中文或中文相关专业。据统计，2018年莫斯科市的1364所学校中有5%的学校，大概69所将汉语课作为必修课或者选修课。并且还有168家汉语教学机构在教汉语。大约有1.7万名学生，其中包括3000多名高年级学生在学习汉语。

① 安娜（Falina Anna）. 俄罗斯共青城小学汉语教学调查研究[D]. 哈尔滨：哈尔滨师范大学，2016：66.

四、俄罗斯汉语教育发展策略

（一）良好的国际关系促进汉语教育发展

中俄两国的语言文化交流历史悠久，最早可追溯到17—18世纪。从近现代的脉络来说，汉语教育在俄罗斯的发展经历了由“热”到“冷”再到“热”的变化，这也与中俄关系的变化有关。自1989年中苏关系正常化开始，苏联（1991年解体，俄罗斯为唯一继承国）的汉语教育也开始逐渐步入正轨。[①]汉语教育和研究在俄罗斯受到了很大的重视，文化的交流为中俄两国各领域输送了很多优秀人才，两国友好的政治关系促进了两国的人才交流与培养，给两国关系奠定了良好的人文基础。

语言的发展离不开政府或者说政策的支持，汉语在俄罗斯的传播与俄罗斯政府是紧密相关的，政治上的支持给汉语在俄罗斯的传播提供了较好的土壤。谢尔盖·拉佐夫曾作为俄罗斯驻华大使，他表达过这样的观点，即俄罗斯掀起了“汉语热”，希望更多的俄罗斯人学习汉语了解中国、了解中华文化。中俄关系源远流长，中俄贸易水平也在逐年攀升，学习汉语变成了时尚的事情。[②]随着未来两国合作的深入开展，不论是在政治、经济还是人文交流方面都需要越来越多的汉语人才，因此俄罗斯的汉语发展应在师资培养、两国合作办学、教学资源开发等方面加紧努力。

近年来，中国的市场飞速发展，人口不断增长，经济活动领域不断拓展。而且，中国还是俄罗斯的战略合作伙伴，因此有越来越多的俄罗斯大公司在政策的支持下积极聘用汉语人才为本国经济建设添砖加瓦。中国方面也积极与俄罗斯的地方政府、大学、中学等展开合作，支持汉语在俄罗斯的普及和发展。

（二）汉语国际人才需求推动汉语教育发展

经济基础决定上层建筑，国与国之间最基础、最根本的往来便是经济交流。当前，中国经济发展迅速，对外贸易互动也较为频繁，掌握汉语对其他国家来说是与中国建立良好贸易合作的必然前提与要求，这就对汉语国际人才提出了要求。汉语国际人才不仅填补了俄罗斯对汉语人才的需求，也进一步推动了中俄政治、经济、外交和教育文化的发展。

当前，汉语教师、中文导游者和汉语翻译者是俄罗斯三种比较抢手的人才。

① 崔钰. 当代俄罗斯汉语教学现状[J]. 开封教育学院学报，2015，35（4）：138-139.

② 王丽雅. 对外汉语教学在海外开展的现状分析：基于《中国文化印象调查》数据的分析[J]. 教育科学，2013，29（3）：49-52.

汉语在俄罗斯变得越来越热的原因，俄罗斯汉学界的权威人士季塔连科分析称，中俄的战略合作伙伴关系使得中俄在政治、经济、文化等方面的交流增多，也促进了俄罗斯民众对中华文化的向往，使得他们比之前任何时候都愿意了解中华文化。从 1990 年开始中苏（俄）的贸易旅游等方面兴起，汉语翻译人才的需求开始增加，很多公司开始了“抢人大战”，会说汉语的俄罗斯人自然在就业市场上很受欢迎，并且其收入水平都很可观。[①]

（三）孔子学院为汉语教育发展提供平台

孔子学院在俄罗斯的建立符合俄罗斯民众对汉语人才的需求。孔子学院作为中国与世界上其他国家语言文化的交流平台以及中国与世界各国人民建立友谊的桥梁，在推进汉语海外传播方面发挥着重要的作用。与此同时，它也是汉语教师培训和汉语水平考试、中小学生汉语考试（YCT）这些汉语考试的官方机构，同时孔子学院也承担着传播中华文化的任务。这些汉语教学点多数由俄罗斯政府投资，也有部分资金来源于俄罗斯的华人与华侨，在孔子学院与孔子课堂的汉语教学者包括本国学习汉语的人，还包括不少国家汉办派遣的汉语教师志愿者，这些汉语的施教者都为汉语在俄罗斯发展贡献了一份力量。

（四）持续推进汉语教育特色化和创新性发展

从数量上看俄罗斯的孔子学院还是取得了一定的成绩，但是对于俄罗斯这个地域广阔、拥有 1.46 亿人口的国家来说，19 所孔子学院（来自国家汉办 2020 年 2 月的数据）并不能满足俄罗斯人对汉语的需求。此外，俄罗斯的汉语教学中运用的教材较为单一且陈旧，很多是 20 世纪 80 年代的材料，并不利于俄罗斯的汉语学习者了解当下的中国现状；还有一部分汉语教学材料是中国台湾出版的，多为繁体字。[②]这都需要及时更新信息，不断推进俄罗斯汉语教育改革与创新。

发展是硬道理。为了今后俄罗斯汉语教育能够更加长远地发展，必须克服现有困难，实施可持续发展策略。

1. 采取循环性发展策略

（1）教材采取循环性发展的措施有效地解决了教材短缺的问题。大部分孔子学院主要靠国家汉办赠书，所以一般是采取把教材在学期开始时借给学生，学期

---

① 储诚意. 俄罗斯语言的现状与发展前景[J]. 中国俄语教学，1999（3）：49-52.

② 伊拉（Kaminskaia Irina）. 俄罗斯远东地区汉语教学现状调查报告[D]. 哈尔滨：哈尔滨师范大学，2015：41.

末再还回来这种方法使得教材循环利用。这种做法可以减少学生在纸张价格较贵的俄罗斯学习汉语的成本，也可以提高教材的利用率。

（2）俄罗斯孔子学院采用的“走出去”的原则解决了汉语教室硬件差和数量少的问题。“走出去”是指在当地满足开设汉语课条件的中学设立汉语中心，使用当地中学的教室，利用当地中学的充足资源发展汉语，同时这样也很大程度上保证了学习汉语的生源。

（3）针对汉语教师师资缺乏的问题，俄罗斯的孔子学院对俄罗斯本土的汉语老师定期进行培训。这个方法效果显著，也得到了俄罗斯本土教师的认可。

2. 采取特色化发展策略

根据本土需求，将中华文化与本土文化综合考虑，开发和设计适合本土汉语传播的特色课程是孔子学院改进汉语国际传播的一大做法。对此，特色化发展孔子学院的课程，除了孔子学院现有的汉语课和文化课，增加中华才艺的主干课程，比如书法、剪纸、茶艺、乐器等特色课程是必要的。

3. 采取创新性发展策略

俄罗斯孔子学院致力于开发新的汉语教材，在国家汉办的支持下，结合当地的需求与实际情况，与当地汉语教育专家合作编写汉语教材。除此之外，在教材的设计上还应结合不同年龄段学生的学习特点，编写适合不同年龄段学生的学习材料，既要使汉语教材具有系统性与科学性，又要具有针对性，形成适合俄罗斯汉语教学特点的特色化教材。除了在教材编写方面，在文化传播策略方面俄罗斯大学孔子学院也应有所创新。目前俄罗斯大学孔子学院在文化传播方面主要依赖中国传统的武术、剪纸、书法等课程进行，许多学生一开始可能会感到很新奇，但在课程趣味性不足、挑战性不够的情况下，久而久之，学生也可能会失去兴趣。因此，在文化传播方面，更重要的是让学生自己去体会、自己去感知，比如可以多举行一些文化交流活动，让学生自己来中国感受中华文化的魅力，除此之外，通过举办类似“汉语桥”等比赛活动，让学生能更加投入汉语学习过程中，体验汉语和中华文化。

五、俄罗斯汉语教育发展特色

（一）汉学研究历史悠久且发展平稳

早在 13 世纪，中俄两国的人民就有了接触。16 世纪，中国正处于鼎盛时期，那时俄国也开始往中亚草原及西伯利亚地区这些人烟稀少的地方扩张。17 世纪，为了与中国打交道，俄国派出彼特林使团来中国，后又有使节来中国进行交流，这形成了俄罗斯汉学的萌芽。这一阶段均是俄罗斯了解中华文化的积累时期，还未形成系统的汉学研究。

1715 年沙皇彼得一世征得康熙皇帝的同意向中国派出东正教传教士，他们的任务之一就是向中国学习汉文、满文、蒙古文，以便对中国的历史文化还有宗教进行研究，这对俄国的政治和商业利益起到了促进作用，传教士使团每十年轮换一次，到 1917 年俄国共向中国派遣了 18 届使团。18 世纪初，俄罗斯的科学院与清政府达成了合作，先后四次设立满汉语翻译学校，并在此期间出版了许多有价值的汉语教材，这在一定程度上为俄罗斯汉语的发展奠定了基础。20 世纪下半叶以后，俄罗斯汉语教育的发展随着苏联解体、俄罗斯继承经历了繁荣、迟缓与改革几个阶段，但总的来说，汉语教育仍然随着世界教育现代化运动的兴起而呈现出现代化特征。这一时期虽然遇到了很多的问题，但是俄罗斯汉学的发展并未停止。① 从苏德战争开始到结束这一时期，苏联正在进行改革和发展，因此这一时期的汉学研究是出于从中国的历史经验中寻找革命的曙光和出路。苏联汉学家在这一时期也偏重对中国的革命运动、中国文学及历史等的研究。到苏德战争结束，汉学迎来了新的发展时期，这一时期大量有学术价值的论文的译著层出不穷，鲁迅、茅盾、巴金、叶圣陶的作品都有了译本，这在苏联掀起了又一次的“汉语热”。进入 21 世纪后，由于俄罗斯与中国关系升温，两国间经济贸易的密切合作也使越来越多的俄罗斯人对中国产生了极大的兴趣，为了便于普通大众了解中华文化，俄罗斯也相继出版了许多大众读物，供人们阅读和交流，这推动了民众化汉学的发展。时至今日，中俄两国交好，俄罗斯的汉语教育也在不断发展壮大。②

综观俄罗斯外语教学的特点，我们可以发现其外语学习只是对该国家政治历史文化进行学习的一个手段，并且俄罗斯的汉语专业的学生专业意识很强，比如圣彼得堡大学东方系汉语专业的学生不会说自己的专业是汉语，而是会根据自己的专业方向说自己是中国历史专业的、中国经济专业的等。这样就可以把专业和汉语紧密联系在一起，提高了汉语的使用率，将语言与学术研究相联系，以便能够成为某一领域的汉语专业人才，为俄罗斯汉学研究培养了大量的后备人才。

---

① 王治理. 早期对俄汉语教学与俄罗斯的汉语教学[J]. 海外华文教育，2003（2）：64-68.

② 雷丽平，李渤. 俄罗斯汉学的发展演变及其现实意义[J]. 东北亚论坛，2011，20（4）：112-122.

（二）注重语言的实用性，淡化等级考试和证书

俄罗斯的汉语教学把训练学生的听说能力和交际能力放在首位，课堂上对这方面投入了大量的时间，也设计了许多操练环节。俄罗斯的外语考试一般都是在本校完成，没有全国统一的形式，以检测外语能力为主，检查所学的单词语法等，也注重考查目的与国家的国情文化知识，也有阅读文学作品总结出文章内容或者作者态度的题目，包括口试和笔试两种形式。各高校可以结合自己学校的特点，来规定各自考核的内容，并根据测试的结果进行教学安排方面的调整。

（三）政府政策支持及教育界积极参与

中俄两国关系的稳定发展为两国人民友好交流奠定了基础。随着两国在经贸、旅游、教育等领域的合作不断深入，俄罗斯人对拥有五千多年中华文化的中国充满了好奇与向往。汉语是他们了解中国和中华文化的重要工具，越来越多的俄罗斯人加入了汉语学习的大家庭。对于汉语在俄罗斯发展呈现的良好态势，俄罗斯政府也给予了积极的支持，对于汉语教学的普及也给予了高度重视，两国政府还签订了专门支持汉语和俄语教学的协议。2007 年 2 月 1 日在克里姆林宫举行的记者招待会上，俄罗斯总统普京用汉语向中国记者打招呼，在 3 月底的“中国年”开幕仪式上，普京总统用“同声相应、同气相求”来形容中俄关系，这些都成为俄罗斯“汉语热”的加温器。俄罗斯前总理德米特里·梅德韦杰夫建议年轻人不仅可以学习英语，还可以学汉语，汉语对年轻人在未来取得成功大有裨益。

近两年来，随着新时代中俄全面战略协作伙伴关系日益深入发展，俄罗斯对中俄“国家年”活动的支持力度也大幅提升，“莫斯科校际汉语比赛”等活动不断展开，俄罗斯的“汉语热”和中国的“俄语热”都在升温，相互到对方国家学习语言的人数骤增。据不完全统计，莫斯科已有 9 所中小学从二年级开始就开设汉语课程，从四年级开始，历史、地理和文学课则全部用中文教学。俄罗斯许多家庭开始为子女聘请汉语家庭教师，他们开始将新的商业目光瞄准中国。

同时，汉语正在悄然成为俄罗斯中学的普通课程。除中学汉语课程外，俄罗斯大学也喜欢设立汉语选修课。除孔子学院、中国文化中心这类官方汉语教学机构外，如雨后春笋般生长起来的私立中文教育机构也是喜欢中华文化的俄罗斯人的选择。

（四）华人华侨的呼吁及社会团体的推动

由于中俄建交多年，且两国关系良好，不少华人加入俄罗斯国籍并且在俄长

期居住。华人华侨对俄罗斯的发展起到了良好的促进作用，且他们受中华文化影响颇深，在俄罗斯他们也为汉语能够更好传播贡献了一份力量。同时，孔子学院在俄罗斯的发展为中俄汉语教育交流与合作提供了重要的平台，也为华人华侨提供了交流的载体。此外，全俄华侨联合会、俄罗斯联邦圣彼得堡华侨华人协会、莫斯科华侨华人联合会等社团组织对俄罗斯汉语教育的内外部影响，也在一定程度上推动了汉语教育发展。

（五）加强汉语的工具性与系统学习性的耦合效应

列宁在《论民族自决权》一文中曾提出语言是人类最重要的交际工具，这揭示了语言的工具属性。对于俄罗斯汉语学习者来说，他们学习汉语的主要目的便是方便与中国人交流，汉语是他们与中国人进行交际的重要工具。俄语作为他们的母语，便不仅仅是作为交际工具，还包含着一种民族情感、民族认同感。任何一种语言，只有当它能够满足人们越来越复杂的要求时，它才能显示出旺盛的生命力，这就体现在语言习得的工具性与交际性上。

汉语的学习需要一个过程，相对于英语、法语、西班牙语等语言来说，俄罗斯人学习汉语的困难更大，对于俄罗斯人来说学习汉语最大的挑战是整个语言系统不一样，语言思维习惯也不一样，在听说读写的具体要求上也与本土的俄语有很大的出入。我们常说汉语是一种表意文字，即文字表达的是意思，而不是发音。与此相反，俄语是表音文字，这就给俄罗斯人识认汉字造成了一定的困难，因为汉语不能像英语那样根据发音来拼写、识认。同时，汉字的拼写一直以来都是对外汉语教学界的一大难题。首先，汉字笔画较多，不同于俄语的书写规则。其次，大多数汉字拼写与其本身意义毫无关联，学生在记忆时很难将汉字与其意思结合起来，容易遗忘。[①]在中国的教育体制下，幼儿园、小学、初中、高中乃至大学都需要对汉语进行系统的学习，这才能保证具有“螺旋式”的上升，这也直接证明汉字在书写、识认上都需要一个日积月累的过程，主要原因是汉语的音与形是两个分离的系统。但是，当下中俄关系发展迅猛，对汉语需求的迫切性与汉语学习的长期性之间矛盾尖锐，因此俄罗斯的汉语学习者才更多地把学习汉语的精力放在口语上，这也就造成了俄罗斯的汉语学习者能说不会写，他们也更加倾向于“说”汉语，把它作为一个社交的工具，而对其写法、深度含义不予深究。因此，汉语的工具性和系统学习性的耦合效应不够。2019 年，俄罗斯首次把汉语科目纳入“俄罗斯高考”中。学生可以选择汉语作为考试科

① 王勇. 中俄文化差异与对俄汉语教学[J]. 学理论，2009（8）：148-149.

目，这有助于激发汉语学习者深化汉语的系统学习。

在俄罗斯，汉语教学从小学到大学虽然均以综合课的形式出现，即要求汉语学习者具有听说读写的能力，但是由于受到师资力量不足、教学设备匮乏、教材种类单一等现状问题的影响，听和说的能力得到了培养，读和写的能力仍然不能跟上。俄罗斯教育界也认识到了这一现状并积极应对，这也使得俄罗斯的汉语教学有望得到系统发展而不至于产生可预见的“木桶效应”。可见，汉语的工具性和系统学习性的耦合效应依旧需要进一步加强。

第四节　澳大利亚汉语教育发展研究

澳大利亚是一个由移民组成的多元文化特色鲜明的国家。自 19 世纪的“淘金热”起，华人在澳大利亚的人口已经占据了很大的比例。随着日后排华法案的取消、开明政策的实施，来澳华人数量突飞猛进，在这种情形下，中澳友好的关系也逐步建立起来，并且得到了持续的发展。澳大利亚将学习亚洲语言尤其是汉语作为全澳的一项重要的战略。早在 20 世纪初，澳大利亚政府就已经重视对汉语以及其他语言的学习和交流。2007 年，澳大利亚总理陆克文再三强调促进亚洲语言传播的重要性，副总理吉拉德也曾在会上指出，澳大利亚年轻一代应具备与其他国家进行交流的知识技能，并且政府应努力提供这方面的帮助。提升汉语教学的广度和质量成为澳大利亚本国优先发展的战略，这是澳大利亚联邦政府、州政府、商界领袖、教育工作者、家长和学生的共同诉求与目标。[①]疫情影响下，中澳外交关系的变化情况也对汉语国际传播产生了很大的影响。

一、澳大利亚汉语教育发展背景

（一）政治因素

“民族的拼盘”是澳大利亚的别称，为什么呢？显而易见，是因为澳大利亚是由许多移民组成的移民国家，约有 140 个民族聚居在澳大利亚谋生存。由于澳大利亚 1/5 的移民及后裔均来自非英语国家，澳大利亚政府意识到非英语教育的重要性，

① Orton J. Chinese Language Education in Australian Schools[D]. Melbourne: The University of Melbourne，2008: 118.

着力提升除英语以外其他语言的地位。多元文化是20世纪70年代以来澳大利亚一直奉行的政策，而这种多元文化的政治上的政策也逐步反映到了语言教育的政策上。多元文化体现在澳大利亚鼓励学校的课程设置上，鼓励不管是说英语还是不说英语的学生都能理解和尊重彼此的文化。

（二）经济因素

随着改革开放，中国的综合国力稳步提升，逐步成为世界局势中的中流砥柱，也引发了世界人民想要了解中华文化和社会的兴趣，并且掀起了"中国热"。2009年以来中国是澳大利亚最大的贸易伙伴，澳大利亚也有越来越多的中国移民，澳大利亚对于汉语的需求可以说是有增无减。

由于中澳关系的持续发展，中国在澳大利亚的企业越来越多，中澳贸易形成了非常强的互补性，特别是改革开放后的中国成为澳大利亚出口产品的巨大市场。中国巨大的投资市场和消费市场，吸引了澳大利亚与中国建立深层联系。

2008年，澳大利亚学校的汉语教育报告开篇就极大地肯定了澳大利亚与中国的密切联系，将中澳关系视为关乎澳大利亚发展命脉的重要方面。[①]澳大利亚与中国经济贸易发展的需求也反映在对中国文化的学习上。

（三）历史因素

自19世纪中叶起，澳大利亚已经有很大一部分居民是华人，这些华人为了传承中华文化，开办了零星的华文学校。[②]虽然在白澳政策期间，华文教育的发展举步维艰，但是在一些重要人物比如叶炳南、叶同贵等优秀华侨的领导下，华裔子女得到了一定的教育，中华文化的发展从那个时候开始，逐步萌芽。

1980年以后由于澳大利亚宽松的移民政策，越来越多的华人选择移民澳大利亚，导致了澳大利亚的华人人口快速上升。《澳洲日报》曾于2014年12月报道称，在过去的17年内，中国在澳大利亚的出生人口数量不断上涨，英国、新西兰位居第一和第二，中国排名第三。同时，中国的移民数量也排名第三，第一和第二分别是新西兰和印度。这17年来，中国的移民数量已经高于印度和越南，达到42.7万

① Orton J. Chinese Language Education in Australian Schools[D]. Melbourne：The University of Melbourne，2008：67.

② Joseph Lo Bianco，刘国强. 澳大利亚的语言政策与中文教学生态环境[J]. 世界汉语教学，2007（3）：120-131，4.

人。[①] 澳大利亚社会成员构成的重要成分之一是华人，在多元文化背景下，对于汉语的教育有着很大的影响。

（四）文化因素

在澳大利亚，熟练地掌握一门外语是基础教育的主要教学目标之一，这主要是受到新时期多元文化的影响。《国家语言政策》是澳大利亚政府在 1987 年颁发的，这个政策的影响力至今也是巨大的，该政策的颁布使得澳大利亚积极发展语言教学。由于澳大利亚是一个典型的移民国家，社会人口构成和背景的多元化，造就了澳大利亚语言文化的多样性。这种多元文化的潮流使得澳大利亚的国民有一种海纳百川、包容万象的宽容的文化态度，通过对他国的文化的包容和学习，开拓视野。正是这种对文化包容的价值观取向，使得澳大利亚的语言教育一直都有着比较开明的政策和系统的发展环境。

此外，特殊传媒服务也是政府关注的，特殊传媒服务是非英语背景的人群获得信息的一个重要渠道，这体现了真正意义上的多元文化传播。比如特殊广播服务电视，通过节目的内容和事件的叙述反映并传播着澳大利亚社会的多元文化特征，持续着这个政策的影响力。

二、澳大利亚汉语教育政策发展

澳大利亚基于国内外不同时期的实际情况，不断调整本国的语言政策，从而促进本国持续性的发展。关于澳大利亚汉语教育的政策演变大致经历了以下三个阶段。

（一）边缘化的汉语教育

《移民限制法案》即澳大利亚的白澳政策，是 1901 年颁布的。[②]这个政策其实就是一个排华法案，在这个政策实行之后的 40 多年，黄种人在澳大利亚受到了歧视，在这一政策背景下，中国人移民澳大利亚变得更加困难，中文教育在澳大利亚中小学的传播也受到限制，但是在高等教育上有了初步的发展。1939 年墨尔本大学、悉尼大学以及邓特伦皇家军事学院开设了汉语课程。[③]政

① 人民日报海外版. 澳大利亚支持华教发展 华文学校须适应教学实际[EB/OL]. http://www.gqb.gov.cn/news/2015/0113/34820.shtml，2015-01-13.

② 孙浩良. 澳大利亚华文教育的历史和现状[J]. 海外华文教育，2002（3）：69-73.

③ 杨蔓. 澳大利亚华文教师研究[J]. 云南师范大学学报（对外汉语教学与研究版），2010，8（5）：89-92.

策一直延续到 1972 年中澳建交后才被废除，开始从狭隘保守的政策走向更加开放灵活的多元文化政策。

20 世纪 70 年代后，澳大利亚推行“公正、平等、正义、宽容”原则下的多元文化政策，使得国内的各个民族可以和平共处，享受到澳大利亚宪法保护的受教育权。外语教育受到政府的重视，开始取得进一步的发展。惠特拉姆政府内阁上任后，首先将移民的语言教育政策等问题列入议事日程，把实行多元文化语言政策作为为移民服务的重要内容之一。

（二）与他语共存的汉语教育

1984 年，澳大利亚参议院首次提出了“非英语”的概念，用来指代除英语之外的其他通用语言。①并对澳大利亚的各种语言地位的规划提出了明确的指导，初步确立了英语与其他语言的地位。澳大利亚政府于 1987 年颁发了第一部官方语言政策——《国家语言政策》，它的公布终止了澳大利亚社会的单一语言的历史。②这项正式的、综合性的《国家语言政策》被认为是澳大利亚语言教育中最有影响力的文件之一，它对澳大利亚的语言教育产生了重要影响。

政策颁布以来，澳大利亚政府十分关注教育系统中非英语语言的学习，特别是亚洲语言。自此，澳大利亚的汉语教育开始步入正轨，并相继颁发了旨在促进澳大利亚汉语教育的文件，比如《澳大利亚国家课程大纲：中文》（Chinese-Australian Curriculum），该项文件规定了澳大利亚中小学汉语教育的课程大纲，并设计了一整套教学资料。③这一时期汉语教育发展的重大特点是，中小学汉语课程有了课程大纲，各州小学根据课程大纲积极开设汉语课程，开设汉语课程的大学也迅速增加。截至 1988 年，已经有 16 所大学开设汉语课程。

1991 年，《澳大利亚的语言：澳大利亚语言与读写能力政策》（Australia's Language：the Australian Language and Literacy Policy）规定每州要从汉语、阿拉伯语、法语等 14 种语言中选出 8 种作为州核心语言。②此政策同样确认英语作为澳大利亚官方语言的地位，同时也强调非英语语言可以增进澳大利亚社会的知识水平和文化活力。1994 年，澳大利亚政府公布报告《亚洲语言和澳大利亚的经济未来》，这份报告建议在小学阶段开始学习日语、汉语、印度尼西亚语和韩语。③

---

① 谢倩. 外语教育政策的国际比较研究[D]. 上海：华东师范大学，2011：175.

② 陈弘. 澳大利亚的语言教育政策和双语教育实践研究[J]. 外语教学理论与实践，2014（4）：55-59，5.

③ 张玉喆，陈申. 澳大利亚的中文教育环境及专项中文教师培训项目个案分析[J]. 华文教学与研究，2014(2)：28-36.

在多元文化背景下，澳大利亚对汉语教育的态度由排斥逐渐走向开放包容，将汉语作为核心语言之一，政策上的调整为中小学以及大学的汉语教育提供了宏观上的指导，尤其是政府颁发了《澳大利亚国家课程大纲：中文》，对于中小学的汉语教育开始有了一个明确的方向。

（三）步入正式课堂的汉语教育

“国家学校亚洲语言学习计划”（National Asian Languages and Studies in Schools Program，NALSSP）政策是澳大利亚政府2008年公布的，其内容包括政府将在未来四年中为汉语、印度尼西亚语、日语、韩语四个语种提供6212万澳元，提供给相关的学校。经费大多由各州政府自己支配，可以用于教师的培训或转岗的开支，并于2009年1月1日起，着手落实该计划。

2012年澳大利亚政府发布了《亚洲世纪中的澳大利亚》白皮书，在白皮书中指出澳大利亚与亚洲尤其是中国的联系，并表达了澳大利亚希望与中国在经济、文化、教育等领域合作。该白皮书还列出了澳大利亚面向2025年的25个全国目标，其中之一便是鼓励所有澳大利亚学生在整个学校教育阶段把握机会，坚持不断地学习一门亚洲语言课程，其中包括汉语。[①]该白皮书进一步凸显了亚洲语言教育的重要程度。2013年8月29日，政府发布了新的政策文件《联邦的学校政策：学生优先》（The Coalition’s Policy for Schools：Students First）。该文件表明了政府对于提高学生非英语学习的决心。文件在规划中提到，在未来10年内有40%的十二年级的学生要以学习一门语言为目标。但文件没有明确地表明是何种语言，也没有优先考虑任何语言。在这一时期，澳大利亚的汉语教育进入了一个新的时期，汉语开始成为中小学的正式课程，汉语教育的传播在层次上更为深入。2014年6月，澳大利亚政府制定《全国汉语教学大纲》。汉语成为覆盖全澳中小学教育，从学前阶段至十年级的外语。该大纲对于澳大利亚中小学汉语教育而言具有里程碑式的意义，汉语成为澳大利亚中小学优先普及的亚洲语言，该政策也是澳大利亚当前最新的汉语教育政策。

三、澳大利亚汉语教育发展现状

由于历史以及现实的原因，澳大利亚主要通过孔子学院、大学、中小学、汉语教育机构等途径展开汉语教育教学。

---

① 崔峡. 澳大利亚汉语教学质量提高与本土汉语教师培训[J]. 云南师范大学学报（对外汉语教学与研究版），2014（3）：1-7.

（一）孔子学院的汉语教育现状

孔子学院作为汉语教学最为权威的机构，在 21 世纪迅速活跃于世界舞台。2005 年，澳大利亚第一所孔子学院——西澳大学孔子学院于西澳大利亚州成立，自此，澳大利亚孔子学院开始发展，而澳大利亚的汉语教育发展也步入了一个新的阶段。截至 2020 年 2 月，澳大利亚共建立了 14 所孔子学院（见表 4-9）。另外，部分孔子课堂列举如表 4-10。汉语教育的传播在澳大利亚取得了较好的成绩。

表 4-9　孔子学院在澳大利亚的分布情况

州/领地	孔子学院	数量/所
新南威尔士州	悉尼大学孔子学院、新南威尔士大学孔子学院、纽卡斯尔大学孔子学院、新南威尔士州教育与社区部孔子学院	4
昆士兰州	昆士兰大学孔子学院、昆士兰科技大学孔子学院、格里菲斯大学旅游孔子学院	3
南澳大利亚州	阿德莱德大学孔子学院	1
维多利亚州	墨尔本大学孔子学院、皇家墨尔本理工大学孔子学院、拉筹伯大学孔子学院、维多利亚大学商务孔子学院	4
西澳大利亚州	西澳大学孔子学院	1
塔斯马尼亚州	无	0
北领地	查尔斯·达尔文大学孔子学院	1
首都领地	无	0
总计：14 所		

表 4-10　部分孔子课堂在澳大利亚的分布情况

州	孔子课堂	数量/个
新南威尔士州	紫薇孔子课堂、沃浓娜女子学校孔子课堂、白桥中学孔子课堂、新莱姆顿公立小学孔子课堂、考夫斯港中学孔子课堂	5
昆士兰州	维森罗斯州立学校孔子课堂、玉龙港公立中学孔子课堂、圣瑞中学孔子课堂、克利夫兰区州立高中孔子课堂、库玛拉学校孔子课堂、凯吉伦州立中学孔子课堂	6
南澳大利亚州	索里斯布里中学孔子课堂、威廉姆·莱特学校孔子课堂	2
维多利亚州	本迪戈中学孔子课堂、蒙特克里尔中学孔子课堂、爱斯蓬德尔花园小学孔子课堂、翩丽艾森顿文法学校孔子课堂、艾克依拉中学孔子课堂、凯斯博中学孔子课堂、科耐中学孔子课堂、墨尔本女子中学孔子课堂、罗瓦纳中学孔子课堂、西里士门小学孔子课堂、圣凯瑟琳学校孔子课堂、特拉雷根中学孔子课堂、堡垒街中学孔子课堂、金斯格罗夫北高中孔子课堂、莫斯曼中学孔子课堂、山根中学孔子课堂、查茨伍德区公立学校孔子课堂、肯辛顿公立学校孔子课堂、查尔斯拉筹伯 P-12 学校孔子课堂、艾文豪女子文法学校孔子课堂、堪伯威文法学校孔子课堂、育文武女子学校孔子课堂	22
西澳大利亚州	圣希尔达圣公会女子学校孔子课堂、芙班科文法学校孔子课堂、蒙塞德斯女子学校孔子课堂	3
塔斯马尼亚州	朗塞斯顿市斯科奇-欧克伯恩学校孔子课堂	1

由于澳大利亚的地理特点、政治以及历史因素，孔子学院在各地分布不均，遍及 5 个州和 1 个领地。虽然澳大利亚孔子学院在数量上与其他发达国家相比要少很多，就其总数而言，只占全球孔子学院的约 3%，但澳大利亚积极开展特色化孔子学院建设，可以说孔子学院的类型它几乎全都有。比如它开办了全球第一所旅游孔子学院——格里菲斯大学旅游孔子学院，还有全球第二所中医孔子学院——皇家墨尔本理工大学孔子学院。除此之外，还有与国内多所大学联合办学的昆士兰科技大学孔子学院以及与当地政府机构合办的新南威尔士州教育与社区部孔子学院。各个孔子学院均与中国各个高校有着密切的姊妹联系，这种联系对于孔子学院自身汉语教育所出现的实际问题的解决有着更为切合的意义。孔子学院在澳大利亚的出现和发展，极大地推动了澳大利亚汉语教育的发展。

孔子学院的主要任务是教授汉语、提供文化培训以及开展中华文化相关的活动，是非营利的教育机构。澳大利亚的孔子学院加强了中澳各个层面的联系与合作，使得不管是个人还是企业、社团、机构都能进一步了解中国，增进了中澳两国的友谊。澳大利亚的孔子学院、澳大利亚的大学以及国家汉办三者相互协调合作，共同促进孔子学院以及汉语教育的发展。

由于澳大利亚的华人多集中于新南威尔士州及维多利亚州，孔子学院以及孔子课堂的开设也主要集中于这两个地区。目前，汉语语言的习得已经不再局限于华人及后裔，澳大利亚中小学普遍开设的孔子课堂为汉语和中华文化的广泛传播起到了积极的促进作用。

（二）大学的汉语教育现状

澳大利亚大学创设汉语课程的历史悠久，比如 20 世纪就出现在了悉尼大学中。澳大利亚学习汉语的学生已不限于华侨华人，而是扩展到所有对汉语有兴趣的学生。澳大利亚颁发学士以上学位的大学共有 40 所，包括 37 所公立和 3 所私立。据检索统计，澳大利亚几乎所有大学都已经开设了汉语专业，许多高校与中国高校建立了很好的合作关系，包括设立游学课程项目、访学课程项目等，各类项目的推行促进了澳大利亚大学汉语教育的发展多样化。

大学的汉语学习者主要分为三个类别：二语学习者、汉语背景学习者及母语学习者。二语学习者主要是指母语为非汉语的学习者，这类学生包括之前从未学过汉语的语言学习者，进入大学后开始学习汉语的基本发音、会话和汉字，也包括在中小学学过一部分汉语的学生，这一类学习者大部分没有汉语基础。汉语背景学习者是指家庭语言背景为汉语普通话或某种方言的汉语学习者，这一类学生的汉语基础大部分比较薄弱，但是对于汉语的学习深感兴趣。母语学习者主要指在大学学习学士学位课程的同时选修汉语的学生，这些学生基本都是来自不同国家、具有不同国籍和经济背景的华人留学生，这一类学习者有着较为深厚的汉语语言功底，学习进度较快。根据澳大利亚教育部规定，每一个学生除了母语，必须学习另外一门语言，因此这些华人留学生在学习汉语之外，还需另外学习一门其他语言。三类汉语学习者在汉语上的不同层次和追求要求大学的课程设置具有针对性和发展性。

在澳大利亚，其大学中的汉语课程与中国大学的专业英语和公共英语的课程性质基本一致：汉语作为一门主修课，其培养的是熟练掌握汉语以及熟悉中华文化的中级（HSK4—6 级）及以上人才，能够符合当前国际交流的需要；汉语作为选修课，其目的是为学生学习汉语以及了解中华文化提供平台，以开阔学生的国际视野，同时可以获得学校规定的学分。大学中的汉语学习者大多数是学历生，少部分是非学历生，学习汉语主要是为了获取学分。[①]大学的汉语课程大多数是综合课，目的在于全面发展学生的听说读写的基本能力，之所以设置综合课，主要由于师资缺乏。不过，一部分学校也会开设除了基础汉语之外的专业汉语课程，如商业汉语课、医学汉语课、中英口译、中英笔译等，学习汉语的实用性和目的性正在逐步地加强。课程类型的转变对于教材的选择和使用也有着极大的影响。

根据统计，澳大利亚各大学使用的汉语教材主要包括《快乐汉语》《新实用汉语课本》《博雅汉语》等[②]，这之中有一些书目由中国编纂，如《新编汉语教程》《新实用汉语课本》，也有美国教师编写的教材如《中文听说读写》（*Integrated Chinese*），还有由澳大利亚机构编写的。当前澳大利亚的汉语教材比较丰富，其中不乏内容、结构良好的教材，但是仍存在着以下两点问题：第一，适应性不够，澳大利亚的国情、文化没有被充分考虑在内；第二，部分教材内容趣味性不足，不能够很好地激发学生的兴趣。因此，除了上述的教材，在教学中，教师还会根据课堂具体所需及学生的具体特点，自行编写教材，这些自编讲义在实用性方面超过中国的教材。

（三）中小学的汉语教育现状

自 20 世纪 80 年代以来，汉语教育就被纳入了澳大利亚的教育体系内，随着时间的推移，汉语教育在澳大利亚逐步发展开来，并取得了较好的成绩。

---

① 陈平. 政治、经济、社会与海外汉语教学：以澳大利亚为例[J]. 世界汉语教学，2013，27（3）：400-412.

② 王子义，牛端. 澳大利亚大学汉语教学的现状及思考[J]. 海外华文教育，2014（2）：153-159.

近年来，随着两国政治经济交流合作愈加频繁，澳大利亚及时调整政策，对语言教育的实施采取一种更为包容的态度，汉语教育得到了迅速的发展。根据澳大利亚-中国关系研究院（Australia-China Relations Institute）最新版发布的报告，截至2015年，澳大利亚至少有172 878名中小学生在学校学习汉语，相比于2008年报告所陈述的数据，增长了一倍多。随着澳大利亚汉语学习者数量的迅速增长，州以及地方学校对于汉语学习者给予了更多的关注，并对其学习阶段进行了划分。比如，新南威尔士州的教育部将汉语学习者分为三阶段，划分依据是学生年龄和中小学的学制。初级阶段：第一到第三阶段（幼儿园至六年级）；中级阶段：第四到第五阶段（七至十年级），主要指向初中阶段的汉语学习者；高级阶段：第六阶段（十一至十二年级），大约只有10%的学生进入了第六阶段，汉语学习者在这一阶段的辍学率比较高。①其他各州对于学生也有着类似的划分，但是由于各州在各阶段的年限本来就有差别，因此，在汉语学习者的阶段性划分上也存在着一定的差异。

在学校方面，经过2008年澳大利亚教育部的统计，汉语课程最少在澳大利亚319所学校设立，全澳各州开设汉语课程最多的学校是维多利亚州。此外，西澳大利亚州、昆士兰州、新南威尔士州等其他各州均处于稳步发展的过程中。除了学校数量上有着急速的增长之外，全澳实施汉语教育的学校类型也具有多样性。从提供汉语课程的学校来看，既有公立学校，也有教会学校、独立学校等。此外，澳大利亚中小学的汉语教育逐渐形成了四个层面的汉语教育网络，包括政府学校全日制学校、政府周末语言学校、私立学校全日制学校以及私立周末中文学校。四类学校，根据上课时间不同，可以分为全日制学校和周末补习学校两种，这两种学校并不是相互排斥，而是以各自不同的开办方式、相互合作地传播着中华文化。目前，大部分学生在完成全日制的课时之后，会在周末参加补习，以获得语言的维持和进一步的发展。

学校不是语言教育的唯一场所，各州还采取了其他的教育形式。新南威尔士州实施了K-6年级语言社区项目，该项目主要是针对全州的学前儿童和小学生，提供涉及31门语言的一个项目。在新南威尔士州，至少有3万名学生在课后或者周末参加社区语言学校，以获得语言的学习和维持，提升跨文化意识。该项目最开始设于1981年的37所公立学校之中，至2012年已经有144所公立学校设置了社区语言项目。此外，周六学校作为一所公立中学，也是汉语教学的重要部分。该类型的学习主要是在周六提供面授课程，作为一种补充全日制学校的课程，针

① Orton J. Chinese Language Education in Australian Schools[D]. Melbourne：The University of Melbourne，2008：39.

对所有公立与非公立的初高中生（Y7-Y12），旨在满足不同语言背景的学生语言发展的需求。学习机构的多样性为不同层次不同需求的汉语学习者提供了平台，各类汉语教育机构根据学习者的实际情况进行课程教学。

在课程方面，澳大利亚的全日制小学的汉语课程正逐步成为各州的必修课，可以大致分为四类，即文化课程、第二语言课程、背景语言课程、双语课程。设立文化课程的主要目的是让学习者认识中华民族的传统文化，拓宽汉语语言知识涉及面；第二语言课程的教学对象是没有汉语语言背景的学习者，但是将汉语作为第二语言学习；背景语言课程的教学对象是家庭语言背景为汉语普通话或某种方言的汉语学习者，这类课程的小学多设于华裔移民聚居的维多利亚州和新南威尔士州；双语课程，指的是用汉语和英语教学的一些正式课程，目前设有双语课程的小学有了一定的发展，如新南威尔士州的劳希赫尔公立学校、维多利亚州的阿博茨福德小学和里奇蒙德西小学等。这种课程形式为来自英语国家的汉语学习者提供了一种过渡的作用，在刚开始接触汉语学习的时候有着比较重要的作用。

到了中学阶段，为确保汉语课顺利开办，有基础和没基础、华裔和非华裔的学生会安排在同一个班上课，直到十年级之后。在十一、十二年级，学校以学生的出生地、家庭语言背景、学习年限为基础，重新编排学生的班级。学生的汉语课程将分为第一外语课程（L1）和第二外语课程（L2）。在澳大利亚的十二年级里面，学习汉语的人不超过 3%，并且这里面有 94%的人以汉语为第一外语。将汉语作为第二外语的学生还选择一门其他的语言作为第一外语。2014 年，维多利亚州和新南威尔士州的部分高中已经将汉语课程纳入高考科目，但是其发展还有待增强和改进。

教材是课程设计与实施的联系纽带。因此，教材对于澳大利亚整个汉语教学的实施也有着至关重要的意义。在教材方面，由于澳大利亚属于联邦制国家，多由各州以及各校自行决定教材，政府主要起着指导作用。2014 年，澳大利亚教育部颁布了《全国汉语教学大纲》，对于各级水平的汉语学习者在交流和理解两个大的层面都制定了一个总体的标准。这为提供汉语教学的各个学校提供了一个宏观的指导方向。为了配合该大纲并实施高质量的汉语教学，澳大利亚政府召集本土的汉语教师编写了一些中小学汉语教材，在中小学和汉语学校中较为普及的有《标准中文》《汉语》《你好》《中国通》《轻松学汉语》《跟我学汉语》等，汉语学校使用的汉语教材主要是中国编写的汉语教材，这类教材知识相对系统化，但对于澳大利亚本土学生而言，学习起来有一定的难度，不仅表现在语言文字上的难度，还有风俗文化的难度以及学习风格的难度等；澳大利亚各类课程机构开发出版的汉语教材也逐步增多，并得到了逐步的运用，这类教材比较适合澳大利亚本土学生的风格，但是澳大利亚编纂的教材知识不够系统化；还有一部分教师使用的是自己编写的教材，这类教材多是根据教师自身的教学经验出发，比较具有实际的操作性，但同时也暴露出知识不够系统化等缺点。[①]各类教材的使用各有利弊，各学校均根据自己的需求选择性地挑选教材。

此外，澳大利亚出版的汉语教材并不局限于课本，大多时候包含了多媒体教学的各种素材，这不仅仅是由于澳大利亚的课堂学习大多习惯以活动课的形式进行，还有一个重要的原因是远程教育服务。澳大利亚地广人稀，在大城市中还能保证汉语教育的师资队伍，但是在比较偏远的地区，一般的汉语教育就常常以远程教育的形式进行。

在教师方面，澳大利亚中小学的汉语教师队伍中多为华裔教师，非华裔教师占据较少的比例。华裔教师一部分来自中国，另一部分来自马来西亚、新加坡等。来自中国的华裔教师大部分是汉办志愿者，这些志愿者母语为汉语，对中华文化有着比较深厚的理解，并且在入职前经过系统的训练，然而在教学中会出现一些跨文化的交流障碍。非华裔教师是指澳大利亚培养的本土汉语教师，这些教师中很大一部分都在本国或中国学习过汉语，或者大学在汉语专业就读，这些教师特有的优势在于他们对于本国文化的熟悉。不过，因为汉语是他们的第二语言，在教授的过程中还有可能出现语法、发音等错误。这两类教师队伍都是汉语教育传播的重要部分，虽然两类教师队伍各有优势和不足，但是现今已经出现了两者的相互交流与学习，这对于汉语教育的发展有着重要的实践意义。

（四）澳大利亚汉语教育机构

除了上述各类学校，还有一些社会力量组织开办了汉语教育机构，这些机构也有力地促进了汉语教育的发展。

1. 侨友社中文学校（Chinese Fellowship Chinese School）

侨友社于 1971 年成立，是澳大利亚墨尔本最早的中文学校，作为一个非营利性组织，其宗旨是联络各界侨胞，携手合作，配合澳大利亚的多元文化政策，继承和发扬中华民族的优秀文化，该校本着“大公无私，不为名利，努力为华人谋福利”的精神，在历届领导以及全体社员的大力合作支持下，在促进社会公益、

① 吕俞辉，张和生，李晓梅. 澳大利亚中文学校汉语教学情况调查[J]. 云南师范大学学报（对外汉语教学与研究版），2015，13（1）：80-86.

华人福利、汉语教育以及多元文化的发展等方面做出了不少贡献。中文学校直接隶属侨友社领导，其办学宗旨就是使华人学生认识、了解和掌握中华的语言和文化。该校主要教材采用专门为海外汉语学习者编写的汉语教材，还有部分教材由该校经验丰富的教师亲自编写，并且采取多样化的教学方式，以达到活学的目标。侨友社中文学校建立 50 多年以来，培养了大批优秀的学生。这些学生不但能够很好地掌握中华民族的传统文化，大批学生还获得了世界知名大学的学习资格。多样化的汉语教学，使学生掌握基本的汉语技能，包括听说读写，以增进对中华民族悠久灿烂历史文化的了解，继承和发扬中华优秀传统文化，从而使他们在澳大利亚主流社会中更有竞争力。

2. 澳华公会中文学校（Australian Chinese Community Association Chinese Language School）

澳华公会是一个非政治、非宗教及非营利性的组织，为澳大利亚新南威尔士州的华人社区服务。自 1974 年成立以来，便为新南威尔士州的华人社区提供了各种服务。其中一项便是开设华文学校——澳华公会中文学校。澳华公会中文学校是新南威尔士州最早建立、甚具规模、素有声誉的中文学校之一。该校创立于 1976 年，是一所政府承认并且提供一定资助的学校。该校开设的汉语课程，从幼儿园、小学到中学，加上成人的国语系列课程和粤语系列课程，以及大龄学生过桥国语课程，形成了完整的汉语教育系列。师资队伍方面，主要是聘任拥有各级资格证书的经验教师任教。该校在 40 余年间，培养了大批优秀的学生，每年都有学生获得市、州乃至全澳各种比赛的优秀奖项；该校于 2014 年获得由中国国务院侨务办公室授予的海外“华文教育示范学校”的光荣称号。

3. 澳大利亚标准中文学校（Australian School of Contemporary Chinese）

澳大利亚标准中文学校，又名澳大利亚汉语国际推广中心（Chinese Language Centre of Australia，CLCA），学校于 2003 年 11 月 28 日在澳大利亚首都地区（堪培拉）经过法律注册，于 2004 年 2 月 1 日正式开学，是澳大利亚首都地区一所通过澳大利亚首都地区教育部高中课程委员会正式资格认证的专业汉语教学机构，其具有和当地普通高中一样的教学地位，并且该校学生的中文成绩获得全澳 38 所高校的认可。2009 年 11 月 20 日，中国国务院侨务办公室将澳大利亚标准中文学校评为首批“华文教育示范学校”。

澳大利亚标准中文学校是一所以澳大利亚首都地区华人、华侨和留学生子女为主要教学对象，兼收非母语背景学生的周末中文学校，是澳大利亚首都地区 45 个社区语言学校中最大的社区语言学校。现开设学前教育中文班（4—5 岁）、普通中文班（6—16岁）、中英双语班（6—16岁）、AST（HSC）中文班（16—18岁）、成人教育班等不同年龄阶段班级。学前教育中文班、普通中文班、中英双语班、AST（HSC）中文班构成一个连续的教育系列。

学校以教授汉语为主，兼设其他相关课程。澳大利亚标准中文学校一直以来都注重自己编写适合本土学生学习的汉语教材以及开发相关汉语教学资源。该校的校训是"推广标准汉语、弘扬中华文化、追求优质卓越"，并坚持"专心、专一、专业"的办学理念以及"微利经营、密集开发、服务管理"的经营理念。

4. 澳大利亚中文教师联会（Chinese Language Teachers' Federation of Australia）

澳大利亚中文教师联会是澳大利亚一个全国性的中文教师组织。它成立于1994年，是由维多利亚汉语教师协会、南澳大利亚汉语教师协会以及西澳大利亚汉语教师协会一起创办而成。此后昆士兰汉语教师协会、新南威尔士州汉语教师协会、堪培拉汉语教师协会及南澳大利亚的汉语课程研究协会也相继加入其中，构成了一个全国性的组织。该机构首要的目的就是促进澳大利亚汉语的学习和文化的传播，其功能主要有以下五个方面：从国家的宏观角度来协调和帮助各州及地区的汉语教育活动；作为一个国家机构，协调和处理各方的利益关系；通过定期会议等，促进机构和教师个体的交流与合作；计划和开展汉语教师专业发展的活动；为各州及地区促进汉语的教学提供政策建议。澳大利亚中文教师联会虽然是一个国家机构，但是没有管理功能，其主要功能是协调、帮助和建议，各州及地区在汉语教学上保留着充分的自主权。

该机构的设立为教师群体提供了一个交流和发展的平台，通过各种会议的召开，教师群体以及各机构可以就汉语教育现存的问题进行讨论，联会也会从宏观战略上提供相应的建议以供参考，这对于澳大利亚汉语教育的发展有着很大的指导意义。

四、澳大利亚汉语教育发展策略

（一）实施高瞻远瞩的战略支持

澳大利亚政府自20世纪起便注重语言教育，尤其是亚洲的语言习得。2012年澳大利亚总理吉拉德在《亚洲世纪中的澳大利亚》中强调，"每个学生从一至十二年级将有机会在亚洲语言中，优先学到四种语言（汉语、印地语、印度尼西亚语和日语）中的至少一种语言，他们也将学到相关的文化和历史，所以当他们毕业工作时就具有相关的健全的知识"。其中汉语语言的教学逐步得到了很大的重视。

此后，澳大利亚汉语教育的发展在政府的指导下进入了新的篇章。

为了让澳大利亚的学生能够为未来的职业和生活做准备，澳大利亚在联邦政府以及州政府积极贯彻语言政策，并且为各级各类学校和培训机构的汉语语言项目提供资金支持、基础设施支持、师资支持以及教材支持等。为了帮助学生学习并精通语言，以及支持学生顺利通过留学等项目，澳大利亚政府对于助学金和贷款政策做了相应调整。澳大利亚政府宣布每年资助 3600 名澳大利亚年轻人赴亚洲国家学习和研究，提供资助金额为 2000 美元或 5000 美元的金融援助。此外从 2014 年开始，助学贷款从 1250 美元增加到 7500 美元。

为了切实促进澳大利亚汉语教育的发展，吉拉德在《亚洲世纪中的澳大利亚》中提出"教授每个学生一种重要的亚洲语言，并且使每个学校在亚洲有一个姊妹学校"，该项目也成为澳大利亚汉语教育发展的一个核心内容。缔结姊妹学校的目的主要是拓宽学生的视野、培养学生的跨文化理解、提高学生的语言学习能力、促进整个学校的国际化及教师能力建设。目前，澳大利亚的中小学已经与中国的中小学建立了姊妹学校的联系，并取得了很出色的成果，双方学校的学生都得到了语言、文化以及视野等方面的发展。

此外，为了保证汉语习得的质量以及各地汉语教育的共同发展，澳大利亚于 2014 年颁发了《全国汉语教学大纲》，根据大纲为各州选择和制定教材，为汉语教学提供依据。此大纲为各州中小学的汉语教育提供了质量参考标准和较为系统的学习目标，使汉语教育的发展有了新一级的升华。

（二）开发交际性的汉语课程

汉语课程开发对于汉语教育适应学生自身的发展有着至关重要的作用。目前，澳大利亚正着手拓展汉语课程项目，使其形式多样，能够更好地调动起学生学习的积极性。比如，游学课程是在中国举办的汉语强化课程，游学课程可让学生在汉语环境中学习汉语，这种课程已经是澳大利亚汉语教学中非常重要的类型。游学课程能够为学生学习汉语提供有利的学习环境，让学生能够亲自接触丰富的口语和书面语材料，得到充分的练习，进而帮助学生将词汇和语法掌握得更加扎实。[①]目前，游学项目的重要性逐步显现出来，澳大利亚高校与中国高校也密切联系起来。

除了高校间的游学课程项目，在中澳的中小学也开始建立起关于语言学习的

① Joseph Lo Bianco，刘国强. 澳大利亚的语言政策与中文教学生态环境[J]. 世界汉语教学，2007（3）：120-131，4.

项目——姊妹学校。姊妹学校即州与州、国与国之间的学校或者学校社区之间建立起来的合作伙伴关系。姊妹学校的合作形式多样，可以是基于两个班级的学生而建立的短期合作关系，也可以是基于两所学校的整体发展共同目标而建立的长期合作关系。姊妹学校项目可以增强学生的全球意识和跨文化交际能力，为学生提供亲身体验他国文化的机会，提高学生对他国语言学习的兴趣，扩大对他国文化的理解、接纳和包容，对于姊妹学校双方来说是一个双赢的局面。就汉语的学习而言，目前澳大利亚很多中小学与中国建立起了姊妹学校联系，开设了“跟我说”（Speak to Us）等项目，通过现代互联网技术的运用让中澳两国同年级的学生直接进行对话和交流，以促进学生语言的共同发展和进步。目前，学校双方的教师以及学生家长，都对该项目的实施怀有极大的信心，而实际情况也印证了这一点。

（三）开发和利用先进的技术

澳大利亚汉语教育事业的进行不再局限于传统的教学形式，网络作为21世纪最重要的信息流通形式，也是语言教学与传播的重要工具。信息和通信技术（information and communication technology，ICT）是处理信息的工具，由多种多样的软硬件构成，可以用于处理、分发和交换信息。[①]现今，在美国、英国、德国、韩国以及中国等大多数国家都有了相应的课程教学，旨在提升学生的ICT素养的同时，也提升其他科目的教学效果。根据政府颁布的课程大纲，着重强调使用ICT教与学的能力，主要基于两个目的：其一，希望学生能学习和使用ICT，提高学生的ICT素养，进而能够更有效地获取和交流信息，应对信息科技时代的挑战。其二，希望各学科能够和ICT融合，使教学成效大大提高。在近10余年中，澳大利亚联邦政府及州政府投入大量的资金来建设公立学校的ICT基础设施，比如装配交互式智能白板、计算机等，目前，澳大利亚的ICT配置水平已经相当先进了。ICT与汉语教学的有机融合，冲击了传统的教学模式，在当前信息时代，更好地利用ICT能够提升汉语教学的效率，并且能够更好地辅助学生学习。目前，澳大利亚充分利用这一技术优势，积极开展汉语的教育和传播工作。

此外，由于具有地貌广阔、人口分布不均的地理特征，澳大利亚早于1916年就开始着手于远程教育。历经100余年的发展，澳大利亚的远程教育体系日渐完善，并建立了质量保证体系[②]，这为远程的教育质量提供了参照体系。远程教育涉

① 钟婧. ICT在澳大利亚维州中小学汉语教学中的应用研究[D]. 北京：北京外国语大学，2014：2-3.

② 杨丽波，欧阳芙瑶，梁宏宝. 澳大利亚远程教育质量保证体系述评[J]. 中国电化教育，2013（7）：46-50.

及的科目众多，目前，汉语教育也被纳入其中，这给汉语的发展和传播提供了一个相对便利的渠道。

（四）广泛建立社区培训机构

澳大利亚汉语教育一方面与国家汉办合作积极开办孔子学院进行发展，分布于各州，另一方面，澳大利亚还逐步建立起了更为广泛的社区培训机构系统。各州社区语言学校的教学活动的灵活性比较高，为 F-12 年级乃至成人都设定了相应的汉语学习课程，积极根据实践经验开发本土教材及教学素材，以适用于澳大利亚本土学生的学习。社区教育机构的课程多设置于周末，学生在学习之余，可以根据自身的实际情况就近参加相应的语言课程，所取得的成绩可以记入入学的成绩。此外，作为澳大利亚教育体系的一部分，澳大利亚联邦政府以及各州政府均会为社区教育培训机构提供各项基金，为教育培训机构的发展提供一定的资金保障，并赋予各州社区教育培训机构更多的自主权，以针对各州各地区的实际情况进行教学。目前，各州各区都有着系统的社区培训教育机构，澳大利亚的学生大部分都会在课后或者周末参加社区语言学校，以获得语言的学习和维持，提升跨文化意识。

五、澳大利亚汉语教育发展特色

（一）历史悠久，发展平稳

澳大利亚的汉语教育自 19 世纪开始便已经存在，但主要存在于华人社区，随着华人的增多、白澳政策的取消以及中澳友好关系的建立，澳大利亚的汉语教育步入了一个崭新的阶段。根据墨尔本大学教育学院（Melbourne Graduate School of Education，University of Melbourne）2008 年公布的数据，澳大利亚共有 8.4 万名中小学生在学习汉语，根据澳大利亚教育部 2012 年的统计，学习汉语的学生增至 9 万名。根据澳大利亚统计局（Australian Bureau of Statistics，ABS）2022 年公布的数据，澳大利亚的移民人数已超 50%，汉语继续成为排在英语之后的第二大语言，近 70 万人在家说汉语，比 2020 年统计的 60 万人增加了 10 万。说中文的人群已成为近年来澳大利亚增长最多的群体。[①]就整个澳大利亚汉语教育的发展来看，澳大利亚汉语教育的发展一直以平稳的速度逐步扩散和发展，尤其 21 世纪以来发展迅速。

---

① 中国侨网. 澳洲网评论：澳大利亚人的中文优势是如何炼成的？[EB/OL]. https://www.chinanews.com.cn/hr/2022/07-06/9796934.shtml，2022-07-06.

（二）政府政策支持，地方积极参与

澳大利亚属于联邦政体，联邦政府主要通过积极地颁发语言教育政策，提供相应的物资支持，并于 2014 年为各州的汉语教育颁布《全国汉语教学大纲》，以指导各州汉语教育的发展。联邦政府对于汉语教育的发展有着宏观的指导作用，而各州政府也积极响应联邦政府的政策，联邦政府为汉语教育提供的资金支持直接下拨至州政府，州政府有充足的资金和权力以开发和编写适应各地学生的课程和教学素材，积极推行汉语教育的发展。两者的相互合作共同促进了今天汉语教育的新局面。

（三）华人后裔呼吁，社会团体积极创办

随着移民澳大利亚风潮的推进，华人占据了澳大利亚人口的重要部分，出于对母语的热爱，华人及后裔对于汉语的学习极具热情和兴趣，几乎所有的华人都有参与汉语的学习，以维持汉语的习得。华人社会团体在华人社会中扮演着重要的作用，为了继承和发扬中华民族的优秀文化，各州的华人社团相继开设了汉语教学机构，为华人社区的学生及成人提供汉语学习的机会和平台。华人社团积极创办教育机构对汉语教育在澳大利亚的发展有着非常重要的作用。

（四）强调语言习得的工具性和交际性

澳大利亚的外语教学都注重培养学生的交际能力，能用目的语言来解决实际出现的问题，以增强学生的能力，汉语也不例外。在大学阶段，汉语课程下设商业汉语课、医学汉语课、中英口译、中英笔译等实用性较强的二级学科，汉语的工具性逐步成为澳大利亚大学汉语的标志。此外，目前澳大利亚很多高校已经相继开设游学课程，汉语的交际性也非常受重视。在中小学阶段，汉语教育主要实施综合性课程，以学生为中心，全面培养学生的听说读写以及文化理解能力，并且通过姊妹学校关系的建立，通过互联网锻炼学生的交际能力。目前两种模式均得到了好评。

第五节　泰国汉语教育发展研究

作为世界上使用人数最多的语言，汉语在国际上的影响越来越大。“汉语热”

和“中国热”的兴起，使汉语加快了走向世界的速度，泰国也不例外地受到了影响。这一现象的出现一方面源于汉语和汉文化自身的魅力，另一方面则是由于我国综合国力的显著提升以及我国对语言和文化走向世界的高度重视。

泰国作为中国的周边国家，与中国有很深的渊源。小至普通商人的经济贸易往来，大至国家间的政治、经济、文化等的交流，中国与泰国建立了长久稳定的友好关系。政治、经济、文化的交流离不开语言，故而汉语教育在泰国有着悠久的发展历史，从萌芽到逐步发展再到主动引进，这一过程是动态的、发展的，其发展演变既有主观因素，又有客观因素，既有政治经济因素，又有历史文化因素。在这一演变过程中，受多重因素的影响，泰国的汉语教育发展呈现出曲折性、复杂性和多元化的特点。

为了满足国民的需求，以及应对世界形势的变化，近年来，泰国对汉语教育开始采取积极主动的引进策略。以下将对泰国汉语教育的发展背景和发展现状进行研究分析，进而提出科学有效的发展策略。

一、泰国汉语教育发展背景

（一）全球化潮流对不同语言文化发展的诉求

近年来，随着科技的高速发展，尤其是“互联网+”时代的到来，以及人们同住地球村的口号的提出，全球化趋势愈演愈烈。虽然反全球化和逆全球化现象时有发生，但是在这股强有力的全球化潮流的冲击下，任何国家都无法置身事外。经济的全球化迎来了文化的全球化，文化的全球化推进了语言的全球化。如今的泰国是一个致力于改革与发展的国家，早已卷入这股浪潮。国与国之间的交流，离不开共通的语言。除了英语外，汉语作为另一大语言的出现，已经得到了世界各国的认同。泰国作为一个发展中国家，为了跟上世界潮流，与世界各国的交流也日益频繁。中国是泰国的邻国，两个国家在这股强流的带动下，搭乘全球化潮流的便车，交流互动日益频繁。

中国-东盟自由贸易区的建立加快了世界一体化进程。中国-东盟自由贸易区是继欧盟和北美自由贸易区之后的第三大经济贸易区，既具区域性又具世界性。21 世纪是一个一体化时代，东亚经济一体化是一股不容小觑、无法阻挡与忽视的大潮流。泰国作为东盟的主要参与国，中国、美国、加拿大、欧盟等国家与国际组织作为东盟的对话伙伴，彼此间的交流合作日趋紧密。在这种贸易全球化潮流的推进下，语言的教育与发展也被置于全球化的语境，成为包括泰国在内的所有国家都不可忽略的趋势，世界各国都制定了一系列语言政策来迎接并适应这一趋势。

（二）中泰一家亲对汉语教育发展的推动

中国作为最大的发展中国家，在与周边国家的交往中一直采取团结友好、互助合作的策略。泰国处于东南亚的核心地带，与缅甸、老挝、越南、柬埔寨等国为邻，与各国都有密切往来。经济政治的交流，往往伴随着语言文化的交流。所以，泰国从地缘上决定了自身存在多元性的文化，这种多元的文化土壤让它具备了学习并融合其他语言文化的能力。2002年，中国“与邻为善、以邻为伴”的外交方针政策，指导中国发展多边外交、和平外交。在全球化的大背景下，中国发展策略经历了“请进来”到“走出去”再到“走进去”的发展变化，积极迎合这一潮流，并不断调整变化以更好地适应社会发展。作为中国的近邻，泰国与中国的交往已有近两千年了。据《汉书·地理志》记载，西汉时期，中国已经与都元国、邑卢没国、谌离国（可能分别为当今泰国的巴真府、素攀府、北碧府）进行过经济、贸易往来。隋唐时期，随着中国国力日盛，对外交往比较频繁，泰国、缅甸、苏门答腊等地先后派人来中国朝贡。宋元时期，由于战乱等因素，周边的一些国民向泰国等周边国家迁移，出现了“乃逃暹国，终老于其地”的现象。元朝时期，多名中国煅烧陶瓷的技术工人被素可泰国王聘到泰国，成了最早的泰国华侨；到明清时期，由于政府的腐朽堕落，遭遇内忧外患，向泰国迁徙的边境居民越来越多。两国文明友好往来延续至今，其关系得到了两国官方和人民的认可。近年来，中国在发展自身经济的同时，提出带动其他国家发展的倡议，中国儒家千百年来的“大同”思想一脉相承，积极主动地通过自身发展带动其他国家发展，正如习近平主席在瑞士达沃斯国际会议中心出席世界经济论坛2017年年会开幕式时在《共担时代责任，共促全球发展》演讲中提到的：“中国人民张开双臂欢迎各国人民搭乘中国发展的‘快车’‘便车’。”

思想相通的前提是语言相通。由于语言的局限，中国与泰国的交流以前只能使用第三方语言英语，两国之间的友好交流在语言方面有很大的局限性。为了解决这一窘境，中国做出了积极的努力。2013年，习近平主席提出共建“一带一路”重大倡议，在“一带一路”沿线国家，中国在带动它们发展经济的同时，为了让沿线国家更好地了解中国，主动培养并输送国际汉语教师志愿者，传播中国的语言和博大精深的中华文化，让世界人民更多、更好、更深入地了解中国。

作为中国“一带一路”重点沿线国家之一，泰国与中国的交往密切。近年来，泰国成为汉语教师需求量最大的国家，中国每年都会主动向泰国输送大量的汉语国际教师，满足泰国人对汉语学习的教师资源需求。同时每年主动向泰国提供资金帮助，以及制定优惠留学政策和给予资金支持，吸引广大泰国学习者到中国学习汉语，给泰国的汉语学习者创造了大量接触汉语和学习汉语的机会。同时，中国兴建了大量的孔子学院，泰国是中国建立孔子学院较多的国家之一。另外中国国内华南师范大学、北京外国语大学、四川外国语大学、广西大学等高校都与泰国建立了高校合作项目，吸引泰国留学生到中国学习汉语，很多高校在政府的支持下在泰国建立汉语国际传播基地，并且国内外都加大对泰国国情和文化的研究，了解泰国人学习汉语的动机，更好地满足泰国人对汉语学习的需求。毫无疑问，中国作为汉语的发源地，在泰国汉语教育的发展中起着重要的作用。

（三）泰国政治与宗教环境对汉语教育的影响

泰国是一个民主、平等的现代化国家，历史上，未曾沦落为西方国家殖民地。泰国的政治制度是君主立宪制，民主的社会政策给了国民很大的自由选择权，泰国对汉语学习采取比较宽容开放的语言政策，鼓励人们学习汉语。20 世纪 30 年代起，汉语在泰国的发展受到了极大的限制，泰国统治者为了维护自身的统治，对汉语采取敌对、排斥甚至明令禁止的态度。20 世纪 70 年代中泰建交后，泰国对中国封锁、敌对的语言政策渐趋缓和，允许民间设立汉语机构、开设汉语课程。宽松的语言政策使国民学习汉语迎来了又一个高峰。如今，泰国政府非常支持汉语教育，也支持汉语在泰国的发展，为汉语教育提供了良好的汉语生态环境。

泰国是一个多民族、多宗教信仰的国家。除泰族外，还有老挝族、华族、马来族、高棉族，以及在山地生活并保持着各自文化和语言的少数民族。泰国的国教是佛教，其他宗教有伊斯兰教、天主教、锡克教等。[①]由于泰国是多民族、多宗教信仰和谐共存的国家，因此，一定程度上决定了其政治、经济、文化具有民主性、开放性、多元性、多样性的特点。由于宗教信仰的需要，国民自觉学习梵文、马来语、阿拉伯语。在拉玛四世时期，人们开始学习汉语等语言。泰国国民愿意接受外来文化，学习外国语言，宗教信仰在其中起到了很大作用。宗教信仰的复杂性决定了泰国不是一个故步自封的文化圈子，国民能够主动接受外来文化和外国语言。

（四）泰国国民心态对汉语教育的影响

泰国迈向现代化社会从 20 世纪初就已初显端倪。统治者看到其他国家尤其是

① 田禾，周万治. 泰国[M]. 北京：社会科学文献出版社，2005：39.

欧洲国家的迅速崛起与发展，意识到了语言学习和科技文化学习的重要性，认识到了国际化的重要性，访问了欧洲很多国家，回国之后，主动进行社会变革，接受并引进外来文化。语言是文化学习的前提，为了积极推动国家实现现代化来适应现代化的发展趋势，泰国制定了一系列积极的语言政策，大力引导国民学习外国语言。加上泰国本身的语言具有复杂性和多样性，英语、法语、日语、韩语、西班牙语等语种在泰国都获得了良好的发展空间。随着中国影响力的扩大，在 21 世纪，泰国国民普遍认为中国有很好的发展前景，汉语将有可能与英语并驾齐驱，因此泰国很多学校包括小学、初中、高中、大学逐渐开设汉语课程，学习汉语的人数越来越多。

另外，中国近年来经济取得飞速发展，很多产业转向泰国，为泰国创造了更多的就业机会和经济利益。泰国国民发现通过学习汉语能够拓宽就业渠道，增大就业机会，当地政府也认同汉语的学习能够给国民带来直接的经济利益，缓和社会矛盾，所以国民更愿意学习汉语，官方也由以前的消极被动转向积极主动鼓励人们学习汉语。另外，泰国的一些皇室家族成员很喜欢并以身作则从小就学习汉语，接触并推崇中华文化，所以，这种自上而下的国民具备的语言心态为汉语在泰国的发展和传播提供了比较宽松的空间。

二、泰国汉语教育发展历程

泰国自建立以来经历了素可泰王朝、阿瑜陀耶王朝（大城王朝）、吞武里王朝和曼谷王朝四个历史时期。自素可泰王朝时期（1238—1420 年）以来，泰国就与中国有政治经济的往来，主要以外贸为主。据史料记载，泰国在素可泰王朝时期就出现了汉语教育，中国在史籍中把泰国称为暹罗国。泰国与中国在元朝时期的关系最为密切。双方建立了友好的关系，曾多次互派使者相互进行国家间的访问。在阿瑜陀耶王朝时期，其国王由华裔郑信担任。中国与泰国之间存在着千丝万缕的联系。

中泰两国交往历史悠久，据相关调查研究发现，居住在泰国的华人大概有 850 多万，并且还在快速增长。由于华侨数量的不断增长，以及群聚现象的出现，其影响力也在逐步扩大，但是汉语教育在发展过程中并不是顺风顺水的。[①]在中泰两国的交往中，由于历史的复杂性，以及国家语言政策的改变，泰国的汉语教育发展演变也具有复杂性。

① 张斌. 战后泰国华文教育之演变[D]. 厦门：厦门大学，2009：63.

泰国初期的汉语教育机构是以“书斋”的形式出现的。作为一种私塾，主要存在于华侨生活的圈子里，学习的对象主要是迁徙、流亡或者经商的泰国华裔。影响范围小，使用人数少，书斋只是汉语学习机构的初始形态，并未形成真正意义上的或者被社会认可的机构。披猜·拉达那蓬（Phichai Rattanapol）对此归纳出以下原因：在泰国经商的商人大部分是非法经营，也没有固定的住所，他们的居住地比较零散，没有形成特定的规模，且移民大多数文化水平较低，能力有限，社会影响力比较弱，所以师资力量不足。[①]他的观点综合全面地分析了当时汉语的发展概况。后来汉语的影响范围逐渐扩大，教学规模也逐渐发展壮大，书斋也随之被教学机构、私人培训新机构、华文学校等其他教学机构取而代之。1908 年之后，泰国更加重视汉语教育，并逐渐废除私塾，兴办学校。[②]纵观历史，泰国的汉语教育逐步走向正轨、走向系统化、有迹可循是在 1908 年之后。我们将其划分为四个时期，分别为：主动引进期、排斥抑制期、枯木逢春期和跨越式发展期。以下我们将分阶段对其教育发展历程进行论述。

（一）主动引进期（1908—1931 年）

在清政府统治下，中国逐渐走向没落，昔日经济、政治、文化繁华景象凋零殆尽。加上西方入侵掀起的瓜分中国狂潮，中国呈现出内忧外患、民不聊生的混乱局面。一些边境地国民为了求得安居乐业，不惜举家迁移至相对和平稳定的泰国境内，加上一些择地而栖、为利而生的商人在泰国的定居……随着泰国发展速度加快，入泰的华人数量也迅速增多。但这些初期在泰国居住的侨民并未被完全泰化，他们保留了自己的文化习俗和生活习惯以及自己的语言，就这样，泰国初步兴起的学校主要是华人圈里的学校，教师主要由当地的侨民担任。1898 年，由于孙中山对民主共和思想的宣扬得到了泰国一些华侨的支持，于是第一所中文学校——华益学校在曼谷成立了，是泰国历史上真正意义的标志性学校。之后培德、进德、育民等学校相继建立起来，其数量达到 30 所之多。

泰国的汉语教育发展在主动引进期经历了从萌芽到发展的变化，但也只是初具规模，处于初始阶段，有自己鲜明的特点。这些华文学校主要以汉语讲授为主，且受教育对象多为华侨后裔，以福建、广东潮州人居多。教材单一，教师素质较低，规模较小，多为私立性质的机构，不受政府管辖。直至 1921 年，泰国开始重视国民教育，整顿国内公立私立学校，并颁布了《基础教育法》，要求国内的私立

① Rattanapol　P. 华文学校控制演变研究[D]. 曼谷：朱拉隆功大学，1969：46.

② 韦丽娟. 泰国汉语教育政策及其实施研究[D]. 上海：华东师范大学，2012：77.

学校统一收归国家教育部管理，华侨居民学习汉语的同时也必须学习泰语，并规定教授汉语的教师也要有小学四年级以上的泰语水平。这些举措体现出汉语学校得到了官方的认可，走向了合法化和正规化。但泰国让汉语教育走向正规化的同时，也开始对其进行打压，要求汉语作为外语限制课时和学习时间，由宽松放任的语言政策逐渐走向引导限制的政策。这一时期，汉语教育获得了良性发展，但速度慢、规模小、阻力大、限制多是其呈现的主要特征。

（二）排斥抑制期（1932—1974 年）

1931 年 9 月 18 日，日本向中国发动“九一八事变”，对积贫积弱的中国发动疯狂进攻，中国自顾不暇，汉语的影响力大大减弱。1932 年，泰国结束了君主专制制度，开始实行君主立宪制。由于制度的相似性，泰国主动向发展比较迅速、发展前景良好的日本学习，效仿日本变革经济、政治制度，并选派留学生到日本留学，在此期间与日本建立了良好的国家关系。第二次世界大战期间，泰国和日本结成同盟国，汉语教育落入低谷期。李峰在研究泰国汉语教育的历史时提到：“1937 年泰国政府进一步推行强化民族思想的政策，同化华人。1938 年，泰国华校的数量为 293 所。……1940 年有 51 所华校停办，剩余 242 所华校被政府以违反民校条例为由全部关闭。1941 年日本占领泰国时，泰国已无华校存在。”① 这段时期泰国汉语教育陷入泥泞、困顿期，进退维谷、举步维艰。

第二次世界大战结束后，中国建立了社会主义制度，有别于泰国的君主立宪制。虽然两国在日本战败后，于 1946 年签订了《中暹友好条约》，关系开始有所缓和，也曾再次出现移民热潮，部分在战时关闭的华文学校重新建立，但本质上由于社会意识形态的不同，两国关系随着中国社会主义制度的建立，再次走入僵化。泰国对汉语教育实行封锁政策，甚至持严令禁止的态度。汉语教育在泰国面临的困境并未从根本上得到改变，汉语教育仍然是在夹缝中求生存。在泰国 1954 年修订的民校条例里，曾明确注明限制课时，甚至对任课教师采取官方信息身份认证的严苛态度，且不允许华人担任华文学校的校长。这些法令的颁布严重制约和阻碍了当地进行有效的汉语教学。

这一时期，在泰国政府的干预下，汉语教育呈现出恶性发展、停滞不前，甚至严重倒退的局面，加上国家战争、国家政策调整和政治制度的影响，1932 年至 1974 年这段时期，泰国汉语教育的发展受到重创，发展极其艰难，不仅学习人数严重下降，学生的学习积极性也受到极大的打击，教师的数量大量减少，师资来源也呈现出单

① 李峰. 泰国汉语教育的历史、现状及展望[J]. 国外社会科学，2010（3）：114-118.

一化、薄弱化，多为本土泰语教师，教学机构的数量以及规模呈现严重萎缩的状态。这段时期是泰国汉语教育的低谷期，有学者将其称为汉语教育的断层期。

（三）枯木逢春期（1975—1992 年）

1975 年，中泰两国正式建交，两国关系开始走向真正意义上的缓和。泰国的汉语教育度过了冰冻僵化期而进入复苏期，终于迎来了枯木逢春期，得到了真正意义上的快速发展。

1978 年，中国实行改革开放，在改革过程中提出“请进来”“走出去”战略，开始与其他国家尤其是周边国家建立良好的互动关系。语言发展作为国家间交流的重要的一部分，也得到了国家的重视。中国的快速发展及友好态度，让泰国开始主动调整外交政策和语言政策。为了更好地进行两国交流，泰国的汉语教育政策在两国建交后逐步由放松开始走向引导和鼓励。1989 年，泰国教育部部长提出“政府应该从资金上对华文教育进行支持”的观点。这一观点得到了华文学校和当地华裔的大力支持。1992 年，泰国的华文教育实现了真正意义上的变革，政府以官方的名义下达法令条文，批准并公布泰国从小学到大学都可以开设汉语课程。这一法令让泰国的汉语教育得到了新的发展机会。由此可以看出泰国官方对汉语教育的态度实现了很大的转变。由于政策的鼓励，以及当地人民存在的语言血亲关系，在这一时期，泰国的汉语教育摆脱了以前的窘境，汉语教育机构和相关学校的汉语教育重新焕发出生命力，得到了快速、有效的发展。

这一时期，泰国的汉语教育具有了新的生命力。经过重新调整，以及得到官方的再次支持和认可，呈现出普及化、规模扩大化、科学化、合理化的特点。这些特点为泰国汉语教育迎来新一轮的快速发展奠定了基石，提供了助力。

（四）跨越式发展期（1993 年至今）

1992 年之后，泰国的汉语教育一直呈现出稳步、蓬勃的发展态势。这种态势的出现与中泰两国的共同努力是分不开的。泰国加入中国-东盟自由贸易区后，国家经济获得平稳增长，同时与其他周边国家实现了良好的互动。近年来，中国注重人才引进和创新人才的培养，中国国民经济生产总值得到了提升，位居世界第二，且依旧保持高质量稳步增长的趋势。这不仅给我们自身，同时也给世界特别是周边国家带来了特别大的益处和便利。自中泰两国建交以后，中国与泰国的相处一直都很融洽，在高层领导人会晤期间甚至提出“中泰一家亲”的口号。由于两个国家均为发展中国家，且泰国宫廷面临着经济转型的困境，对于这些难题的切磋探讨，加深了两国人民的感情，也加深了泰国对中华文化的了解。在相互交流了解的基础上，泰国对中国的态度出现了很大的改变，对国内汉语教育政策也开始重新完善和修改。1999年，泰国将汉语列入高等学校入学考试外语选考科目，使得华文教育从原来的社会自发行为，转变为政府行为。[①]2005年8月，泰国教育部制定了《促进汉语教学，提高国家竞争力战略规划（2006—2010年）》，把开展汉语教学放到了提高国家竞争力的高度来规划。

21世纪以来，泰国对国内汉语教育的重视进一步加强。泰国政府对汉语的政策开始从引导走向鼓励。2006年1月中泰两国在曼谷签订了中泰教育合作协议，全面推动汉语教育在泰国的发展，同时制定了一系列汉语教育发展的措施。该协议的年度战略目标有两个，一是学生能够接受良好的汉语教育，使其汉语水平达到优秀标准；二是泰国适龄劳动人员能在工作中使用汉语进行交流。

为了实现办学目标，满足国民对汉语学习的需求，以及解决以前汉语教学中存在的师资力量弱、教材不合理等矛盾，近年来泰国也进行了一系列教育改革来促进汉语教育的发展。比如将国家办学和私人办学相结合，在加强政府干预办学的同时，又能够给予私人培训机构一定的自主权和弹性发展空间。泰国的汉语教育由单一的本土办学走向校际联合办学，设立校际合作机构，培养了大批汉语人才。注重本土化教师培养的同时，制定了赴中国留学的宽松政策，鼓励并引导泰国国民到中国学习中国语言、中华文化。课程的设置也日益多样化、合理化，做到了听说读写并重。泰国的汉语教育发展实现了有史以来的跨越式发展。

总而言之，泰国的汉语教育从20世纪初萌芽到初步发展，再到进入低谷，再到复苏，进而转向飞速发展，是多重因素综合的结果，也是历史不断选择的一个过程，是一个曲折多变的演进过程。汉语教育的发展与国家政策、国家经济力量、官方的认可度等都有很大的关系。虽然泰国的汉语教育一度遭受过困难和压制，但发展的总体趋势是好的。这与两国双方对泰国的汉语教育采取的支持鼓励的态度是密不可分的。汉语作为泰国的第二种外语，其发展是一个长期的过程，是一个与其他国家语言文化相碰撞、相融合的过程，我们要用动态的眼光去观察和评价。

三、泰国汉语教育发展现状

近年来，泰国的汉语教育发展势头良好，既得到了政府官方的支持，也得到了当地人的认可。但认清发展前景的同时，我们也必须承认并面对现实中汉语教育

① 韩瑞凤. 冷战后菲律宾与泰国华文教育比较研究[D]. 广州：暨南大学，2006：29.

在师资、学生、课程设置和学校管理等方面存在一些亟待解决的问题。以下我们将对泰国大学、职业院校、中小学、幼儿园、孔子学院和其他汉语教育培训机构的教育发展现状进行分析。

（一）泰国大学汉语教育发展现状

1999 年之后，泰国的大学相继开设了汉语课程。大学作为一个国家高层次人才培养的基地，其课程设置多数具有科学性和合理性。经研究发现，泰国大学的汉语课程的设置大部分能够做到多样性和实用性并重。很多学校都开设了汉语旅游、汉语写作、古代文学、汉语听说读写课以及汉语商贸等课程，种类多样，课时合理。

大学汉语课程的设置既有选修课也有专门为以汉语为专业的学生设置的必修课。选修课多以兴趣课为主，非专业的学生自愿选择，在大学中所占比重较小，课时设置也比较少，且教学形式灵活多样，内容讲授以满足交际需求为主。以下主要分析汉语专业的教育发展现状。

泰国的大学里设有很多与汉语相关的专业。主要分为汉语人文专业和汉语教育专业两大类型。前者学制为四年，后者学制为五年（包括实习期在内）。表 4-11 为清迈皇家大学汉语教育专业学生在入学前的汉语学习基本情况。

表 4-11　清迈皇家大学汉语教育专业学生入学前汉语学习基本情况

入学前汉语基础	人数	占比/%
入学前学过四年以上汉语	72	21
入学前学过一至四年汉语	184	54
入学前没有学过汉语	84	25

由表 4-11 我们可以看出，大部分选择汉语教育专业的学生是有汉语基础的，只有 1/4 未学过汉语，学习汉语时间在一至四年的学生中所占比重较大。

在课程设置方面，经研究发现大一学生的汉语课程主要为基础汉语课程，包括语言基础知识课（包括拼音、语法在内）、语言技能课（以听说为主，辅以少量阅读）和语言综合课。大二的课程为中级汉语课程，包括听说、会话、翻译、写作以及中华文化的课程，内容宽泛，课程类型丰富。大三进入高级汉语的学习阶段，培养学生的写作能力和实践能力。大四进入语言学习的深化期，学习各种文体的汉语写作，深入了解中国的历史文化。大学专业课程的设置是一个逐步深入、由浅入深的过程。

由于泰国崇尚享乐文化，在校大学生普遍存在畏难情绪和散漫情绪。随着学习的深入、学习难度的加大，大部分学生存在学习惰性。加之学生本身汉语水平参差不齐，在教学中，教师不能满足多层次学生的需求，因此学生在学习中容易由于遇到一些困难导致学习积极性降低。另外，由于中国的汉语教师任职期多为一年，更换比较频繁，师生情感很难实现牢固持久发展，这也影响了学生对汉语学习的积极性和主动性。

大学汉语教师的构成方面，由本土汉语教师和中国汉语教师构成。教师的主要来源是中国高校的一些有丰富教学经验的在读研究生和在职教师，部分是在中国留学后归国的泰国汉语专业的教师。

（二）泰国职业院校汉语教育发展现状

泰国的职业院校在泰国教育部大力发展汉语教育的政策下，也先后将汉语引进课堂。这一方面符合泰国的教育发展要求，另一方面赶上了世界“汉语热”的潮流，也满足了泰国学生对汉语学习的需求。但是职业院校汉语课程的开设并不完全像外在显露的那样，注重学生综合能力的发展和开展多类型、多元化课堂，其实际运行中仍存在很多问题。

职业院校更注重对学生操作能力和实践能力的培养，忽视学生理论学习能力的培养。这是职业院校的优势，也是在进行汉语教学中不可避免的劣势。在职业院校中汉语课堂大都以兴趣班的形式存在，处于学校的边缘地带，大部分课程的学分所占比重很少。学校很少花费精力进行汉语教育的管理工作。

在师资力量方面，职业院校的师资来源多为中国的教师志愿者，这些教师以新手教师为多，课堂操作比较生硬，教学方法比较单一，加之学校不够重视，学生水平也极为有限，教师教学的积极性就会受到影响。不仅如此，教师志愿者大部分在职业院校仅待一年，流动性强。虽然职业院校的学生学制较长，但教师并不能对学生进行连续性教学。

在学生方面，职业院校本身注重实践性，决定了学生的思想更倾向于就业，注重课堂的实用性。另外，由于泰国崇尚享乐文化，更喜欢寓教于乐形式的教学，所以学生上课大部分比较散漫，迟到、缺课、逃课现象比较严重，学生的学习积极性不高，大部分是靠兴趣学习。还有学生汉语水平差距较大，新手教师不能满足多层次学生的需求。

课程设置主要以兴趣课为主，一周通常一个课时的汉语教学。虽然职业教育的学生学制为四年，汉语教学持续时间长，但由于节假日、学校举办比赛等，经常会出现课程中断的现象。总之，泰国职业院校的汉语教育未引起学校和学生足够的重视，只是一个边缘化课程的存在。

（三）泰国中小学汉语教育发展现状

中小学汉语教育是泰国汉语教育的核心部分，教育规模最大，学习人数最多。泰国很多中小学都设有汉语课程，但都以选修课形式存在，只有在极少数学校设有汉语专业班。在中小学汉语教育中，每年都会吸纳大量的汉语教师志愿者。由于泰国中小学开设汉语课的学校较多，且各个年级基本都有开设，所以对汉语教师的需求量较大。泰国是汉语教师志愿者市场需求量最大的国家之一，中小学是汉语教师志愿者遍布的主阵地。随着开设汉语课程的中小学数量的增多，教师志愿者甚至呈现出供不应求的局面。泰国中小学的汉语教育应泰国教育部的要求，基本实行了普及化，成为继英语之后的第二大外语学习种类。虽然中小学汉语教育呈现出普及范围广、学习人数多的喜人现象，但由于发展速度太快，也存在一系列问题。

首先，在学校层面，汉语课程的设置以选修课为主。中小学的课程设置从外在看种类丰富，但实际上比较单一，很多教学科目形同虚设，仅以听说为主，学生学习兴趣并不浓厚。另外，汉语课程作为一门选修课，学校并不重视，仅仅将其作为学校的一种特色课程，人们称之为“中华文化课程”或“中华才艺课程”，体现了中小学汉语教学重兴趣轻知识的特点。汉语教学课时设置较少，且课程设置多集中在下午，学生中午没有午休时间，所以上课时学习状态并不好，学习效率也不高。

其次，由表 4-12 我们可以看出，乌泰他尼府中学汉语教材主要为《快乐汉语》和《体验汉语》。虽然教材内容比较丰富，但学生反映实用性不强，教材多为大学生使用的教材，忽略了学生的能力和水平。教材编写内容存在一定问题。[①]

表 4-12　乌泰他尼府部分中学汉语教材使用情况

学校名称	汉语教材名称
农昌中学（Nongchang Wittaya School）	《体验汉语》《快乐汉语》《汉语教材》
农卡阳中学（NongKhayang Witthaya School）	《快乐学汉语》
塔普森·安努森学校（Thapthan Anusorn School）	《体验汉语》
萨旺加罗姆中学（Sawangarom Wittayakhom School）	《体验汉语》《快乐汉语》
乌泰他尼府中学（Kanchanapisek Wittayalai Uthai Thani School）	《体验汉语》《快乐汉语》

最后，中小学的汉语教师多为中国的教师志愿者，他们的专业多为语言学、

① 刘苗利. 泰国乌泰他尼府中学汉语教学现状、问题及对策 [D]. 郑州：郑州大学，2016：21-22.

文字学、汉语国际教育专业，少部分为旅游、管理等专业。这些专业的教师志愿者中，既通汉语又懂泰语的教师不多，非泰语专业出身，大部分教师都不通泰语。由于语言能力的限制，师生之间甚至只能采用第三方语言英语进行交流，存在语言障碍。老师志愿者多为无教学经验的新手教师，驾驭课堂的能力较弱，在中学教授汉语的本土教师数量很少，并且学生使用的教材多由教师自己编定，本土化色彩浓厚，但教材的系统性较差。

（四）泰国幼儿园汉语教育发展现状

在泰国，有汉语教学的幼儿园教育以三语教学为主，泰语、汉语、英语三语并行。这种现象的出现是由多方面原因决定的。一是受国家语言政策的影响；二是泰国有很多华裔家庭，父母热爱自己的母语汉语，希望孩子能够学习汉语，对孩子存在语言学习的期望；三是多种语言的学习有利于全面提升自身的竞争力，所以很多父母愿意让孩子学习汉语。中国作为泰国的邻国，经济发展迅速，培养孩子学习汉语，是为了孩子未来能够有更好的就业。基于以上多方面的原因，泰国有很多家长愿意让孩子除了学习母语和英语之外学习第三门语言——汉语。

三语并行的教学形式，使得泰国幼儿园的语言环境具有多样性。但由于学生语言能力较弱，学习的主要形式是听说。幼儿园汉语教学中，一个班级通常由三位教师共同负责。一个是中国汉语教师，另一个是本土教师，主要负责翻译，再一个是本土泰语班主任教师，主要负责课堂管理，课堂教学主要由中国教师负责。

在教学中，泰国的幼儿园多采用大班教学，是一种粗放型教学模式，一个教师通常负责一群学生。由于小孩活泼好动的天性尚在，加之自律性不强，因而在这种情境下，汉语教学并未实现真正的有效性教学。

幼儿园里最突出的问题是教材资源匮乏。中国近几年来虽然出版了100多种的汉语教材，但大部分针对中小学、高中和大学的学习者，而针对幼儿园的汉语教材几乎没有，所以幼儿园汉语教材缺乏是泰国幼儿园汉语教育中普遍存在的问题。由于缺乏针对性的教材，幼儿园的汉语教师大部分使用的教学模式是“专题教学”，没有特定的教材、教案，教学形式比较灵活随意，依据教师自身能力和经验水平而定。要解决幼儿园的汉语教学中面临的这一困境，急需一套系统的、有针对性的汉语教材。

（五）泰国孔子学院的教育发展现状

泰国是孔子学院开设密度最高的国家之一。自2006年建立第一所泰国孔子学院——孔敬大学孔子学院开始，泰国就兴起了建立孔子学院的热潮。截至 2020 年 2 月，根据国家汉办官网的统计，泰国共有 16 所孔子学院和 11 个孔子课堂。泰国孔子学院和汉语教育的良好发展还得益于我国“一带一路”倡议的提出，之后两国在经济、文化、教育等领域开展了大量的合作。2014 年泰国颁布了《汉语教学改革政策》，这进一步推动了汉语在泰国的传播。目前，泰国也是汉语传播力度最大、派出志愿者最多的国家。在当地，孔子学院主要负责大型文化活动和中小学生教育教学工作。由于孔子学院主要由中国高校和泰国高校合作办学，既富有中国特色又适当调整，适应泰国当地特色，不断实现本土化，融入泰国社会和泰国课堂。经过 10 多年的发展，泰国的孔子学院经过科学规划与运营，已经形成了良性的发展体系，融入了泰国的教育体系。

在课堂教学方面，孔子学院的教学对象主要是中小学生，教学管理专业化，多为小班教学，具有针对性，属于精细化教学，同时具有丰富多样的教材。在师资力量方面，教师多为合作办学的硕士研究生和本科生以及一些优秀在职教师，他们大都多才多艺，有丰富的中国文化知识，所以教师具有很强的专业性，但本土教师数量依旧较少。在课程设置方面，课程种类多样，涵盖中国文化、中国历史、商业贸易、中国旅游等，具有很强的针对性，满足了不同层次、不同兴趣爱好的学习者的需要。由于受到国家的资助，教具教材也较丰富，活动组织能力强，富有中国文化特色。孔子学院在泰国得到很好的发展，得到了当地人民的认可。

（六）汉语教育培训机构的教育发展现状

由于泰国政府政策的鼓励和自由民主的国内环境，泰国的汉语教育培训机构在中泰建交后，如雨后春笋般发展。汉语教育培训机构作为一种职业或者兴趣培训班，以营利为目的，竞争生存，这也决定了其在教学方面具有直接性、高效性和针对性，教师具有高水平、专业化的特点。这些机构以精细化和专业化教学为主，注重高效性和实用性，弥补了教学机构大班教学、兴趣教学和粗放教学的不足，更好地满足了有汉语天赋或者对汉语感兴趣的泰国学习者的需要。虽然政府采取鼓励和扶持政策，但也有一些教育培训机构由于经营管理不善，并未真正发挥有效作用，有些机构在与其他语言机构的竞争中走向了倒闭的末路。

泰国的汉语教育这些年来取得了很大进步，也获得很大的发展空间。但师资力量不足、学生学习积极性不高、课程设置不合理、教材实用性不强、课堂管理不够规范等问题一直长期存在，这是有待解决的问题。

四、泰国汉语教育发展策略

十年树木，百年树人。汉语教育的发展是一个长效、持久的过程，对泰国汉语教育中出现的问题我们既不能回避，也不能置之不理。问题的解决需要中泰双方在承认问题的基础上，积极应对挑战，做出适当调整来解决问题。针对泰国汉语教育现阶段发展存在的普遍性问题，我们从泰国、中国及学校和语言教育机构三大维度提出一些应对策略。

（一）泰国应对策略

泰国的语言环境具有多元性的特点。泰语、英语、汉语、日语、韩语等多语发展为泰国带来了多样化语言特色。汉语作为泰国重点发展的一门外语，作为中泰两国交流的工具，在以后经济贸易与政治合作中将会发挥更大的作用。要想实现两国更深入的交流，了解一个国家的语言和文化是非常重要的。要想实现中泰两国关系的良性发展，泰国自身必须努力，从自身出发，制定科学客观的应对之策。

首先，泰国应该不断完善语言政策并加强实施语言策略。泰国教育部等相关政府机构应加强汉语教学管理体系建设，使汉语教学管理体系更加系统化，模糊的管理内容明晰化。

其次，资金投入应该适当向汉语教育方向倾斜。政府应加大资金投入，为本土教师的培养提供资金支持。重视本土教师队伍的培养，增加津贴发放，引导泰国教师学习汉语专业，弥补本土汉语教师不足的劣势。加强汉语教师市场的管理，完善汉语教师选拔体系，选出一些优质高效的汉语教师。加快对外合作办学的步伐，扩大规模，有针对性地培养专业化汉语教师。

最后，根据泰国学生的水平，制定科学合理的培养目标和培养方案，完善汉语水平考试机制，积极正确引导学生学习汉语。

（二）中国应对策略

文化是自己的，也是世界的。中国的对外策略经过了“请进来”到“走出去”再到“走进去”的发展变化，语言也应该做到“走进去”，走进泰国等世界上的每一个国家中。在泰国的汉语教育发展中，中国应发挥着重要的作用。

中国在语言传播策略方面，应该不断完善调整语言传播策略，根据不同国家，制定出不同的语言传播策略。同时，中国政府应该加大在语言方面的资金投入。语言作为中国形象塑造的窗口，离不开有效的国家政策和政府资金的支持。

作为以汉语为母语的国家，中国拥有大量的汉语人才。为了培养专业化人才，中国高校针对汉语国际化，专门设置了汉语国际教育专业，致力于培养符合汉语教育国际化的标准人才。为了培养专业的国际汉语教师，中国应从国际视野出发，不断完善教师培养策略，实现教师专业化。国际汉语教师中，志愿者占很大比例，国家对汉语教师志愿者的培养要加强引导和管理，使汉语教师的管理规范化。

教材的编写方面，刘珣先生认为，一本好的教材的编写要遵循针对性、实用性、科学性、趣味性和系统性等原则。①刘珣先生提出的五性原则一针见血地指出了优秀教材必须具备的特点。为达到这一标准，中国必须深入不同国家进行调研，加大教材研究力度，使教材国别化的特点凸显，借鉴其他语言教材的编订方法，编制出实用的、科学的、符合市场需求的教材。

孔子学院作为国家重点的汉语传播机构，应该对其在资金政策方面进一步倾斜，为孔子学院，特别是欠发达地区的孔子学院提供政策支持和人文关怀。2010年，在探讨如何实现孔子学院（课堂）可持续发展的论坛中，泰国的孔敬大学孔子学院中方院长、泰国朱拉隆功大学孔子学院中方院长以及其他孔子学院中方院长分别给出了建议，其中，朱拉隆功大学孔子学院中方校长傅增有指出一方面要苦练内功，加强汉语教学权威性和文化传播的示范性；另一方面要兼重外联，加强与周边学校的联系，相互学习，共促进步。泰国宋卡王子大学普吉孔子学院中方院长姚喜明则指出孔子学院要实现可持续发展需要努力的三个方向，即构建三大中心：泰南地区最大的汉语水平考试中心，中文图书流通中心，服务于当地政府、企业、学校的信息咨询中心。还有一些院长提出保持自己的建设特色、发挥自身优势、建立明确的培养目标等方案。②这些孔子学院的中方院长为孔子学院可持续发展指出了道路，指明了方向。

（三）学校和语言教育机构应对策略

学校和语言教育机构是泰国汉语教育发展的主平台，是发展汉语教育的主要角色。汉语教育要想实现可持续发展，学校的政策制定和课程设置及管理方面起

① 刘珣. 对外汉语教育学引论[M]. 北京：北京语言大学出版社，2000：318.

② 黄小明，傅增有，马峙，等. 如何实现孔子学院（课堂）的可持续发展？——泰国孔子学院院长论点集萃[J]. 孔子学院，2010（4）：32-39.

着至关重要的作用，是落实汉语教育教学的主要基地。

学校对本校汉语教育的发展要给予足够的重视。课程方面，建立完善的汉语教学管理机制，设置科学的课程。教师方面，有意识地给学生开设汉语专业课程，为培养本土汉语教师打下一定的语言基础。还有开设本土教师进修学习培训班，加大本土汉语教师的培养力度，提高本土教师执教能力。为汉语教师志愿者开设泰语课，让汉语教师志愿者更好地了解泰国文化、泰国风土人情，增强汉语教师的归属感，从而更深地融入学生的课堂，更高效地进行汉语教学。

在汉语教学中，实施奖学金制度，鼓励学生学习，提高学生学习积极性。教师要做到因材施教，了解学生学习水平和学习动机，调动学生的兴趣，运用多种教学方法，实现优质课堂教学。在课程安排方面，尽量合理安排学时，既要保证课程类型的多样性，又要兼顾课程的实用性，实现连续性有效性教学。组织本土教师和中国教师通力合作，开发编制适合本土教学的汉语教材，解决教学资源不足、不丰富的问题。

通过对泰国汉语教育发展的背景、历史进程、现状进行分析，提出有效的应对策略。教育是国家发展的重中之重，是一个必须得到长远重视的问题。语言教育也是如此。千里之行，始于足下。泰国汉语教育的发展要以问题为导向，从当下做起，从现在做起，既需要泰国自身进行语言政策改革和完善措施，也需要中国的鼎力相助，帮助泰国汉语教育的进一步发展。同时，需要各个学校以及其他汉语教育机构的通力协作，最终才能从根本上求得有效的泰国汉语教育之道。

第六节　马来西亚汉语教育发展研究

马来西亚有完整的海外华文教育体系，包括华文小学、中学、大专院校和本科院校。马来西亚的汉语教学是除中国外，在东南亚乃至世界范围，最成功的一个国家。根据我国外交部网站，截至 2023 年 1 月，马来西亚总人口约 3270 万，其中马来人 69.4%，华人 23.2%，印度人 6.7%，其他种族 0.7%。语言方面，马来语为国语，通用英语，华语使用较广泛，是一个多元种族、多元文化的国家。700 多万华人（福建人、广东人、海南人等）中只有很少一部分没有汉语的母语背景，绝大多数的人都在汉语为母语的社会中受到过教育或者生活过。近两百年以来马来西亚一直存在这种环境。

改革开放以来，中国经济飞速发展，国际地位不断提高，也加强了中国与东南亚各国的经济往来，在东南亚地区汉语的经济价值逐渐显现，给汉语教学提供了许多空间。特别是马来西亚原本汉语教学基础就比较好，现在也展示出了更广阔的发展前景。马来西亚的华文教育历经坎坷，随着汉语影响力的不断扩大，马来西亚的华文教育也迎来了很好的发展契机。但是值得注意的是，马来西亚的汉语教育的发展虽然非常好，但是也面临着很多困境。

一、马来西亚汉语教育发展背景

（一）马来西亚语言生活及汉语的位置

马来语和英语都是马来西亚的官方语言。自 1969 年“五一三事件”以来，马来人开始在政治上占统治地位，其所使用的语言马来语也开始成为官方语言，同时由于殖民的影响，英语也广泛适用于多个领域。马来西亚英语是源自英国英语的一种形态，被称为马来西亚标准英语（MySE）。英语在马来西亚的使用逐渐与当地融为一体，是一种口语化的英语形式，又被称为大马式英语（Manglish）。受马来语、华语方言及泰米尔语的影响，因此具有浓重的大马风格。这种错误的用法并不被鼓励，政府会对那些混用马来语和英语的公示牌予以处罚。

在马来西亚第三种被广泛使用的语言是汉语。在马来西亚 700 多万的华人中，汉语被广泛使用，并且华人也在一直捍卫自由使用汉语、学习汉语的权利。马来西亚华人一直坚持创办华人自己的学校，积极促进汉语在马来西亚的发展与传播。例如，在马来西亚有许多华人自己开办的华文小学、华文独立中学与国民中学华文课程，受到了华文的报纸等媒体的支持，也有华文社会组织的支持，比如，在马来西亚，华教、华文媒体、会党合称大马华人三大精神支柱，它们也为华文教育提供支持与帮助。在这些地方及媒体的官方网站上，都会使用汉语。在非正式场合，马来西亚华人喜欢使用各种方言、英语、马来语混合的“罗惹式华语”。但是在正式场合像是广播电台、演讲的时候会使用标准的华语。一些使用粤语等方言的电台如 988、MyFM 等则会在某些时段说方言，这些均为汉语在马来西亚的传播做出了非常重要的贡献。汉语使马来西亚华人的凝聚力越来越强，避免各籍贯的华人忘了自己的根源。

马来西亚的华人移民历史约有数百年了，他们的祖辈大部分都是从福建、广东、广西、海南等地移民到马来西亚的，因此这些地区的方言也在马来西亚继续流传，有些人现在还在讲这些地区的方言，在乡村地区，华人的聚集往往会依据方言，所以常常会形成单一的方言群。在市镇地区，虽然会以一种或两种为主要方言，但许多人往往掌握多种方言，相互之间交流无碍。为了规范马来西亚华人对华语的使用，马来西亚华语规范理事会于 2004 年 2 月 13 日成立，此组织的建立更有效地帮助华语更好地在马来西亚发展与传播。

（二）马来西亚教育及华文教育体系的支撑

马来西亚政府一直将普及马来语作为主要任务，打造以马来文化为基础的国家文化体系，推行“国民教育政策”。效果也很显著，到 2007 年，马来西亚 15 岁以上人口识字率 91.9%，入学率 71.5%。同时在全国范围内设立了许多公立图书馆，全国共有 470 多家，藏书 1130 万册。这也是政府重视文化基础建设的一个缩影。说到马来西亚的小学可以分为三大类：以马来语为主的国民小学、以华语为主的国民型小学、以泰米尔语为主的国民型小学。中学则分为两种：5 年制的国民中学和 6 年制的华文独立中学。马来西亚现有 61 所华文独立中学，每所华文独立中学都设有初中和高中。华文独立中学的学生可于初中三年级（或高中三年级）报考马来西亚华文独立中学初中（或高中）统一考试。在华文独立中学的日常教学中，初中学生不分学科授课，而高中则分学科授课；学科班级普遍上分理科和文商，有条件的独立中学也开办技职教育班。①1997 年，马来西亚政府通过了《私立教育法》，为私立高等教育的发展提供了法律保障。检索百度百科（截至 2019 年 4 月 12 日）关于马来西亚大学列表发现，马来西亚私立高校分为私立大学、私立大学学院、私立学院和外国大学分校。其中，私立大学及外国大学分校共 55 所，私立大学学院 31 所，私立学院共 3289 所。为了保障教育质量，马来西亚教育部成立了马来西亚学术鉴定局（Malaysian Qualifications Agency，MQA），对私立教育机构的课程设置、学费以及师资水平进行监督和调控。

华文教育在马来西亚比较普遍，有比较完整的华文教育体系，由于历史和现实原因，马来西亚汉语教育的实施主要通过华文小学、华文独立中学、国民型中学以及华文高校、孔子学院等几种途径来进行。汉语在马来西亚的传播为三合一模式，主要基于三大主体，分别是马来西亚政府、马来西亚华教团体、中国国际汉语传播机构，它们在汉语传播的过程中分别扮演着不同的角色。最具有掌控权的马来西亚政府扮演着掌舵者的角色；拥有最多汉语教学资源的马来西亚华教团体扮演着主管者的角色；最具汉语权威的中国国际汉语传播机构扮演着辅助者的角色。马来西亚完整的华文教育体系不管是历时还是共时都对马来西亚汉语教育发展起着重要的支撑作用。可以说，马来西亚汉语教育发展离不开华侨华人及华文教育的贡献。

---

① Ministry of Education. SekolahKebangsaan Tahun1-Tahun 6[EB/OL]. https://www.moe.gov.my/menumedia/media-cetak/penerbitan/buku-panduan/3888-buku-panduan-bahasa-inggeris/file，2018-01-13.

（三）马来西亚政治影响汉语教育地位

马来西亚是一个多民族国家，哪种语言是官方语言关乎着国家的主权和稳定问题。因此，在马来人占大多数的马来西亚，政府认为，只有保障马来语的官方语言的地位，才能使得国家有独立的教育和行政权。通过政治的施压，保证马来语的绝对地位，那么马来人的地位也可以得到保证。同时，政府使用马来语来进行国家民族意识和凝聚力的培养。此外，马来语成为官方语言，马来人就获得了相应的语言权力和经济机会。马来西亚独立后，这种一味地压制其他语言的做法也限制了汉语在马来西亚的发展。但是，随着中国大国崛起，加上“一带一路”建设的深入推进，马来西亚与中国两国关系现正处于全面发展的好时期，这也是汉语传播重要的机遇期，有助于加强马来西亚对中国的理解，促进中国和马来西亚的人文交流。所以，马来西亚当局的政治站位、态度和价值取向影响着汉语教育发展的地位，进而影响其开展的各类汉语教育活动。

（四）中马经济外交激发“汉语热”

国家利益从根本上影响着语言的发展，支配着国家的对外政策。中国是一个有着十几亿人口的大市场，而马来西亚的经济很大一部分依靠于出口，双方的合作对彼此来说是意义非凡的。随着中国经济发展，东南亚成为了中国的重要合作伙伴，许多国家开始兴起“汉语热”，对华文教育的管制开始放松。许多当地人认为华文教育复苏的好时期到来了，对于马来西亚来说也是这样。1991 年开始，马来西亚发展政策的重点放在私人企业和公共机构基础建设的发展。在物质期望高涨，思想、贸易、金融、工艺、信息全球化的时代，马来西亚的发展趋势转向国家现代化。马来西亚对于中国而言有着很好的地缘优势及历史背景，越来越多的马来西亚企业进驻中国，谋求更多的商机。“汉语热”使得许多华裔将自己的孩子送去华文学校学习，非华裔也开始注重汉语的学习。根据马来西亚教育部所发布的数据，非华裔生在华文小学的就读率从 2010 年的 11.84% 增加到 2020 年的 19.75%。[①]因此，中马经济外交发展可以给马来西亚当地经济带来许多新契机，为当地创造更多的就业岗位，激发马来西亚华裔和非华裔的学生学习汉语的动机。

---

① 中国侨网. 马来西亚友族就读华小比例逐年增长[EB/OL]. https://baijiahao.baidu.com/s?id=1683046693538690347&wfr=spider&for=pc，2020-11-11.

（五）华人及华文教育的历史坚守

自马来西亚1957年独立以后，马来西亚政府刚开始沿袭了英国殖民者的学校制度，这一措施也加强了多元文化的特点。产生了华语、马来语、泰米尔语和英语四种教学媒介语。但是这样也对国家团结造成了不良影响，不利于国家发展。英殖民教育政策制造了社会精英，但是不少马来人认为这样的社会惠及的并不是马来人，只是为城镇的华人或者印度人提供了提升社会地位的机会，而当地的马来西亚村民却被忽略。

因此，独立后的马来西亚政府多次对教育法规进行修订，对汉语在马来西亚的传播造成了影响。1957年马来西亚宪法规定马来语为国语，并且规定在官方用途以外，任何人都有权使用、教导或学习其他任何语言。因此，造成了现在马来亚为国语，其他语言并存的局面。不过，马来西亚政府对其他语言不鼓励、不支持，甚至抱持想要彻底消灭除马来语以外的语言的态度，华语在马来西亚的发展也面临着重重阻碍。但与20世纪70年代和80年代相比，90年代的马来西亚政府为了争取华人在政治上的支持，实施了比较宽松的华人政策。除了在经济和文化政策上展示公平友善的姿态，在语言和教育上也出现了比较开放的现象，对华人的母语教育没有像往常采取异常强硬的立场。政府甚至在1990年和1997年连续批准两所华文高等教育学府，即南方学院和新纪元学院的成立。不管马来西亚历史发展如何嬗变，如何限制华人、破坏华文教育，华人及华文教育的持续坚守，为汉语教育发展留下了宝贵的财富。

（六）多元文化下华人的抗争

马来西亚社会可以说是包容性很强的社会，多元文化并存。华语并不是马来西亚的官方语言，华文教育的发展依靠的主要是当地华人的努力。追溯马来西亚华文教育的历史，1819年槟城的华文私塾五福书院的建立代表着马来西亚华文教育的开端。从这以后，当地华人始终在努力为华文教育争取发展空间，这是他们为传承自己的母语而做的努力。虽然华人一直在坚持学习汉语，但是他们也没有排斥学习其他语言，这种开放的态度是值得肯定的。当地华人承认掌握马来语和英语也是非常重要的，但是孩子们应该要懂得阅读中文以及书写汉字。正因为历经多个年代华人的抗争和积淀，马来西亚华文教育才能保持较为完整和稳定的发展。

二、马来西亚汉语教育政策发展

一个国家在不同的历史阶段有不同的语言政策，其变化与培养国家意识、增强民族凝聚力、提升国际政治经济地位及推进国家统一化进程密切相关。比如，2002 年出台的数理英化政策就是马来西亚在信息时代国家战略背景下对语言的要求。种族因素在一个多元文化的国家中也是很重要的，是语言政策制定的前提。语言政策反映的是国家的政治意识，可以说是国家的一项复制工程，影响着本国的民族意识和民族团结。

（一）边缘化的汉语教育

马来西亚教育的最终目标是逐步发展一个以马来语为主要教学媒介的国家教育制度。这是马来西亚《1961 年教育法令》中的内容。但是现实是马来西亚的华人社会担心政府会忽略“逐渐”二字，担心政府像以前一样加速这一最终目标的完成。其实这种担心也是有根据的，1995 年，马来西亚教育部草拟的“宏愿学校计划”再一次重申了关于以统一教学媒介语作为团结国民工具的政策建议。那时华人团体集体维护华文教育的发展，通过停办学校、给政府呈上书面建议等形式表达自己的意向，希望政府可以正视、公平对待华文教育，摒弃对汉语的消极态度。

如果说马来语和英语在马来西亚的竞争处于主竞争地位，那么汉语和泰米尔语的教育则处于次竞争地位，这两种语言在马来语和英语的夹缝中艰难发展。总体来看，马来西亚政府仍然强调单元教育政策，试图逐步实现统一的马来语教育。这也和东南亚其他独立和重构国家做法一致，即将国家的语言问题与本国民族统一结合起来，表现出语言教育问题的政治化取向。

（二）与他语共存的汉语教育

马来西亚华校董事联合会总会（董总）和马来西亚华校教师会总会（教总）组成的马来西亚董教总会是推进马来西亚华文教育工作最主要的组织。马来西亚董教总会又被称为“董教总”，民间戏称之为“马来西亚第二教育部”。该组织为了与马来西亚单元化的教育政策抗争，在办学办校等方面不遗余力地保护着汉语的发展。董教总下属的华语规范工作执委会原来负责的是华语的规范工作，后来 2004 年在新闻部下设立了华语规范理事会（马来语：Majlis Pembakuan Bahasa Cina Malaysia；英文：Chinese Language Standardisation Council of

Malaysia)，也称为大马华语规范理事会，理事会在华语词语的规范化工作中做出了重要的贡献，比如已经公布了一批地名的统一华语名称。如今，华语规范理事会隶属于马来西亚教育部。

生活在马来西亚的华人深知如果不捍卫华文教育的地位，随着一代一代的子女长大，将会没有人晓华文，能用华语学习及阅读，并书写汉字，学习华语也是他们寻求认同的一种行动。在马来西亚的华人社会里也有人认为现在的华人各说各的方言会导致大家的不团结，学习华语也是加强华人凝聚力的一种方式。

（三）华文学校的汉语教育

马来西亚的汉语教学要从华文学校的创办开始。追溯历史，最初的华文学校是以私塾的形式发展的，直到 1904 年槟城中学学堂创办，才转变为现代学校的形式。自 1904 年以后直到 20 世纪 20 年代，处于英殖民政府统治下的马来西亚并没有抵制汉语教学，因此，华文学校迎来了短暂的兴盛时期。据统计，到 1918 年，马来半岛的华文学校就达到了 300 多所。到 1931 年，马来地区的华文学校有 880 多所，1937 年华文学校学生总数达 86 200 多人。这一时期华文学校的快速发展，除殖民政府没有抵制外，最主要的原因则在于侨居于此的华人本身对汉语及华族文化的认同，推动了华文教育的发展。

1. 中小学的汉语教育

马来西亚华文学校的教学语言主要是华语，华文学校是华语学习传播的主要场所。这里所说的华文学校主要是指以下几种学校。

华文小学（简称华小），指以华语华文作为主要教学媒介语的政府小学，除了马来语和英语外，其他科目都以华语华文进行教学。华小的教学对象主要是华裔子弟，是华裔子弟学习母语的主要场所，华语教学是他们的第一语言教学。马来西亚的华小数量很多，截至 2022 年 6 月，马来西亚共有 1302 所华文小学，以及 495 386 名学生。从华小的作用上来看，华小是培养未来华语继承人的主要力量，因此，小学教育是华文教育的重中之重，也是母语教育中最重要的一环。与国民小学和泰米尔小学相比，在各类活动和考试的评比中，华小都处于领先地位。马来西亚独立后，华文学校被纳入国家教育体系，为马来西亚国民素质的提高和经济的发展都做出了重要贡献。但是，华小非但没有获得合理的对待，却在后来遭到了许多法令的制约。

华人出资创办的华文独中是独立中学。到 2021 年 8 月份整个马来西亚共有 62 所华文独中，提供了华文中学教育给华裔和非华裔学生。根据《2016 年马来西亚华文独立中学学生总人数及初一新生人数初步统计和分析报告》，该年度中共有82 608 名学生就读于独中。其中非华裔学生就读于独中的人数也在逐步增长。华文独中分布在柔佛、马六甲、森美兰等 10 个州和吉隆坡联邦直辖区，其中有 37 所设立在马来西亚半岛，23 所设立在沙巴砂拉越。华文独中统一课程完全是按照马来西亚国家的多元国情的实际需要，并参照国际中等教育标准编纂而成的，在遵循国家教育课程标准的方针拟订课程标准的过程中，以教育部颁布的学科课程标准为蓝本，在精神上强调本土化和多元化兼蓄，在内容上重视培养学生爱乡爱国意识以及国际视野，强调德智体美的教育，以培养学生成为全方位的人才为教育要务。"马来西亚的华文中学都是独立的，也就是说，所有资金都是由华人独立提供的，没有政府的资助，华小只能获得政府补贴的一半。"华文学校每年收到华人捐款总额达数亿元人民币，马来西亚 95%的华人儿童在华文学校学习。根据凌观宝的分析，尽管独中很受欢迎，但由于明显的发展限制，每年仍有近 3000 名学生因其学位不充裕而不得不转入国民中学。①在许多城市的华小中也出现了这种压倒性的情况。当新学年开始时，许多华人父母总会整夜排队等候争夺华校的名额。"为发展华文教育，每个华人几乎都缴纳两种税款：一种是每个公民必须缴纳的税，另一种是对华文教育的自愿金额支持。"砂拉越州新尧湾中华公学的校董黄文明先生生动地说，马来西亚华文教育的现状取决于华人自身的努力。当地富裕的华人和有远见的父母为他们的孩子入读这些学校而感到自豪。

国民小学是以马来语（国语）为主要教学语言的官立小学或由政府资助的小学。华语是第二语言教学。1961 年以来开设的小学汉语课程是属于"母语课程"的汉语课程，属于面向华裔学生的"汉语作为第二语言"课程；1996 年以后开设的小学汉语课程是具有"附加语言课"性质的汉语课程，属于面向所有族学生的"汉语作为第二语言"课程，涵盖汉语和非汉语学生。②国民小学对华语并不是非常重视，所以国民小学学生的汉语水平并不是非常高。

2. 大学的汉语教育

1967 年董教总曾提议创办华人大学，但是这一计划被当时的政府所拒绝。在 1990 年之前汉语教学不仅仅在马来西亚受到阻力，在东南亚这个大区域中都是如此。20 世纪 90 年代之后马来西亚政府对汉语的态度开始转变，东南亚其他国家也有了转变，废除了打压汉语教学的政策[如废除《1961 年教育法令》第 21(2) 条]，

---

① 蔡亲炀. 马来西亚华文独立中学教育的现况与发展[C]//张诗亚. 和谐共生：2007 年全国博士生（教育类）学术论坛论文集. 桂林：广西师范大学出版社，2007：173-181.

② 叶俊杰. 马来西亚华文课程大纲与华文教材的编写[J]. 汉语国际传播研究，2011（1）：179-188.

允许华人创办汉语的民办大学。1990 年马来西亚的华人创办了第一所华人的大专院校南方学院。后来经过不断争取又创办了新纪元学院和韩江学院两所华人高等教育院校。这些华人大学的创立也进一步完善了马来西亚的华文教育体系，为提高马来西亚汉语人才培养层次、造就高端汉学家奠定良好的基础；随着中马教育交流和合作的深入开展，加上“一带一路”倡议，为汉语教育人才提供良好的环境。中外教育合作与交流成为“一带一路”倡议下的新常态。例如，A 大学在马来西亚槟城设立硕士点，培养教育管理、心理学、汉语等专业硕士人才；在马来西亚新纪元大学学院建立研究基地，为中马国际科研合作提供了新平台；A 大学依托教育部国别和区域研究培育基地东南亚研究中心，每年举办“东南亚论坛”国际会议，邀请了包括大学教授在内的专家、学者等就相关热点和难点问题进行学术交流和探讨，形成了“一带一路”中国与东南亚国家长期的学术交流机制。2017 年举办的第一届论坛就以“‘一带一路’视域下东南亚汉语人才培养国际研讨会”为主题展开研讨。因此，在马来西亚，大学的汉语教育关乎整个汉语人才培养体系，也是促进“一带一路”建设的重要力量。

3. 孔子学院的汉语教育

孔子学院汉语教育为马来西亚汉语教育发展提供了另一新平台。截至 2023 年 2 月，根据国家汉办的官网公布，马来西亚总共有 5 所孔子学院，分别是马来亚大学孔子学院、世纪大学孔子学院、沙巴大学孔子学院、彭亨大学孔子学院和砂拉越科技大学孔子学院。每年，中国派出一定数量的汉语教师志愿者赴马来西亚支持当地汉语教育教学和中华文化传播工作。他们除在孔子学院工作外，一部分的汉语教师也会被分配到马来西亚其他地区的教学点进行教学。相比于东南亚一些国家来说，马来西亚的汉语志愿者数量并不多。随着志愿者派出的增加，其对马来西亚的汉语教育与汉语传播会起到更大的推动作用。

4. 社会机构的汉语教育

除了上述各类学校，还有一些社会力量组织开办了汉语教育机构，这些机构对于汉语国际教育的发展也起着很大的推动作用。例如屈指可数的高等华文教育机构，如马来西亚大学中文系、博特拉大学中文系、南方学院中文系（1996）、新纪元学院中国语言文学系（1998）和韩江学院中文系（2000），韩江学院中文系还和中国南京大学合作办有中国语言文学硕士研究生班。①

① 郭熙. 马来西亚：多语言多文化背景下官方语言的推行与华语的拼争[J]. 暨南学报（哲学社会科学版），2005（3）：87-94，141.

马来西亚汉语教学具有以下几个特点：第一，学生方面，马来西亚学习汉语的学生大部分都是华人。目前由于各种原因，非华裔学生学习汉语的人数越来越多。虽然马来西亚已经形成了完整的汉语教育体系，但是华裔在上大学时仍有诸多限制，并不能享受到和非华裔学生平等的权利。第二，学校方面，目前马来西亚的小学和中学相对充足，但是华人大学并不多，学生在独中毕业后可选择的学校有限、专业有限，很不利于华人教育的长期发展。第三，课程方面，马来西亚的华文学校课程设置非常完善，课程的主要媒介语为汉语，课程有 2/3 与中国相同，尤其是华语课，多是参照中国的语文课本制定的。学生不仅可以学习汉语，同时可以学习马来语和英语，课程设置非常人性化，学生在这里可以德智体美全面发展。第四，教材方面，马来西亚的汉语教材使用的是马来西亚华人经过几十年的摸索自己编制出的汉语教材，相比于别国用中国一些教师所编的教材，他们的教材更加本土化，更加适合学生、适合教学。第五，教师方面，马来西亚汉语教师的数量较为充足，独中的教师或从中国大陆的北京大学、南京大学、暨南大学等名校学成归来，或从中国台湾的各大学毕业，都拥有较高的中文水平。但是总体来看，教师的整体学历并不是很高。相比于中国一座小城市对高中教师入职要求研究生学历，马来西亚汉语教师的准入门槛要低得多。究其原因，可能是在整个华文学校教育体系中，汉语在高等教育层次相对薄弱。对此，马来西亚本土汉语教师的高层次人才造血功能仍然要继续强化。

三、马来西亚汉语教育发展现状

（一）政府态度由排斥压制到温和干预

马来西亚政府为了顺应全球化趋势，对汉语教学的态度也有了改观，并不排斥，取而代之的是有限的适度的干预。特别是 21 世纪以来，汉语的经济价值日益突出，马来西亚政府也已开始做出一些改变来支持和鼓励汉语教学，具体表现如下：第一是放宽了对汉语教学的限制，撤销了长期以来一直威胁汉语教学的《1961 年教育法令》第 21（2）条，即任何时候，只要教育部部长认为某一间国民型小学已适合转变为国民小学，他可以直接命令有关学校转制为国民学校；第二是增加对中文学校的资助；第三是与中国人确认私立大学的建立和发展；第四是重视并肯定华文的经济价值，将华文课纳入国立小学的常规课程，并鼓励马来学生学习华文。但是，需要指出的是，马来西亚的汉语教学政策正在变得更加宽松，但这并不意味着马来西亚政府已经放弃了统一教育的想法。这些放松充其量不过是政府的战略调整，其领导思想仍然是“马来人种民族中心主义”。[①]

（二）华人族群母语教育的发展态势良好

尽管马来西亚政府一直在一切方面强调马来族的特权，并对华语教学进行了各种限制和压制，但在董教总领导的当地华人的抵制和努力下，华语教学持续保持着它的活力。华文学校基本上仍然保持着中文教学的传统，教学质量也在不断提高，得到了社会的普遍好评。良好的母语氛围从马来西亚华人的小学一直持续到大学，这使得马来西亚成为海外汉语教学中最发达的国家。

（三）非华人族群的“汉语热”日趋增温

在过去的二十年中，马来西亚悄然上升的“汉语热”不再局限于华人圈子，越来越多的非华裔父母将孩子送入华小。2009 年，各个地区的华小有近 7 万名非华裔学生就读。大多数华小非华裔学生约占 10%—20%。在马来西亚北部的玻璃市和吉打，在马来西亚东部的沙巴和砂拉越，在一些华小中，非华裔学生甚至超过了华裔学生；马来西亚的国立学校规定的教学语言是马来语，它们最初的要求是只有外国学生（例如中国人、印度人等）达到一定数量的情况下才能为其开设相应的母语课程，但现在很多国立学校在华裔学生数量并未达到要求的情况下也开设了汉语课程并将其纳入常规课程。高校教授汉语也成为一种趋势。除设有中文系的大学外，相当多的大学提供中文选修课。比如在马拉工业大学，几乎每学期有 8 000 名学生将汉语作为选修课。另外，在马来西亚越来越多的各种语言中心、培训机构或国际学校也开始向人们提供汉语课程。

（四）汉语传媒营造了良好的语言氛围

在促进中文教学方面马来西亚的各种中文报纸、电视和网站都发挥着积极的作用。据不完全统计，马来西亚有 18 种中文报纸，在海外国家中排名第一。例如《星洲日报》《南洋商报》《光华日报》《华侨日报》等，这些报纸已经形成了庞大的中文报纸媒体网络，是在马来西亚维持和扩大中文影响力的重要手段。另一种重要的手段就是华语电视，华语电视剧的发展拉近了全球华人之间的距离。现代互联网技术发达，也为马来西亚的汉语教学提供了广阔的空间。

---

① 周聿峨，胡春艳. 中马建交以来马来西亚对中国认知之转变[J]. 暨南学报（哲学社会科学版），2010，32（4）：124-128，140，164.

四、马来西亚汉语教育发展特色

（一）汉语教育发展曲折但从未中断发展

在过去的 200 年中，马来西亚的汉语教育从未中断。尽管不断受到当局的攻击和打压，但马来西亚华人始终将汉语教育与争取种族平等的斗争联系在一起，并将接受汉语教育的权利视为华人民族权益的重要部分。在与当局的不断斗争中发展汉语教育，并形成与东南亚其他国家不同的汉语教育特色：建立了小学（华小）—中学（独中）—大学体系中的汉语教育体系。在这个系统中，无论在小学还是大学中，汉语一直是教学的媒介语言。在生活在这种教育和文化环境中的华人心中，尽管他们已经成为马来西亚公民，但他们仍然同意汉语是他们的母语。这种情况与东南亚国家的早期汉语教育非常相似。对于汉语圈的学习者而言，汉语学习基本上是第一语言学习。

从马来西亚开始有华人的那一刻起，汉语教育就开始在马来西亚这片土地上生长。虽然马来西亚政府对待华人学校的态度以限制为主，但是在董教总以及热心华人的支持下，加之中国国力日渐强盛，汉语的经济价值越来越凸显，马来西亚的汉语教育肯定会一直保持良好的发展。

（二）华人社会团体的支持与抗争

从第二次世界大战结束到 20 世纪 80 年代，在马来西亚董教总的领导下，马来西亚华人一直为争取华人的地位和汉语教学的发展而奋斗。在过去的 40 年中，尽管马来西亚的汉语教学受到了不断的挤压和冲击，但由于华人的努力，汉语教学取得了长足的进步。马来西亚汉语教学之所以能够生存和发展到这样的水平，除了中国社会的坚定支持和无私的财政捐助外，董教总在汉语教学中起着举足轻重的作用。每当汉语教学遇到阻力和面临危机时，董教总就会与各行各业的中国人取得联系，积极争取汉语教学的生存和发展，维护马来西亚汉语教学的权利。由马来西亚各大学知名教师组成的马来西亚汉语教育协会（MMEA）于 2010 年成立，是一个非营利性的组织，主要致力于使该协会成为在马来西亚培训国际汉语教师的基地，并为本地汉语教师进行学术交流提供平台，目的是培训国际汉语教师，编写国际汉语教材，传播汉语，促进马来西亚汉语教学的发展。

（三）强调语言习得的文化内涵和交际功能

马来西亚华人公会前会长黄家定曾说过令人印象深刻的几句话：“除中国外，马来西亚华人是最华人的华人。马来西亚华人与其他国家的区别在于，他们保持了中国外面最完整的传统中国文化。”华文教育的目的是继承中华文化，以便将来广大华人能够“回归自己的根源”。除新加坡外，马来西亚是东南亚华人人口比例最大的国家，马来西亚华人也是最大的海外华人群体之一。因此，对华人来说，政治认同并不能代表着对去民族化教育的认同，强制性的施行带来的反弹只会更加强烈。文化的共同体需要各族之间不断地沟通、理解和融合，以构建代表该国家的文化、价值观和理想。在此过程中，马来西亚政府时常暴露出的狭隘文化民族主义是一枚随时会引爆的定时炸弹，排斥和压制政策不但没有起到效果，反而促进了马来西亚华人的集体认同感，让他们觉得更加有必要积极学习汉语，同时注重它的工具性和交际性，学习汉语所包含的广泛而深刻的文化。

（四）以华语为纽带形成的强大民族凝聚力

从马来西亚独立到建立马来西亚联邦再到新加坡和马来西亚分治，马来西亚的种族斗争一直贯穿其中。种族问题已成为影响马来西亚政治发展的主要原因之一。自 1963 年成立马来西亚联邦以来，马来西亚华文教育的发展始终处于边缘地位，其国民教育通常与伊斯兰教和马来文化联系在一起。学校较为强烈的种族色彩和种族文化特色使华人更为紧密地团结在一起，华语便是联系华人群体的厚实纽带。

（五）当前华文教育成就背后的困境

首先，自 1957 年马来西亚独立以来，马来西亚一直实行的是单元制的教育政策。一方面，它鼓励各个民族的学生通过各种途径入学，另一方面，它限制了中印两国小学的发展，这在资金、设备等方面都给华小带来了麻烦。虽然将华小纳入了教育体系，但是在资金拨款方面华小并没有和其他国民学校享受到一样公平的拨款。其实政府有责任适当管理和发展这些学校，包括提供公平的资金。但是，目前政府对各种来源的学校的资助分为两种不同的处理方法，这显然对华文学校是不公平的。其次，华小在建筑扩建方面一直面临困难。根据最新统计，截至 2022 年 6 月，马来西亚一共有 1302 所华小，以及 495 386 名学生。面对这个事实，政府应在人口稠密的华人和新居民区建立新的华小，以满足父母对其子女的教育需求。但是事实恰恰相反，只有在华人不断的要求之下政府才会建立新的小学以满足要求。再次，华小改用国民小学马来语课程纲要事件。最后，华文师资培训问题。根据董教总的报告，2010 年 6 月 28 日开始的大学毕业生师范课程（KPLI）总共招收了 638 名华人小组学生，但不幸的是，与往年一样，华人小组的入学率存在许多偏差处理。值得注意的一点就是，华文独中高中统考文凭仍然不被马来西亚教育部认可，不能作为进入师训学院或大学教育系的资格之一。

自 20 世纪 80 年代以来，许多人看到了华文教育取得的显著的成果，却忽视了其成就背后的困难。马来西亚在文化教育中，提出了“一国一民族，一种文化”，强调马来族优先，并使之合法化。马来西亚也是极少数在法律上确定统治民族和国内其他民族不平等的国家之一。因此，政府在制定各种法律和政策时，也以保护马来族的特权为准则。这些规定限制了华文教育的发展，人为地造成了发展差距。

马来西亚具有多种族、多元文化以及多元宗教的特点，但是它的教育政策的最终目标却是单一的。华文教育在其种种不合理的政策打压之下，却在当地华人社会锲而不舍地捍卫“维护华小，支持独中，发展民族高等教育”的目标的斗争中坚强而有力地活着。世界多极化是必然趋势，世界也在向着更民主更开放的方向走去，随着汉语的经济价值、实用价值不断提高，我们对华文教育的发展和前景充满信心，前进的道路依然曲折，还需要华人社会、马来西亚全体华人不屈不挠地继续争取。

第五章　汉语国际教育与孔子学院研究

孔子学院从 2004 年至今已经发展了 18 个年头，它以汉语教育为逻辑起点，从最初的“需求导向、教学为本、弱化制度”的发展理念起步，在短期内迅速扩张；随着 2008 年《孔子学院基本办学标准》和《孔子学院总部资金管理办法》等系列规章制度的颁布，孔子学院迈入了建章立制、协同发展、统筹规划、多维共塑阶段。通过与当地政府、各层级学校、企事业单位、社区的共同商讨，孔子学院逐渐明确不同主体的语言文化需求，在充分发挥核心功能的同时，还不断地拓展新的服务，逐渐形成了“政府支持、社会参与、民间推动”这样一个多元主体共塑互构的良性生态系统。①随着孔子学院知名度的提升，其语言和文化传播思路也逐渐由中方主导推动向中外互动发展。当前，孔子学院不仅更注重融入本土文化，还不断开拓发展视野、扩充发展空间、创新服务功能、推动数字化和特色化建设，促进多层资源的整合与共享。

第一节　孔子学院的发展现状

一、孔子学院的整体发展规模与特色

（一）2009—2019 年来孔子学院与孔子课堂的发展情况

孔子学院、孔子课堂自建立发展的近 20 年来，其数量获得了快速稳步的增长。纵观 2009—2019 年来孔子学院与孔子课堂的数量变化（表 5-1），我们可以看出，孔子学院的发展规模呈快速增长趋势，已初步实现了全球布局。

如表 5-1 所示，2009—2019 年，孔子学院所分布的国家和地区数量从 88 个发展到 162 个，基本翻了一番，覆盖面越来越广；孔子学院的总数也由 2009 年的 282 所增加到 2019 年的 545 所，增长了快一倍；从年增长率来看，除了 2019 年

① 李宝贵. 孔子学院建设 15 年：价值旨归与逻辑变迁[EB/OL]. http://news.cssn.cn/zx/bwyc/201912/t20191210_5056014.shtml？COLLCC=2607717296&，2019-12-10.

小幅减少外，其他年份的孔子学院数量均有所增加，增幅大致呈递减趋势。其中2010—2013年增速较快，增幅均不低于10%，之后的增长速度逐渐放缓。

表5-1　2009—2019年来孔子学院与孔子课堂的数量变化

年份	国家（地区）数量/个	孔子学院数量/所	孔子学院年增长率/%	孔子课堂数量/个	孔子课堂年增长率/%
2009	88	282	—	272	—
2010	96	322	14.2	369	35.7
2011	105	358	11.2	500	35.5
2012	108	400	11.7	535	7.0
2013	120	440	10.0	646	20.7
2014	126	475	7.9	851	31.7
2015	135	500	5.3	1000	17.5
2016	140	513	2.6	1073	7.3
2017	146	525	2.3	1113	3.7
2018	154	548	4.4	1193	7.1
2019	162	545	−0.5	1170	−1.9

数据来源：根据2009—2019年孔子学院研究年度报告整理而成。

相对孔子学院来说，孔子课堂的增长速度明显较快，2019年孔子课堂有1170个，是2009年数量的4.3倍有余。其中，2010—2015年整体增长速度较快，平均增幅为24.7%，之后增长速度放缓。孔子学院的发展趋势从注重数量扩展转变为注重质量提升。

（二）网络孔子学院的发展状况

尽管孔子学院数量不断增长，但是其增长速度赶不上世界人民日益增加的学习汉语需求，况且部分国家教学资源紧缺，为解决这些矛盾，满足世界人民随时随地方便、快捷学习汉语的需要，在互联网时代背景下，国家汉办2008年上线了网络孔子学院。经过十年的发展，网络孔子学院的功能日趋完善，不仅提供慕课、微课、教学资源库等汉语学习资源，还提供一些其他服务，比如汉语教师培训、汉语考试、资格认证、信息咨询等。目前开设的课程包括汉语语言文化学习、国际汉语教师资格培训、中国概况、中国传统文化等。

自成立之日起，网络孔子学院就备受关注，其线上注册人数也逐年增加。2010年其注册人数达到10万；2011年，注册人数增长到30万，增加了20万；2012年和2013年分别新增29.6万和45.4万；2014年注册人数为325万，其中学员用户达

28 万；2015 年网站注册人数共 800 万，同比增长 146%，其中学员用户达 50.3 万人；2016 年注册人数为 887 万，学员用户达 59.7 万；2017 年注册人数更是达到 1003 万，其中学员用户为 62.1 万，日活跃用户共 3.6 万；2018 年学员用户为 81 万。

（三）孔子学院的特色项目与文化活动

1. “新汉学计划”

为帮助世界各国青年人全面系统地认识中华文化，推动汉学研究与中国研究繁荣发展，培养各国知华、友华的新一代汉学家，促进孔子学院的可持续发展，孔子学院总部于 2013 年启动了“新汉学计划”。它作为重点品牌项目，当前包含 6 个子项目，分别是中外合作培养博士项目、来华攻读博士学位项目、理解中国项目、青年领袖项目、出版资助项目与国际会议项目。其中，中外合作培养博士项目与来华攻读博士学位项目的区别主要在于，前者博士生的注册大学在国外，后者在国内；理解中国项目主要包括访问学者项目、短期来华项目以及中国学者赴外讲学项目；青年领袖项目的内容主要是资助两类外国优秀青年来华访学或访问，其中一类是担任一定职务的外国各个重要领域本科及以上学位的优秀青年，另一类则是在外国大学中担任社团职务的高年级本科生以及硕士生；出版资助项目主要资助对象为外国研究学者，资助内容为在国际上出版或是翻译的相关学术著作；国际会议项目主题则与中国研究有关，其参与者均为各国孔子学院及大学、研究机构的人员。

“新汉学计划”充分整合了国内高水平大学资源，在人文社科领域聚集的中国专家达 1000 多名，外国专家达 200 多名，为各国从事汉学和中华文化研究的学生学者、各界精英人士构建合作交流平台。截至 2018 年，该计划累计录取了 332 名外国博士生；与中外多个汉学研究机构开展深层次交流合作，累计资助了 600 多名学生学者来华攻读学位或是进行研修，资助 700 余名来自社会各界的青年领袖以及业界精英来华考察访问；支持举行的国际学术会议达 30 余场，资助了十余种中国典籍和现当代作品在海外的翻译出版。①

2. “汉语桥”项目

“汉语桥”意在通过无形的语言文化桥梁连接世界五大洲人民，在求同存异中取长补短、共同进步，它是中国与世界相通的“文化之桥、友谊之桥、灵魂之桥”，

① 宁继鸣. 孔子学院研究年度报告 2018[M]. 北京：商务印书馆，2018.

旨在为促进中华文明走向世界、推动世界文明在交流互鉴中创新发展做出贡献。该项目包括三个子项目，分别是“汉语桥”系列中文比赛项目、“汉语桥”校长访华项目以及“汉语桥”夏令营。

“汉语桥”系列中文比赛项目的目的是激发世界各民族青年学习汉语的积极性，从而促进世界青年对中华文明的理解与交流。截至 2022 年，已经举办了的“汉语桥”系列中文比赛项目有：共 21 届“汉语桥”世界大学生中文比赛、共 15 届“汉语桥”世界中学生中文比赛以及十余次“汉语桥”全球外国人汉语大会。自 2002 年开始直到现在，已有 152 个国家接近 130 万名大中学生踊跃报名参加了海外预选赛，大约 6000 名优秀选手成功晋级至决赛，另外，每年观看“汉语桥”系列中文比赛的海内外观众多达 1 亿多人。“汉语桥”系列中文比赛眼下已然成为世界各国汉语学习者高度关注的国际赛事，更是被誉为汉语界的“奥林匹克”。①

“汉语桥”校长访华项目通过邀请各国教育官员与各级学校校长来华访问，从而增进他们对中国的了解，并推动其回国后开设相关中文课程和文化活动；该项目自 2006 年设立以来，累计邀请了来自 60 多个国家的 1 万余名教育官员和大中小学校长来华交流访问。很多教育官员回国后，积极推动当地汉语教育纳入中小学课程体系建设。

“汉语桥”夏令营活动主要针对世界各国的中学生，每年暑期通过形式多样的汉语文化课程及交流互动，促进世界各国中学生对中华文化的了解，调动其进一步学习汉语的积极性。自 2006 年启动以来，该项目吸引了来自世界 70 多个国家近 2.5 万名大中学生来华体验中国语言文化。

二、孔子学院的汉语教学与专业建设

孔子学院的核心职能是开展汉语教学，而汉语教学活动的顺利开展依托于汉语国际教育专业的学科建设。汉语国际教育专业的前身是对外汉语教学，最早由北京语言学院于 1983 年开设本科专业，1986 年设立专业硕士点，2012 年教育部将其更名为汉语国际教育，2018 年该专业方向教育博士专业学位试点招生，将我国的汉语国际教育人才培养又提升到一个新的层次。

随着中国经济实力的不断增强和国际地位的稳步提升，汉语国际教育类专业在将近 40 年的时间内得到了迅速发展，现如今已经形成了本科—硕士—博士这样一套完整的人才培养体系。此外，北京大学等 7 所高校于 2018 年在教育博士专业

① 宁继鸣. 孔子学院研究年度报告 2018[M]. 北京：商务印书馆，2018.

学位学校课程与教学领域首次试点，招收汉语国际教育方向教育博士专业学位研究生 22 人，开始探索培养高层次汉语国际教育人才的道路。[①]2019 年，教育部进一步扩大此专业博士的试点院校和招生规模。

虽然汉语国际教育事业发展迅速，但其专业发展相对滞后，因其交叉学科属性明显，涉及中国语言文学、社会学、教育学、外国语言文学、文化学、传播学等众多学科，因此存在着学科归属不明确、定位不清晰、体系不完整等问题。[②] 例如，教育部在《普通高等学校本科专业目录（2012 年）》中，将汉语国际教育本科专业归属于中国语言文学类，而在《学位授予和人才培养学科目录（2011 年）》中则将硕士专业学位归属于教育学类。本科阶段和硕士阶段不属于同一个大学科门类，凸显了此专业学科归属不明确的问题。此外，该学科核心期刊较少，不利于发表成果统计，在申报“双一流”建设学科时处于弱势地位，容易造成学科边缘化趋势，不利于学科的专业化可持续发展，与我国现阶段蓬勃发展的汉语国际教育事业形成了巨大的反差。

三、孔子学院的师资队伍与人才培养

目前，孔子学院的师资队伍主要由中方培养派出，少数来自本土培养。据 2018 年国家汉办统计，我国在教师与志愿者的选拔、培训方面均加大力度，累计派出院长、教师和志愿者共 10.5 万名。[①]其中，2009 年派出的专职教师为 2060 人，志愿者为 2740 人，共 4800 人；2010 年派出的专职教师为 3000 人，志愿者为 3099 人，共 6099 人，比 2009 年增长了约 27%；2011 年共派出 6815 名教师与志愿者，比 2010 年增长了约 12%；2012 年此数据为 11000 人，比上一年增长了约 61%；2013 年共派出 14400 人，比上一年增长了约 31%；2014 年共派出 15500 人，比上一年增长了约 8%；2015 年派出的教师与志愿者人数下降了约 40%，为 9313；2016—2018 年又平稳上升，每年平均增长约 2.7%。虽然教师与志愿者派出人数在 2015 年有所波动，但是 2018 年的总人数比 2009 年增长了约 110%。具体情况见图 5-1。

中方派出的教师存在任期短、流动性大、跨文化交际能力有限等问题，随着全球学习汉语人数不断增加，汉语师资匮乏问题也逐渐凸显。因此，汉语师资队伍发展理念必须由输血式转变为造血式才能做到可持续发展，造血式发展首先需要培养各国本土教师队伍。一方面，“走出去”，派遣国内专家团队赴国外培训本土

① 宁继鸣. 孔子学院研究年度报告 2018[M]. 北京：商务印书馆，2018.

② 丁安琪. 汉语国际教育硕士：专业发展十一年[J]. 国际汉语教育，2018，3（4）：18-35.

师资，并协助那些将汉语纳入国民教育体系的国家制定本国汉语教学大纲；另一方面，“请进来”，资助国外汉语教师来华研修。截至 2018 年，我国为各国培训本土汉语教师共计 46 万人次。支持来自 10 个国家累计 15 所外国大学建立汉语师范专业，培养的本土教师达到 1031 人。[①]

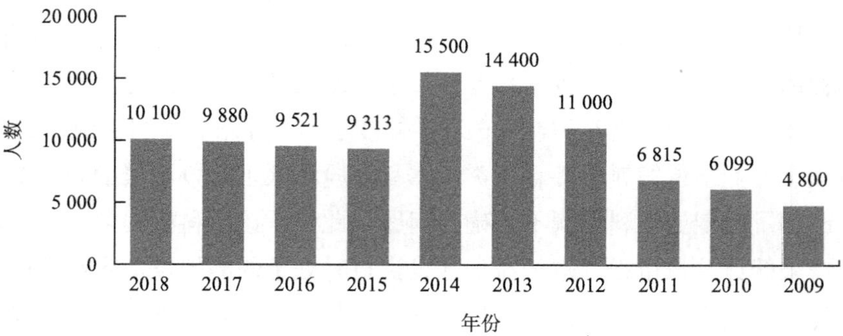

图 5-1　国家汉办派出教师与志愿者情况（2009—2018 年）

数据来源：根据 2009—2018 年孔子学院研究年度报告整理而成

除了培养本土教师外，孔子学院还面向“一带一路”沿线国家汉语国际教育硕士留学生招聘本土教师，并设立了核心教师岗位，专门用来聘用当地汉语教师。据统计，2013 年和 2014 年孔子学院均录用本土汉语国际教育硕士 30 名，这些教师均从中国留学归来。2015 年 19 所孔子学院在 12 个国家选聘 21 名本土教师，2016 年 25 所孔子学院在 14 个国家选聘 39 名本土教师，2017 年 31 所孔子学院在 16 个国家选聘 45 名本土教师。[②]累计聘用汉语国际教育硕士本土教师共 165 人。在美国、英国、德国等 17 个国家共 33 所孔子学院设立核心教师岗位，聘用 34 人。[①]

在师资认证方面，大力开展国际汉语教师证书考试认证工作。国际汉语教师证书考试主要从五个方面对考生展开考查，并评价考生是否具备国际汉语教师能力，包括汉语教学基础、教学组织与课堂管理、教学方法、中华文化与跨文化交际以及职业道德与专业发展。此外，孔子学院总部于 2016 年 9 月推出更符合海外本土教师实际情况的国际汉语教师证书（本土教师版）。到 2020 年，所有中方外派教师均须持有国际汉语教师证书，本土教师持证上岗人数累计达到 30%。[③]

在师资管理方面，针对教师志愿者，修订了《汉语教师志愿者培训大纲》，探

① 宁继鸣. 孔子学院研究年度报告 2018[M]. 北京：商务印书馆，2018.

② 王端. 文化外交视阈下的孔子学院研究：以加拿大孔子学院为例[D]. 长春：吉林大学，2019.

③ 《国际汉语教师证书》考试介绍与时间表[J]. 孔子学院院刊，2017（12）.

索线上线下相结合的“互联网+”志愿者管理培训模式，这种模式通过在线平台开展实时指导，大大降低了培训管理的人力成本，提高了工作效率。

四、孔子学院的教材开发与资源建设

教材是语言学习的媒介和资源。改革开放40多年来，汉语国际教育教材数量不断增大、类别逐渐增多，从注重综合技能转移到注重专项技能，从通用汉语再到专用汉语，这些变化标志着汉语教学向精细化方向发展。类别多样化不仅体现在课堂教材上，也体现在非课堂教材上，如课外读物、实用工具手册、考试辅导材料等。同时，教材结构也多元化发展，由以语法为纲到以交际功能、文化场景为纲，由单课制向单元制转变。教材媒介语也由1种发展到2016年的56种，其中多媒介语教材占 45.47%。多媒介语教材满足了不同国家和地区学习汉语的需求。另外，自20世纪90年代以来，由于汉语学习者人数日益增多，一些地区开始编写具有本土性、区域性的在地化教材。这类教材反映着当地的风俗文化，适应当地的教育制度，考虑到当地人学习汉语的难点，用母语作为教学媒介语，广受当地学生欢迎。①

因此，很多语言专家学者投入本土教材的编写工作，这不仅包括国外教师、中国教师、中外教育机构合作，孔子学院也积极参与其中。为了鼓励世界各国孔子学院开发本土教材和教学读物，我国创建了“国际汉语教材编写指南”网络平台。截至2018年底，该平台在线版注册用户达11.5万人，取得各类教材编写成果6万余件。截至2018年，共有来自114个国家的457所孔子学院（课堂）开发编写了适应当地教学情况的本土教材共3119册。②

除了开发本土汉语教材，孔子学院还制定了《国际汉语教学通用课程大纲》《国际汉语教材编写指南》等各类汉语教学标准以及教材评估体系；此外，还开发并传播各式各样的多语种汉语教材、文化读物以及工具书等教学产品。不仅如此，孔子学院还翻译出版了多达80个语种的《汉语图解词典》、《汉语图解小词典》和《汉语800字》三套工具书。截至2018年，孔子学院总部主要教材资源库已涉及54个语种，汉语教材和文化读物多达6700多册；全球孔子学院出版的学术著作、译作累计达640多册，开展学术研究项目共1600多个。

伴随着人工智能、5G互联网等各种信息技术的不断发展，技术将更加深入地影响未来国际汉语教学发展趋势，促进汉语国际教育资源的数字化建设。数字化

① 周小兵，张哲，孙荣，等. 国际汉语教材四十年发展概述[J]. 国际汉语教育（中英文），2018，3（4）：76-91.

② 宁继鸣. 孔子学院研究年度报告2018[M]. 北京：商务印书馆，2018.

教材可以利用网络的特性对教学内容保持及时更新和反馈，灵活便捷地满足学习者的需求。因此，移动式学习成为一种广受欢迎的学习方式。基于此需求，慕课平台、学习者语料库、教学管理信息库、教材语料库、外国学生错别字数据库、全球汉语中介语语料库等数字资源建设方案不断被提出并完善。①

第二节　孔子学院的教学现状与结构功能

一、孔子学院的办学模式

当前中外合作共建孔子学院主要有以下几种办学模式。

（一）中外高校联合办学

大部分的孔子学院都是采用高校联合办学的形式。在该模式下，国家汉办提供启动资金，中方高校提供师资队伍和科学研究等教学资源，外方高校提供办学场所、教学设施及部分师资和工作人员。双方在理事会的领导下合作运营，中外高校投入运营经费比例原则上为 1∶1。这种模式有利于借助当地大学的资源，降低办学过程中硬件基础设施的资金投入，推动孔子学院在资源紧缺的情况下快速发展。同时还有利于推动高校的国际化交流合作，便于孔子学院更深入地融入当地文化，传播中国语言文化。

现阶段，我国共计 200 多所高校参与到孔子学院的合作办学中，其中“双一流”建设高校所承办的孔子学院数量占全球总数的 30%，部分高校更是承办了多所孔子学院，比如北京外国语大学就与 18 个国家的高校以及机构合作承办了 23 所孔子学院。②

（二）中国高校与海外社团组织联合办学

对于一些有汉语教学经验或研究基础的社团组织，国家汉办鼓励中方高校与其进行合作办学。因为这些社团机构本身的汉语教学研究经验丰富，与中国合作办学的兴趣大，合作的层次相对较高，项目研究也更加深入丰富。除此之外，它们还能提供已有的师资、场地、图书馆等教育资源，减少办学成本与师资压力。

---

① 郑艳群. 汉语教学资源研究的新进展与新认识[J]. 语言文字应用，2018（3）：106-113.

② 北京外国语大学. 孔子学院工作处[EB/OL]. https://oci.bfsu.edu.cn/gywm/kzxygzc.htm，2020-07-13.

如美国华美协进社孔子学院就属于这种合作模式，它由中国华东师范大学与华美协进社于2006年共同筹办成立，是美国早期几所成立的孔子学院之一。华美协进社属于非营利性质的民间文化机构，最早于1926年由杜威、孟禄、胡适以及郭秉文共同创办，旨在通过组织各项教育文化活动，介绍中华文化，增进中美友谊，其宗旨与孔子学院有异曲同工之处。

（三）高校与企业合作办学

企业具有高校所缺乏的市场化运营经验，企业资源的注入可以为孔子学院带来新活力。此类办学模式有四种类型，包括中国高校与海外中资企业的合作、中国高校与当地外资企业的合作，中资公司与外国高校的合作，以及中外高校联合与企业合作。

安哥拉内图大学孔子学院就是一所中资企业与中外高校联合办学的典型案例，它是第一所中资企业捐建的孔子学院，其中方合作高校为哈尔滨师范大学，外方合作高校是安哥拉内图大学，中资合作企业为中信建设有限公司。在合作分工方面，安哥拉内图大学提供场地，中信建设有限公司提供150万美元资金修建500米^{2}的专用校舍，哈尔滨师范大学提供师资与教材等教学资源。该所孔子学院还设立校外企业定向培训班并且提供专业汉语教学，处处彰显校企合作的特色与优势。

（四）中方高校与外国政府机构合作办学

外国政府参与合作办学，有其独特的优势。政府办学资源丰富、风险较小，不仅规避了受制于合作高校干预管理的限制，而且可以通过政府吸纳其他社会资源，构建多样化的资金来源渠道，同时还可以在政策上受益，扩大汉语国际教育传播影响力。

这种模式下，中方高校负责提供教师等教学资源，外国政府机构负责提供教学硬件设施。例如，加拿大的新不伦瑞克省（New Brunswick）孔子学院就属于此模式，它是中国山东省教育厅、曲阜师范大学与加拿大新不伦瑞克省教育厅于2008年共同筹办的成果。①

① 曲阜师范大学. 加拿大新不伦瑞克省孔子学院第十一届理事会顺利召开[EB/OL]. https://xxgk.qfnu.edu.cn/info/1006/5154.htm，2018-12-10.

二、孔子学院的功能职能

孔子学院的功能目标大体可分为三个层面，首先，在教育层面，孔子学院教育传播的直接目的是提高个体汉语语言技能水平，促进世界多元化发展，提升汉语在世界范围的影响力，推动中国与世界各国教育的合作与交流；其次，在文化层面，孔子学院通过各种文化交流活动让世界各国了解中华文化，推动中华文化对外传播以及中外文化的交流与融合，间接提高国家的软实力与国际影响力；最后，在政治层面，孔子学院也依托于人文交流以及公共外交来促进国与国之间的相互理解与信任。

在三个层面的基础上，孔子学院主要提供四类服务：开展汉语教学；组织汉语水平考试；组织教师培训与资格认证；开展中外文化交流活动与当代中国研究。

第一，汉语教学。开展汉语教学是孔子学院最根本的核心职能。教学对象是母语为非汉语的所有年龄层次的学习者，既包括幼儿、青少年，也涉及在校大学生、社会职员及退休人员。学习形式是面授和网络授课相结合。学习内容不仅包括日常汉语语言知识、职业汉语知识，还涉及中国传统文化知识，如武术、中医，等等。

第二，汉语水平考试。孔子学院在全球组织的汉语考试服务项目有：汉语水平考试、汉语水平口语考试、中小学生汉语考试、商务汉语考试（BCT）、国际汉语教师证书考试，等等。共有 1147 个考点，覆盖全球 137 个国家和地区。网络考试的考点也达到了 453 个，覆盖率为 39.5%。孔子学院每年都不断创新汉语水平考试的种类和方法，考生每年更是以 15%—25%的速度稳步增长。据统计，全球各类汉语考生累计 3000 多万人次，2018 年达到 680 万人次。①

第三，教师培训与资格认证。孔子学院采用“请进来”和“走出去”相结合的方式，帮助各国进行本土汉语教师培训，并提供资格认证。截至 2018 年底，孔子学院累计为各国培养本土汉语教师 46 万人次，协助来自 10 个国家共 15 所外国大学设立汉语师范专业，培养本土教师共 1031 人。除了培训教师，还招聘本土教师，如聘用“一带一路”沿线国家汉语国际教育硕士本土教师达 165 人。此外，还在汉语国际教育方向于 2018 年设立教育博士专业学位，更好地培养高层次汉语国际教育人才。

第四，中外文化交流活动与当代中国研究。孔子学院组织开展了一系列文化

---

① 宁继鸣. 孔子学院研究年度报告 2018[M]. 北京：商务印书馆，2018.

交流活动。全球孔子学院和孔子课堂于2008—2017年共举办文化活动22万场，受众高达1亿人，其文化活动的举办场次十年间增加了20倍，参与人数增长了8倍。除此之外，在“新汉学计划”中，理解中国项目和青年领袖项目共资助600多名学生以及青年汉学家来华研修，700余名社会精英和领袖访问中国。在“汉语桥”活动中，从2006年起有60多个国家的1万余名教育官员以及大中小学校长来华参加“汉语桥”校长团活动，70多个国家将近2.5万名大中学生来华参加“汉语桥”夏令营活动。很多教育官员回国后，积极推动当地将汉语教育纳入中小学课程体系。

在“新汉学计划”中，中外合作培养博士项目及来华攻读博士学位项目充分利用了国内大学的教育资源，为世界各国学者研究汉语、汉学和中国国别研究提供了合作平台。

三、孔子学院的结构功能

孔子学院主要采取中外合作办学模式，是由多方参与主体要素构成的复杂系统。这些参与主体主要包括总部理事会、中方合作单位、外方合作单位等，其中，总部理事会代表着中国政府，中外合作单位中大部分是高等院校，也有部分是企业和社会组织。这些组织要素在孔子学院中扮演不同的角色，同时在合作协同中发挥着彼此的功能和作用。政府通过出台监管政策、资金支持、树立国际形象，为孔子学院的正常运营提供支撑；中外方的承办高校为孔子学院提供教学设备、师资、课程、教学经费等教育资源；企业和社会力量为孔子学院培养的人才提供就业机会，促进资本合作，提升服务质量。

（一）政府的角色定位

几乎所有国家语言传播机构的建立及发展均与政府推动和支持有关，并且以非营利组织身份帮助政府执行着公共职责。孔子学院之所以能在较短时间内得到迅速发展，离不开政府在资金、人力和资源方面的全力支持和积极推动。从某种意义上说，孔子学院就是政府以行政化方式来培育汉语国际教育市场的主体，同时也是拓展汉语国际教育市场的产物。

然而，伴随着孔子学院的发展壮大，政府始终左右为难：一方面，政府需要给予孔子学院以支持、监督和管理。孔子学院提供的产品主要是语言教育与文化传播，这类准公共产品具有公益性，政府有必要对其进行监管并提供资金支持，保证其在公益性轨道内生存和发展。语言还具有意识形态属性，为避免政治风险，政府必须对其进行调控和管理。因此综观各国政府与语言传播机构的关系，无论国家采用哪种体制，语言传播机构的正常运行都离不开政府的大力支持。

但是，另一方面，政府的监管是一把双刃剑。监管到位，可起到积极促进作用，干预过度，可导致相反效果，可能会增加孔子学院的“政治色彩”，从而增加其被排斥和抑制的风险。而且语言传播是一项长期工作，容易引起来自国际和国内的双重质疑：一方面，国际社会会质疑其决策的独立性；另一方面，国内社会则质疑其对公共资金使用的成本效益。政府如何做到在支持与监管语言传播机构的同时又淡化官方色彩，是各国都会面临的两难问题。

根据世界其他国家语言传播机构的经验，政府的角色具有阶段转换性。一般在起步阶段，政府发挥着主导作用，机构在资金和组织管理上完全依赖政府；在发展成熟阶段，政府逐渐转变为服务者和监管者。例如法语联盟，其分支机构一般会在初建期向法国政府申请启动资金，步入正轨后则开始独立经营、自负盈亏。

我国政府对孔子学院采取多层级政府主体参与管理的方式，不仅设立了专门的统筹机构国家汉办，还任命了国务院副总理担任孔子学院总部理事会主席，其他各个部门如教育部、财政部、外交部、文化和旅游部等部委领导人都担任理事会成员，可见政府主体的参与面之广。①

在制度安排上，将孔子学院建设提升到国家战略发展高度，教育部、财政部等出台一系列制度确保其有序运行，如《孔子学院发展规划（2012—2020年）》《孔子学院章程》等。

在资金投入上，孔子学院采取中外双方1∶1资金比例方式合作，中方的资金主要由政府提供，分为启动资金和项目经费。以2016年为例，中方共投入314 116美元，其中孔子学院（课堂）启动与运营经费达242 850美元，占总投入的77.3%。②

（二）中方高校的角色与作用

在孔子学院的中方合作机构中，高校占90%以上。截至2018年6月，全国共有200余所高校与外方合作共同筹办了500多所孔子学院，其中60多所高校每所承办了3所以上的孔子学院。由此可见，中方高校是孔子学院建设的中坚力量。孔子学院建设与发展离不开中方合作院校在组织协调、制度规划、资源配置等方面的全力支持。

① 王海兰，宁继鸣. 适度干预：孔子学院发展中的政府行为选择[J]. 云南师范大学学报（哲学社会科学版），2016，48（1）：54-61.

② 宁继鸣. 孔子学院研究年度报告2018[M]. 北京：商务印书馆，2018.

组织协调是指将孔子学院建设归入学校的总体发展规划设计，为此成立专门的管理机构或者任命专门的负责人员，负责与孔子学院总部和外方合作机构的沟通交流工作。有些高校存在着重视申报建设、忽视运营管理，与总部和外方机构沟通不畅、信息不对称等现象，中方高校在组织协调中面临着诸多困难。针对这些问题，中方高校应提升自身协调能力，与外方机构明确权力责任，弄清楚到底谁才是办学主体，相互之间的关系是"委托代理"还是"购买服务"或"公共平台"。①建立三方多维度长期的沟通机制，积极探寻教学之外的交流合作，在保证自身话语权的同时深化合作关系。

制度规划是指中方高校形成了一套有关孔子学院日常管理的政策与制度，包括质量评估体制。高校在孔子学院规划管理方面仍不够规范，不能满足个性化需求，存在"一刀切""慢一拍"现象，各项政策的出台往往滞后于项目发展，一定程度上影响了孔子学院整体规范性和可持续性发展。因此，中方高校应针对此问题不断调整和完善相关制度，及时建立孔子学院实时跟踪、科学评估机制。因地制宜制定管理制度，向"一院一策"方面发展。

资源配置是指能够在师资队伍建设与选派、开发权威性教材、进行理论和实践研究、开展教学和文化项目以及资金方面提供支持。在教师选派方面，存在教师选派难、流动性大、专职教师队伍缺乏的问题。在人才培养方面，非英语语种的汉语国际教育人才缺乏；外语类院校除英语外其他语种师资力量不足。在科研建设方面，存在研究方向、研究方式大同小异的问题。在教材开发方面，教师缺乏一定的主动性，这主要是由于职称评审中教材、工具书以及译著等均不能被视为重要成果。中方大学还需要加强与外方的科研合作，在整合孔子学院一线教师以及高校专家学者的基础上，联合校外乃至国际同领域专家，组建相关研究团队，针对国家语言战略研究、二语习得研究等方向生产学术成果，为孔子学院的可持续发展提供必要的学术支撑及智力支持。②

（三）企业和社会力量的作用

《中共中央关于全面深化改革若干重大问题的决定》中明确鼓励社会组织、中资机构等组织参与孔子学院和海外文化中心建设，承担人文交流项目。社会力量是语言传播机构可持续发展的重要支撑。这里的社会力量包括其他语言文化传播组织机构、基金会、社会团体、独立的文化机构和个人等。企业和社会力量对于

---

① 宁继鸣. 新常态：孔子学院的完善与创新[J]. 国际汉语教育（中英文），2017，2（3）：10-15.

② 张晓慧. 论中国大学对孔子学院发展的支撑能力建设[J]. 国际汉语教育（中英文），2017，2（3）：5-9.

保障孔子学院可持续发展具有独特的优势，可成为政府与高校资源的有力补充，进而为汉语教育可持续发展提供社会资源保障。

企业在市场传播、品牌营销、市场服务方面有独特的经验，而这些正是政府与高校所欠缺的，它为孔子学院的持续发展注入新的活力，加快孔子学院市场化进程。如境外的中资企业在当地建立了广泛的社会网络，它们与孔子学院、当地高等教育机构合作培育应用型人才。截至 2019 年 9 月，我国在境外的中资企业达到 4.3 万家。[①] 其中很多企业已经运营几十年，它们通过建设创新园区和产业孵化基地，给当地汉语学习者提供更多的就业机会，为孔子学院进行市场拓展提供有力帮助。如若想要打开中国市场，除了中资企业以外，一些与中国有着密切业务往来的外资企业必须深入了解中华文化，比如德国的大众总部以及日本的东芝集团等都与当地的孔子学院建立了友好的合作伙伴关系。

孔子学院与社会力量的共同合作，将会促进其资本合作，从而提升其服务质量，改善其外部环境。在社会力量中，有些基金会与孔子学院的宗旨类似——致力于传播汉语以及中华文化。如新加坡“连士升青少年文学基金”于 2007 年 9 月 15 日设立的原因主要是纪念连士升百年诞辰。基金会的宗旨是促进华文文学交流，因而鼓励全球青少年都来参与华文文学的学习与创作。为了传播青少年文学，每年南洋理工大学孔子学院举办的少年美文大赛，基金会都会资助。除基金会外，海外的社团组织也是较早参与孔子学院建设的。如华人联合会，它们基于民族主义的情感，与孔子学院开展各种合作，在互利共赢的基础上，实现各自的社会价值。

在政府、高校、企业和社团的协同合作下，孔子学院不断完善功能与服务，逐渐形成了“政府提供支持、社会广泛参与、民间积极推动”的良性生态系统，为加强和改进汉语国际传播工作、推动汉语国际教育事业可持续发展奠定基础。

第三节　孔子学院在新时代背景下的 SWOT 分析

一、孔子学院的整体发展优势

（一）孔子学院是构建人类命运共同体的重要力量

“人类命运共同体”理念自提出以来就得到了国内民众和国际社会的纷纷响应与赞同。要想进一步在全世界构建人类命运共同体，中国就要强化在国际上

① 新华社. 我国境外中资企业达到 4.3 万家[EB/OL]. https://baijiahao.baidu.com/s?id=1646104129900031570&wfr=spider&for=pc，2019-09-30.

的话语体系，从而能够解释中国理念、发出中国声音。作为在世界范围内传播中国语言文化的平台和媒介，孔子学院不仅掀起了世界各族人民学习汉语的热潮，还让世界各国更加了解中国乃至认同中国，从而进一步提升中国形象和国家软实力。

孔子学院与构建人类命运共同体之间存在着一定的天然联系。首先，二者的目标使命一致，与世界人民追求和平、稳定、发展的诉求相契合；其次，二者都遵循着共商共建共享的原则和理念；最后，二者的对象一致，都是各年龄阶段、各个阶层的国外民众。①因此，来自159个国家和地区的1500多所孔子学院和孔子课堂成为连接中国人民与世界人民的桥梁和纽带，在世界上树立起包容共享的良好口碑，为构建人类命运共同体的伟大进程做出了积极贡献。

（二）孔子学院是推进国际理解教育的有力途径

汉语国际教育的功能不仅只是在国际上开展汉语语言教育，它还向国外分享中华文化，是运用汉语进行的国际教育。所谓分享，不仅仅是向对方传播，还包括向对方学习的过程。汉语国际教育实质上是一种依赖于语言能力训练而展开的“国际理解教育”，它有五个层次的目标，依次为“获取汉语能力—构建交际能力—实现经济利益—传播中华文化—进行中外互动”，在这当中，“获取汉语能力”只是一个基础条件，其根本诉求还是在于“进行中外互动”，而在这一多层次的目标体系中一直贯穿着情感交流沟通。汉语国际教育绝对不是纯粹的语言教学，也不仅仅是增强经济实力的措施或提升国际政治地位的手段，而是可以影响“情感地缘政治”的一个过程，可以促进国际社会互动的一种重要的力量。②

（三）孔子学院是推动高等教育国际化的平台载体

经济全球化推动了高等教育国际化进程，主要体现在人才培养、师生流动、课程设置、项目合作交流等方面。高等教育国际化有助于促进世界各国高等教育的交流合作、协同发展、互利共赢，培养具有国际视野的创新人才。当下，国际化水平成为衡量高等学校办学水平的一项重要指标，国际化则是各国高等教育谋求新突破与新发展的战略方向。孔子学院这种中外合作办学形式对推进高等教育国际化具有重要意义。

---

① 李丹. 孔子学院与人类命运共同体建设[J]. 对外传播，2018（7）：50-52.

② 张虹倩，胡范铸. 全球治理视域下的汉语国际教育及孔子学院建设：问题、因由与对策[J]. 社会科学，2017（10）：26-35.

在师资队伍国际化方面，孔子学院的教师大部分由国内派出，截至 2018 年，我国向世界各国输出的院长、汉语教师以及志愿者共计 10.5 万名。①除了派出专业教师，孔子学院还在当地招聘汉语教师，为中外教师长期合作交流、共同项目研究奠定了基础。如浙江师范大学与喀麦隆雅温得第二大学合作创办了孔子学院，并且两所院校的教师还就非洲开展了多种形式的研究，推动了浙江师范大学在非洲研究方面的发展。

在人才培养国际化方面，孔子学院在各国对中华文化的宣传介绍吸引了更多的潜在留学生流向中国，如我国在 2013 年启动了“新汉学计划”，该计划自实施起，中外多个汉学研究机构开展深度合作，截至 2018 年，我国资助来华攻读学位或进行研修的学生、学者累计 600 多名，其中，332 名是来华攻读的博士研究生。另外，还吸引了 700 余名来自社会各界的领袖和精英访问中国，召开了 30 余场国际学术会议。①

（四）孔子学院是促进双边经贸往来的润滑剂

孔子学院有效带动双边贸易增长。首先，孔子学院可按照中资企业的个性化要求培训员工专业汉语知识，使双方员工能够在一个语言频道上交流，降低沟通成本，提升工作效率。其次，孔子学院还可以帮助中资企业提前了解当地的风俗文化、宗教纷争乃至政治冲突，让其在投资前对当地的社会环境、法律法规、投资环境进行充分的把握，规避投资风险。最后，孔子学院为中外双方搭建了交流平台，使中资企业与当地政府或企业能够及时沟通解决分歧，降低因管理理念不同所带来的经营风险。这种投资风险以及经营成本的降低可以提升中资企业在国际市场上的价格竞争力，从而增加当地政府及企业的合作意愿，降低企业准入门槛，促进双方贸易增长。2020 年 1 月，海关总署副署长邹志武在新闻发布会上指出，“一带一路”倡议自提出以来，中国与“一带一路”沿线国家的贸易规模就不断扩大，2014 年至 2019 年贸易值合计超过 44 万亿元，年均增长达 6.1%，中国已然成为沿线 25 个国家最大的贸易伙伴。中国在 2018 年与“一带一路”沿线国家进出口总值达 9.27 万亿元，增长了 10.8%，这个数字比外贸整体增速高出 7.4 个百分点，占进出口总值近 30%，占进出口总值的比重相对于 2018 年提升了 2 个百分点。②

---

① 宁继鸣. 孔子学院研究年度报告 2018[M]. 北京：商务印书馆，2018.

② 中国新闻网. 2019 年我国与“一带一路”沿线国家进出口总值占比约 30%[EB/OL]. http://www.chinanews.com/gn/2020/01-14/9059462.shtml，2020-01-14.

二、孔子学院的自身发展问题

（一）本土化进程缓慢

在教师方面，孔子学院生源数量的不断增多要求更多的教师参与到汉语国际传播的事业中来。但是国家汉办派出的中方教师数量当前十分有限，大部分岗位空缺靠志愿者补充。公派教师主要来自全国各个高校及中小学教师队伍，而部分经济落后的国家由于教学条件艰苦，教师队伍的流动性大，教师数量往往供不应求，派出的教师也由于文化差异很难在短期内融入当地。因此，在当地培养汉语教师成为孔子学院可持续发展的有力途径。从目前来看，本土师资力量短缺，据统计，我国截至 2018 年底累计聘用汉语国际教育硕士本土教师共 165 人。[①]而与此同时派出院长、教师和志愿者共 10.5 万名，与本土教师的数量形成巨大的反差。尽管 2018 年我国培训各国本土汉语教师 46 万人次，并且支持 10 个国家共 15 所外国大学建立汉语师范专业，培养本土教师累计 1031 人，但从整体上看，本土教师的培养数量远远不能满足各孔子学院的发展需求。

在教材方面，我国现行的《汉语水平等级标准与语法大纲》侧重语法知识的系统性和完整性，而很多国家的外语教学追求实际交际应用能力，这造成了一定的差距。尽管孔子学院的主干教材资源库在全球已经覆盖了 80 个语种，但大部分都是在同一部教材的基础上，用不同的语言注释的版本，缺乏贴近当地民情的特色教材，严重影响了实际教学效果。所谓特色教材，既要考虑当地经济贸易、风俗文化、民族性格等特点，又要考虑当地的学时学制及学生的层次，还要考虑是否跟上时代前沿、科技发展的步伐。因此，孔子学院真正融入当地的文化还有很长一段路要走。

在教学法方面，孔子学院的教学对象遍布世界各地，不同的文化背景孕育了不同的价值观和教育理念，也衍生出不同的教学法。如果在崇尚自由活跃的课堂上采取一言堂讲授法，很难获取学生的认可，甚至会使学生产生抵触情绪。中外教育制度与教学方法差异不小，如果简单套用传统的教学方式，显然难以做到“因材施教”。因此教师应该丰富自己的教学方法，形成适应当地语言习惯的教学模式，减少冷场、学生躁动、产生厌倦甚至退学情绪的情况。

（二）政府过多干预体制机制建设

“体制”是指各类组织在机构设置、上下级隶属关系和管理权限等方面的体系、

① 宁继鸣. 孔子学院研究年度报告 2018[M]. 北京：商务印书馆，2018.

制度、形式等的总称，而“机制”则主要是指有关机构组成部分的相互关系以及各种变化的相互联系。孔子学院的体制侧重于孔子学院建设的国内外支撑体系，关注资源的供给和配置水平；孔子学院的机制则侧重于孔子学院的运行，关注流程的成熟度和稳定性，以及运行的效果。①

在当下市场经济环境，政府在公共领域的干预一直备受关注。之所以如此，是由于有些事情因为政府干预得太多或管理得太少而遭致失败。②政府不仅要注意干预的空间范围，还要注意干预的方式方法和时间范围。政府的角色定位能够直接影响资源配置、体制机制以及评价体系和外部环境，因此，政府总是在不断探索中寻求一种“最优”方案。对孔子学院来说，它的实体建设在海外，支撑体系在国内，国内从中央政府到地方行政，从政府单位到市场组织再到社会机构，应该如何加强体制机制建设？另外，从组织管理上看，孔子学院分支在海外，总部在国内，应该如何平衡管理与服务、激励与监督的关系？应该制定一个怎样的管理框架促进其持续发展？以下三方面问题值得深入探讨研究。

第一，政府在孔子学院建设中的参与范围与程度问题。虽然语言传播具有公共产品属性，政府的参与弥补了市场的不足，但是孔子学院的主要职能是语言教学，它是一种语言服务，具有市场特性，政府的过度参与会淡化市场性而增加政治色彩，容易让语言学习者产生抵触情绪。因此市场能解决的问题就交给市场，市场无法解决的才是政府应该参与和发挥作用的。政府的作用更多的是通过建立和完善制度，吸引社会力量加入孔子学院的建设中来，而不是代替社会力量。

第二，政府在孔子学院建设中的角色定位问题。在不同阶段，政府的角色定位不同。在初级阶段，政府往往发挥着主导作用；在成熟阶段，政府应该转变角色，由主导者转为服务监管者。孔子学院从 2004 年发展至今，已经有近 20 个年头，从无到有，从少到多，孔子学院已经走到了从注重数量增加转向注重质量提升的稳步发展阶段。因此，政府需要考虑转换角色，由主要推动者逐渐转为监管者，从而为孔子学院的持续发展提供制度及环境保障。③

第三，目前，世界大多数语言传播机构与政府之间的关系更多的是合作关系而非附属关系。如何更好地发挥政府在教育资源整合中的作用，通过建设有效的机制体制，引导社会机构、民间资本注入孔子学院，也许是今后政府努力发展的方向。

---

① 宁继鸣. 孔子学院研究年度报告 2019[M]. 北京：商务印书馆，2019：98.

② W. 阿瑟·刘易斯. 经济增长理论[M]. 上海：生活 • 读书 • 新知三联书店上海分店，上海：上海人民出版社，1994：475.

③ 王海兰，宁继鸣. 适度干预：孔子学院发展中的政府行为选择[J]. 云南师范大学学报（哲学社会科学版），2016，48（1）：54-61.

（三）区域分布结构不合理，布局亟待优化调整

从各大洲孔子学院数量的分布情况来看，欧洲的孔子学院最多，占总数的34%，其次为美洲和亚洲，而欧洲、美洲和亚洲孔子学院的数量之和占总量的85%，与非洲以及大洋洲形成了鲜明的对比，后者共只占总量的15%。从孔子课堂的分布情况看，美洲占了将近一半，欧洲占29%，亚洲和非洲只有10%和4%。从国家来看，发达国家占据了大部分孔子学院的资源。英、美、法、德、俄、意、加、澳这8个发达国家共有205所孔子学院，占全球孔子学院总数的38.3%。

单从亚洲范围看，占据地缘优势的东南亚11国共有40所孔子学院；东北亚6国（地区）共有44所孔子学院；南亚7国共有16所孔子学院；西亚12国共有21所孔子学院；中亚5国共有14所孔子学院。详情见表5-2。

表5-2　亚洲孔子学院分布情况

区域	国家（地区）数量/个	孔子学院数量/所	孔子学院数量占亚洲总数比例/%
东南亚	11	40	29.6
东北亚	6	44	32.6
南亚	7	16	11.8
西亚	12	21	15.6
中亚	5	14	10.4
总计	41	135	100

数据来源：孔子学院官网，https://www.ci.cn/#/site/GlobalConfucius/?key=0，2020-02-01。

由上表可见，在亚洲，东南亚和东北亚的孔子学院发展态势较好，数量占据总数的62.2%，而西亚、南亚和中亚地区的发展相对滞后。我国陆上“一带一路”线路中，中亚、西亚和南亚是必经之地，这种不均衡的布局很难为“一带一路”全面建设提供民心相通的语言保障。

众所周知，区域分布的不均衡会导致资源配置的不均衡。从长远来看，这种布局缺乏可持续性，不符合我国提出的“一带一路”倡议，也不利于推动我国和世界各国的文化交流，是制约孔子学院全球可持续发展的重要问题。[①]

（四）经费来源单一，发展后劲乏力

现阶段，孔子学院办学等经费主要来源于孔子学院总部以及外方机构和孔子

① 李宝贵. 新时代孔子学院转型发展路径探析[J]. 云南师范大学学报（哲学社会科学版），2018，50（5）：27-35.

学院的自身活动收入。对于新办的孔子学院，孔子学院总部拨付一定的启动资金，日后运营费用则由中外双方 1∶1 合作共筹。目前的问题是单靠国家的投入不足以支撑孔子学院的正常运转，发展中国家经济基础薄弱，合作单位与社会力量的投入相对较少，资金短缺现象比较明显。放眼全球其他语言文化传播机构，比如英国文化教育协会、法国法语联盟、西班牙塞万提斯学院以及德国歌德学院等，同样是非营利性机构，它们的运营资金除了来源于政府扶持之外，还受到了社会各界和企业资金的赞助。相比之下，孔子学院这种相对单一的资金渠道显然无法支撑自身长期的可持续发展。因此，孔子学院急需开拓多元化经费渠道，从而为今后的持续发展提供切实保障。

三、孔子学院在国际传播中面临的挑战

随着中国国际地位的提升，汉语国际教育事业也不断发展壮大。孔子学院作为汉语国际教育事业的重要代表，也受到了世界媒体舆论的广泛关注。媒体报道不仅宣传孔子学院的文化活动，影响着公众的理解与态度，同时也塑造着孔子学院的品牌形象，代表着一个国家的意识形态与舆论方向，是一种不容小觑的社会力量。在一些媒体的报道中我们可以看出，孔子学院在遍地开花的同时也受到了一些国家和地区的误解和抵触。这些误解给孔子学院的汉语传播事业带来了一定的挑战。这些挑战不禁引人深思：这些行为与议论背后的深层次原因是什么？面对这样的挑战，孔子学院应该如何更好地传播中华文化？

（一）孔子学院发展所面临的具体挑战

1. 终止合作

2014 年 9 月底，在孔子学院成立十周年之际，芝加哥大学发表声明终止与孔子学院的合作关系；不到一周时间，10 月 1 日，宾夕法尼亚州立大学也宣布解除与孔子学院长达 5 年的合作关系。从 2013 年到 2014 年，加拿大麦克马斯特大学、舍布鲁克大学以及多伦多公立教育局相继宣布停办孔子学院的消息。此外，合作了十年的欧洲第一所孔子学院——瑞典的斯德哥尔摩孔子学院也于 2015 年停办。[①]2018 年 8 月 14 日，美国北佛罗里达大学在协议尚未到期的情况下，突然单方面、无理由宣布，将于 2019 年 2 月关闭该校孔子学院。2019 年初，加拿大

① 林杰，张曼. 对西方少数学者质疑孔子学院“学术自由”的驳论[J]. 比较教育研究，2016，38（3）：1-7.

新不伦瑞克省教育部部长多米尼克·卡迪（Dominic Cardy）突然宣布，新不伦瑞克省教育部将在全省范围的学校系统内分批关闭所有孔子学院。[①]迄今为止，虽然全球关闭的孔子学院数量不多，但其负面影响不容小觑。

2. 进行媒体舆论攻击

伴随着中国经济实力的不断增强和综合国力提升，西方国家逐渐将矛头指向中国，“中国威胁论”在西方媒体中盛行，其主要表现为：在经济方面，抨击中国的经济政策，称中国“正在以非市场方式投资，从而抑制了全球经济增长”；在政治方面，抹黑“一带一路”倡议，指责中国正以新方式填补美国“权力真空”，开启国际霸权；在文化方面，称中国正在构建一个新的国际价值体系，这种价值体系严重威胁了自由、民主、平等的西方价值观。[②]

孔子学院作为中国语言文化传播的载体和平台，它的迅速发展也遭到了西方媒体的舆论攻击：在学术上，认为中国正利用孔子学院的合作办学模式借机侵犯所在大学的学术自由与学术独立；在文化上，认为中国为控制全球而利用孔子学院渗透文化和价值观，从而达到文化入侵的目的；在政治上，称中国为了进行政治思想渗透，利用儒家文化宣传社会主义意识形态；在管理体制上，认为孔子学院缺乏透明度和互惠平等待遇。

随着孔子学院的海外快速扩展，西方媒体舆论攻击的主体逐渐多元，内容逐渐复杂，方式也更加直白。提防“中国渗透”的思潮已成为美国国家政策的一部分，关于孔子学院的舆论攻击已经突破了文化交流领域，成为国际政治经济形势变化的反映。

3. 增加师生流动壁垒

在国际教育服务中，一些发达国家对境外的办学机构与教育服务设置种种障碍，如跨境交付、境外消费、商业流通、师生流动等。比如一些地区为了防止优秀生源流失，不承认本国学生在境外获取的学位。一些国家对境外办学机构设置的办学程序过于复杂，使境外机构难以获得当地办学许可。还有些国家通过严格教师入境资格审核政策，限制外籍教师的交流和互动。

例如美国于 2016 年 2 月调整了 J1 访问学者教师类签证的申请条件，在专业

① Radio-Canada. La fin de l' Institut Confucius dans les écoles maternelles et primaires du N.-B. [EB/OL]. https://ici.radio-canada.ca/nouvelle/1274817/institut-confucius-nouveau-brunswick-dominic-cardy，2019-08-26.

② 袁赛男. 当前国际涉华舆论存在的问题及对策：以新一轮“中国威胁论”为例[J]. 对外传播，2018（7）：21-23.

要求上，禁止非语言和教育类相关专业的申请人报名；在职业要求上，取消大学在职教师的报名资格，只允许中小学在职教师或即将于一年内毕业的汉语国际教育硕士报名；在签证要求上，项目的签证担保机构是国际教育学院（Institute of International Education，IIE）。相比之下，在 2015 年之前，赴美的外派汉语教师（不包含教师志愿者）主要来自国内高校。这些政策变化需要国家及时评估其所带来的冲击，调整国家汉办教师的结构、选拔方式等政策和措施。①

（二）孔子学院所面临挑战的成因分析

1. 意识形态冲突与政治偏见

孔子学院办学的最大阻力实际上来自于中外意识形态的冲突以及“文化威胁论”等政治偏见。有些人认为孔子学院由政府出资并参与管理，这种较强的政府色彩极易引起其他国家的反感和排斥。作为亚太问题的研究专家，美国洛约拉马利蒙特大学的汤姆·普拉特（Tom Plate）指出中美差异不是金星与火星的关系，视孔子学院为潜在威胁的言论显示出美国缺乏对中国的了解，意识形态思维只会加深分歧和误解。美国大学存在政治同质化问题。②

总之，这些争议与舆论攻击背后是西方国家对中国正在崛起的政治经济文化产生深层自我焦虑，引发其民族主义意识，强化了意识形态的差异性，这在很大程度上导致了孔子学院在国外的办学困境。

2. 缺失法律依据

法律是一种硬性约束的制度安排，在处理纷争、维护正义方面不可或缺。法律体系的完善与否直接影响着孔子学院境外办学纷争与冲突的处理。

首先，国际条约欠缺。在国际条约方面，服务贸易总协定作为 WTO 协定的一部分，对跨境交付、境外消费以及商业存在和自然人流动规定了法律承诺，其中也不乏教育服务贸易规定，但这些规定都仅是框架，相对抽象，缺乏可操作性；另外，对各成员国教育服务贸易减让承诺范围缺乏强制执行力。

其次，国内立法不足。长期以来，我国只注重教育服务贸易中的进口贸易基本立法，有关孔子学院等教育出口立法还是一片空白，政府颁布的相关政策制度

---

① 李惠文，关春梅，庞晖. 当前国家汉办外派教师赴美工作中存在的问题与对策[J]. 云南师范大学学报（对外汉语教学与研究版），2017，15（3）：88-92.

② Plate T. Fears of Chinese Infiltration on US Campuses Reveal the Closing of the American Mind[EB/OL]. http://www.koreatimes.co.kr/www/opinon/2018/04/197_247075.html，2019-12-20.

缺乏系统性、权威性和执行力。各制度之间存在冲突和混乱，其法律地位以及效力也时常遭到海外媒体的质疑。

最后，东道国法律内涵难以准确把握。跨境教育合作涉及双边国家主权等敏感问题，也就意味着不单单要遵守国内的法律制度，还要弄清楚东道国的相关法律法规。发达国家立法完备，但系统复杂庞大，法律内涵难以全面把握，发展中国家则立法滞后，再加上语言障碍，法律文本难以获得。这些很可能导致孔子学院因法律问题而产生办学纠纷。①

3. 文化传播内容有待提升

孔子学院应该传播什么样的文化？为什么有些文化不被国外学习者接纳？我们该如何有效传播文化？

一方面，文化包括物质文化、制度文化和精神文化三个层面，而孔子学院传播的文化仅仅停留在"物质文化"（或称"表层文化"）上，并不深入且可能会带来误解。当然，影响孔子学院文化传播层次的因素有很多，如合作方国家的国情、政府制度、生态环境、经济水平等。文化传播的层次越高，越是要对传播内容精细分类，并要注意传播策略，降低目标群体的"文化敏感"。孔子学院传播的是一种立体和综合的文化，只有做到物质文化和精神文化融会贯通，才能实现有效果和有效率的传播。②

另一方面，孔子学院过于强调传播传统文化，忽视了现代中华文化的魅力。在传播初期，中国传统文化作为一种新鲜事物容易满足海外学者的好奇心理，但是发展到后期，接受者会越来越感受到文化的异质性，让人有一种"该文化不能满足人民发展需求和利益"的错觉，从而产生了强烈的文化抵触意识。传统文化固然重要，但它只是中华文化的一部分，中华文化还应包括现当代文化以及中西方文化共同体。因此，孔子学院作为一个文化传播平台，也要适当宣传中国现代文化，融入当地文化圈，从而丰富世界人类文化。③

四、孔子学院在新时代背景下的发展机遇

"一带一路"倡议的提出，客观上要求孔子学院加快推动转型升级进程，不仅要拓展办学功能，加强本土化建设，还要进行体制机制改革，以新形式开启新格

---

① 阮李全. 孔子学院境外办学纠纷及其应对策略[J]. 社会科学家，2015（4）：116-120.

② 宁继鸣. 孔子学院研究年度报告 2018[M]. 北京：商务印书馆，2018.

③ 张虹倩. 全球治理视域下的汉语国际教育及孔子学院建设：问题、因由与对策[J]. 社会科学，2017（10）：26-35.

局，从而促进中国与世界各国的深层次交流与合作。2019 年 2 月，国务院印发了《中国教育现代化 2035》，文件同样提出了“促进孔子学院和孔子课堂特色发展”的要求，为孔子学院（课堂）未来发展策略指明了方向。

（一）加强本土化建设，由总部输血逐步转为当地化建设

众所周知，本土化、当地化对于语言传播来说，是最有效的传播手段。当地的语言文化资源和本土教师资源是提高教学效率的有力途径。新时代背景下，面对不同文化背景下的多元化汉语学习需求，孔子学院需要因地制宜，推进本土化进程，逐步摆脱对国内汉语师资和其他教育资源的依赖，做到真正的“落地生根”。

在教材方面，海外的很多公立学校之所以很少使用国内的汉语教材，主要还是因为存在水土不服的问题。鉴于此，国内在研发孔子学院教材时要尽量符合当地的语言文化风俗习惯，可与当地的出版社或者语言研究机构合作，共同编写，这样才能与当地语言学习者的实际需求相契合，逐步实现教育资源本土化。

在教师方面，本土教师了解当地的风俗文化特点，在日常生活与汉语教学方面相比外派教师有得天独厚的优势，这不仅能够消除学生的心理芥蒂，促进国际汉语快速传播，还能推动当地汉语教学的稳定发展。因此，孔子学院可以采用多种形式培训壮大当地汉语教师队伍。如采取短期培训与学历教育相结合、境外培训与来华培训相结合的方式，从而与当地大学合作开展汉语教师教育学历课程。自 2013 年开始，我国实施了“新汉学计划”，六个分项目中有两个是中外合作培养博士项目和来华攻读博士学位项目，这就为各国热衷于汉文化的学者提供了良好的合作平台。该计划每年大约有 200—300 人申请，录取 70—80 人。自 2013 年启动以来，截至 2022 年大概录取了 700 多位博士生。

（二）政府与企业、高校协同发展、多边合作

国务院于 2019 年 2 月颁发了《中国教育现代化 2035》，其中指出要深化运营机制改革，拓宽筹资渠道，鼓励中外企业等社会力量与组织等出资办学；加强海内外校企资源共享，提高资源整合效率。①

让企业加入孔子学院办学的行列既能有效缓解孔子学院发展中遇到的资金

① 张梦琦，刘宝存. 新时代我国开创教育对外开放新格局的政策走向：基于《中国教育现代化 2035》的解读[J]. 中国电化教育，2020（1）：25-32.

问题，提高办学硬件水平，又能带来稳定生源。校企双方共同办学，就会兼顾经济和社会效益。院企合作主要有三种模式：共建模式、战略合作模式和奖学金模式。其中，共建模式企业方的参与程度最高，直接出资建设校舍，其办学职业目标明确。战略合作模式主要有人才培养合作和项目合作两种形式。人才培养合作是孔子学院以企业需求为导向培养专业人才，并推荐人才就业；项目合作主要是指短期内为企业进行员工汉语培训，培训内容及时间根据企业需求来制定。①

近几年来，一些社会资本、中资企业也进入了孔子学院公共文化服务体系建设的行列。例如有17家企业就在2018年第十三届孔子学院大会期间签订战略合作协议，成为全国首批孔子学院合作伙伴。②但是在具体的合作过程中，还有很多需要完善的地方，如出于安全考虑，孔子学院教师很少与企业进行深入沟通交流，双方缺乏法律法规的保障和约束；合作形式也多采用项目合作制及人才培养合作制，很少涉及全方位深层次的合作；另外，由于院企利益目标不同，双方合作在商业性和公益性之间难以平衡，造成多数企业合作意愿不强，动力不足，需要引起我们的注意。此时，就需要政府进行适度干预，加强顶层设计，建立校企合作机制及激励和约束机制，制定孔子学院校企合作相关法律，防止文化语言传播过度商业化倾向，规范院企合作行为，避免市场失灵，在共同目标下引导双方协同发展，开展长期有效的合作。

除了加入企业的力量之外，还要逐步实现孔子学院运营的多元化发展，构建校友文化网络体系，挖掘孔子学院发展的国际民间力量。另外，为了更好地保障孔子学院的转型升级与发展，还可以建立与华人社会联系的交流渠道，以获取更多华人的支持与帮助。③

（三）"一带一路"背景下促进交流互动、构建智库、提升国家形象

我国在进入21世纪以来先后提出了中华文化"走出去"、"一带一路"倡议等重要发展战略，力争在政策、基建以及贸易、金融和文化等方面与"一带一路"沿线65个国家互惠互通。倡议提出后，沿线国家学习汉语热情不断升温，汉语学习人数大幅提升，为孔子学院蓬勃发展提供了源源不断的动力和机遇。根据俄罗斯语言学地区研究中心发布的调查报告，1997年俄罗斯学习汉语的人数为5000，

① 郑崧，郑薇. 孔子学院发展中的院企合作：模式、动机与基础[J]. 浙江师范大学学报（社会科学版），2016，41（2）：91-96.

② 宁继鸣. 孔子学院研究年度报告 2019[M]. 北京：商务印书馆，2019：264.

③ 赖林冬. "一带一路"背景下东盟孔子学院的发展与创新[J]. 南洋问题研究，2017（3）：37-52.

然而截至2017年，总人数增至5.6万。[①]据统计，截至2018年9月，“一带一路”沿线65个国家中已有53个国家成立了共137所孔子学院和130个孔子课堂，孔子学院数量约占全球总数的1/4。[②]

中国进一步扩大开放的重要举措——“一带一路”倡议，它的目标是共同发展与合作共赢，这与孔子学院平等互利的办学理念一脉相承，二者之间存在众多共同点。在“一带一路”的契机下，孔子学院可以发挥更大的功能。

首先，孔子学院可促进沿线国家信息互动与经验交流。语言相通是实现政策沟通、贸易畅通以及设施联通、资金融通和民心相通这五通的前提与基础。语言是联系“一带一路”经贸合作、交流互鉴的重要纽带，也是提升文化软实力和增强国际话语权的重要媒介。中国与“一带一路”沿线65个国家开展教育交流与合作的重要平台就是孔子学院，它可以促进各领域信息和经验互动交流，深化双边经贸文化合作。截至2018年，开设“汉语+”课程的孔子学院数量已有49所，“汉语+”课程内容涉及领域众多，包括商务、旅游以及中医等。并且在招生方面，学生的数量也超过了 1.2 万人。此外，参与孔子学院合作办学的中外企业数量达到331家，这极大地助推了中国与各国的人文交流以及经贸合作。[③]

其次，孔子学院可以通过推动民间交往的方式，让沿线国家了解“一带一路”构想与内涵，感受中国人民的真诚与友善，消除疑虑与误解，提升国家整体形象。例如孔子学院为了让“一带一路”沿线国家更加了解中华文化，每年都会组织5000多名沿线国家教育官员、学校校长以及师生“汉语桥”团来中国参观体验；除此之外，出席过数百次相关活动的各个国家元首、政府首脑等都纷纷称赞孔子学院在促进中国与世界各族人民友谊方面发挥的重要作用。

最后，孔子学院可以发展成为一个“一带一路”智库，为沿线国家提供人才、战略等智力支持。其中“新汉学计划”致力于为海外研究中国的优秀青年提供丰富优质的研修资源与多样化的发展空间，支持汉学与中国研究领域的博士生在华深造，支持高级中文翻译人才培养和访学研修、专著出版、合作设置教席等多种形式的各类学术项目，为青年学者的成长与发展提供助力。除此之外，各国的孔子学院每年都会举办200多场有关“一带一路”的学术讲座、国际会议等。此外，孔子学院积极为当地中资企业机构培训本土职员汉语知识、提供信息咨询服务。

---

① 梁昊光，张耀军．“一带一路”语言战略规划与政策实践[J]．人民论坛·学术前沿，2018（10）：98-105.

② 周明阳．“一带一路”沿线已有53国建立137所孔子学院[EB/OL]．https://www.yidaiyilu.gov.cn/xwzx/roll/65817.htm，2018-09-11.

③ 央广网．孔子学院：深化中外合作的“金钥匙”[EB/OL]．https://baijiahao.baidu.com/s?id=16191552-18773858704&wfr=spider&for=pc，2018-12-07.

比如白俄罗斯孔子学院为入驻中白工业园区的中资企业输送汉语人才、泰国孔敬大学孔子学院设立了高铁汉语培训项目、塔吉克斯坦孔子学院为海成集团本土员工提供职业培训等。这些做法都给“一带一路”建设提供了最直接且有力的帮助，具有深远的社会意义。①

① 周明阳. “一带一路”沿线已有 53 国建立 137 所孔子学院[EB/OL]. https://www.yidaiyilu.gov.cn/xwzx/roll/65817.htm，2018-09-11.

第六章　汉语国际教育与中华文化国际传播

中国——一个古老而神秘的东方大国，一个历经沧桑苦难、岁月洗礼而和平崛起的文明大国，以令世界瞩目、国人骄傲的“中国速度”一改过去积贫积弱的旧面貌，成为当今世界第二大经济体。“中国奇迹”彰显着中国的自信，而正是文化自信驱动着走向世界大舞台的中国人民，在聆听世界多元的声音时，探索着向世界讲述自己厚重丰富的历史底蕴、灿烂悠久的五千年历史文明、博大精深的东方思想智慧、兼收并蓄而又生生不息的中华优秀文化，向世界分享一个“历尽千帆、依然美丽”的发展中国家成功崛起的经验。因此，中国需要一个面向世界的展示窗口。通过这个窗口展示“构建人类命运共同体”这一不仅蕴含中国古老智慧而且符合全人类共同利益的发展理念，并使之得到广泛的理解和认同，让中华文化和中国智慧为世界和平发展提供新思路。面对国际强势语言品牌，打破其构筑的竞争壁垒，提升国家文化软实力，缩小中国软实力与硬实力之间的差距，从而逐步改变在国际舆论格局中被动、“失语”等现象，改变国际上中国形象“他塑”而非“自塑”的局面，让中华文化成为他国走近中国的桥梁，促进文化理解，消解跨文化交际中的误会，提高中国“国家美誉度”。

2004 年 11 月 21 日汉城孔子学院（现称首尔孔子学院）正式挂牌，成为世界范围内正式挂牌的第一家孔子学院。以此为标志，国家制定“汉语国际传播”国家战略，在全球范围内广泛实施。自此至今，“中国风”和“汉语热”席卷全球各地区。本章旨在坚持以“文明交流，文明互鉴”为导向，以汉语国际教育为立足点，以中华文化世界传播的意义价值为核心，针对当前中华文化国际传播的现实困境提出可行性建议，从而构筑中华文化国际传播的“基石”，呈现华夏文明独特魅力，传播“海纳百川”“以和为贵”等中华文化精粹。让属于中国人精神世界中的“天下”为人所知、为人所理解，让“天下和合，真情一家”成为大家的共同追求，让中华文化国际传播为“构建人类命运共同体”搭桥铺路，让文明的交流互鉴为共同繁荣奠定牢固的基石。

第一节　中华文化国际传播对“一带一路”建设的意义和贡献

从习近平主席在 2013 年提出建设“新丝绸之路经济带”和“21 世纪海上丝绸之路”的战略构想起，至今已有 10 年。中国始终秉持共商共建共享原则，提出中国方案，积极开展全球开放合作建设、聚焦互联互通、实现互利共赢、推动构建人类命运共同体的中国方案，为引领中国融入世界经济洪流注入强大动能，为参与重塑国际经贸规则提供了经验。

截至 2022 年底，中国已与 150 个国家、32 个国际组织签署 200 余份共建“一带一路”合作文件。2022 年 1—11 月中国企业在“一带一路”沿线国家非金融类直接投资达 191.6 亿美元，同比增长 6.5%。中欧班列继续保持高位运行，全年开行 16562 列、运送 161.4 万标箱，同比分别增长 9%和 10%。[①] 种种措施都进一步推动了政策良好沟通、设施互动联通、贸易自由畅通、资金互助融通和民心亲近相通，为“一带一路”沿线国家和人民提供更加丰富与优质的产品和服务。“‘一带一路’的共同倡议是‘合作共赢、同舟共济、共同繁荣’的世界理想相辅相成的表达，致力于实现中华民族伟大复兴，符合中华民族历来秉持的理念，即天下大同。‘和谐万邦’的中华天下观，顺应国际道义发展潮流。”[②]“一带一路”倡议之所以取得了“振臂一呼，应者云集”的广泛支持，正是因为反映了世界各国尤其是广大发展中国家对和平发展、共同繁荣的愿望。人类命运休戚与共，零和博弈[③]已俱往矣。风雨同舟，同气连枝，携手共进乃全球大势所趋。

“一带一路”倡议的实施，为中华文化和汉语“走出去”架起了一座座互通之桥，也为沿线国家的汉语教育发展带来了新的契机。语言是文化的载体，借助汉语国际教育的蓬勃发展，汉语和优秀中华文化走出国门，促进沿线各国的经贸往来、教育合作、文化旅游、科技交流等，为国际合作引领新潮流，努力为世界经济发展不断注入新活力，也为政治对话创造了有利的条件。“一带一路”的可持

① 中国一带一路网. 国家发展改革委：高质量共建“一带一路”取得新进展[EB/OL]. https://www.yidaiyilu.gov.cn/info/iList.jsp?cat_id=10003&info_id=302972&tm_id=126，2023-01-18.

② 胡晓明. 如何讲述中国故事？——“中国文化走出去”的若干理论与实践问题[J]. 华东师范大学学报（哲学社会科学版），2013，45（5）：107-117，155.

③ 零和博弈，是指参与博弈的各方，在严格竞争下，一方的收益必然意味着另一方的损失，博弈各方的收益和损失相加总和永远为“零”，双方不存在合作的可能。与之相对应的“双赢”理论，则强调“利己”而不“损人”，通过谈判、合作达到皆大欢喜的效果。

续性发展，迫切需要我们实事求是地厘清“一带一路”背景下汉语国际教育的积极意义，采取针对性方案，走出汉语国际教育中的中华文化传播困境。我们应以“一带一路”倡议为立足点，通过汉语国际教育来促进人类命运共同体的构建，实现共商共建共享的世界宏伟蓝图的发展。

一、中华文化为“一带一路”贡献中国智慧

中华文化源远流长，内涵丰富。据《礼记·王制》记载，“中国戎夷，五方之民”。华夏先祖于黄河流域繁衍生息，周边四裔（北狄南蛮、西戎东夷）环绕，因此自名曰“中华”。章太炎认为，中华是国域之名、血统之名，更是文化之名。[①]诸子百家是中华文化，笔墨纸砚是中华文化，中华文化不仅包含典章制度、民风民俗，也包含天文历法、医药技术，还包括饮食起居、文字演变……更因其对各种多彩灿烂的文化持开放态度，在传承中还能做到海纳百川，兼收并蓄。因此，中华文化的内涵在历史长河中越变越丰富。与此同时，中华文化也对周边各国产生了深远的影响，形成了“汉文化圈”。“19世纪以前，中国和日本、朝鲜、东南亚一起形成了‘汉文化圈’，与基督教文化圈、东正教文化圈、伊斯兰教文化圈、印度文化圈共同组成世界五大文化圈。”[②]历史上，许多先贤们不远万里，长途跋涉，为中西文化交流和传播立下汗马功劳，也因此留下了流芳千古的中国故事：鉴真东渡、郑和下西洋、张骞出使西域、玄奘取经、马可波罗游历大都、利玛窦访华等丝路传奇享誉长城内外。中华文化代代相传，历久弥新，如浩瀚星空中耀眼的繁星，光耀了悠悠中华五千年！中华文明曾位于世界前列，是我们文化自信的根基，使我们在世界文明潮流中立稳身姿，阔步前行。中华“一带一路”是有着自己的历史情感和文化情怀的。汉朝张骞出使西域，使得横贯东西的经济和文化的“丝绸之路”被打通。历史和现实使得丝绸之路成为了一条包容互鉴、合作共赢之路，不仅让“丝路精神”[③]本身大放异彩，也让中华文化为“一带一路”稳步推进和国际社会和谐建设增添了中国价值、东方智慧。从古至今，中华民族向往和平与大同，向往典型的天下文明。中华文明倡导开放平等、和而不同的世界观，追求“一个世界，不同文明”的和谐天下观，成为当今世界治理、国际秩序建立的正面借鉴。

四海一家。中华文明自古尊崇家国一体的观点。国为天下之本，家为国之本，

---

① 章太炎. 中华民国解[N]. 民报，1907年7月第15期.

② 张西平. 文化价值是文化传播的关键[J]. 文化软实力，2019，4（2）：73-79.

③ 中国共产党新闻网. “一带一路”的历史文化内涵[EB/OL]. http://theory.people.com.cn/n1/2017/0628/c40531-29367298.html，2017-06-28.

个人则为家之本。“家”以亲情为重、以接纳为重、以义务为重、以秩序为重、以大局为重。四海一家的观念，为“一带一路”构建、文明交流互鉴提供思想基础。

礼尚往来。中国人注重“礼让”，所以在对外交往中也崇尚礼尚往来、重义轻利、薄来厚往。当今中国在外交事务中仍然以义为先，对许多发展中国家伸出援手。中华文明蕴含许多优秀文化理念，仁爱、诚信、民本、公正，都是“一带一路”建设所不可或缺的。

持中守正。中华文明讲究流而不盈，尊尚中庸的道德理想，推崇通过不偏不倚的途径来化解矛盾。“一带一路”倡议以共商共建共享为原则，以合作的安全观为原则，解决国际安全问题。这体现了中华文明的适中与致和。

顾全大局。“以大局为重”是中华文明传承至今的理念，在处理人与家、家与国的关系时，指导人们轻小我、重大我，轻个人、重集体，因而“人心齐，泰山移”。因此，当今各国都应顾全大局，共同肩负责任，积极推进“一带一路”共同建设，带领人类命运共同体走上繁荣昌盛的发展道路。

二、中华文化国际传播是树立文化自信、讲好中国故事的需要

中华文化“走出去”的国家战略目的是加强自身的文化自信，有利于我们建设新时代背景下的社会主义文化强国，向世界传播中华文化。在21世纪新时代新背景框架下，中华民族拥有新的历史使命，即培育、继承、发扬中华民族的优秀文化精华，加快推进中国特色社会主义文化强国建设。中国于20世纪初提出文化“走出去”战略，一路以来硕果累累。中华文化要走出国门，走得稳、走得远、走得好，那这种文化必须是优秀的文化，是能让“他者”信服、接受、认同和共享的文化。文化认同不仅是文化传播的目的，也是文化传播的根本动力。以孔子学院的模式在全球范围内传播汉语是实现“中华文化走出去”战略的有效举措。

中华文化源远流长，一脉相承。从女娲造人到伏羲八卦，从楚汉辞赋到宋元词曲，从生旦净末丑到宫商角徵羽，都凝聚着华夏民族的智慧结晶和精神血脉，蕴藏着中华文明的核心价值、人文精神、思想观念、道德规范等，构成了中华人民共同的思想内核，承载着我国新时代文化强国建设的核心要旨，更是构筑中国特色社会主义文化自信的基础。

习近平主席2014年3月27日在巴黎联合国教科文组织总部发表的演讲中强调：“实现中国梦，是物质文明和精神文明均衡发展、相互促进的结果。没有文明的继承和发展，没有文化的弘扬和繁荣，就没有中国梦的实现。”此后，2016年，习近平还在哲学社会科学工作座谈会上提出：“坚定中国特色社会主义道路自信、理论自

信、制度自信，说到底是要坚定文化自信。文化自信是更基本、更深沉、更持久的力量。”“中国文化‘走出去’年度研究报告（2018 卷）”系列报告选取了文化“走出去”中最具有代表性的 8 个领域进行研究，深度探讨了中国艺术文化的国际影响力、中国媒体微传播国际的影响力、中国广播电影电视海外的发展、中国动漫游戏海外的发展、中国文学海外发展、国际汉语教育发展、中国哲学社会科学、海外华文教育研究等领域，从而书写了华夏文明和世界文明互通有无、和谐共生的历史篇章，中华文化产业的兴盛繁荣与中华文化世界影响力的提升得到了见证。传播的广度决定了影响的深度，话语权决定了主动权。

汉语国际教育能够通过国际汉学中心、孔子学院、中国传统节日、中国文物展览、中国书籍展、国际电影节、国际体育赛事、中外艺术交流、旅游推介、各类品牌活动等宣传中华文化，同时创造具有中国符号特色的文化表现形式，生产与时俱进、多彩纷呈、具有自主知识产权、体现中国传统文化元素并为国外友人喜闻乐见的文化创意精品，加快创新新时代中华文化，提升华夏民族的世界影响力、感召力和凝聚力，传播中国声音，讲好中国故事，从而让中国更好地走向世界，让世界更好地了解中国。

三、中华文化国际传播是塑造国家形象的途径

中华文化国际传播能够塑造中国的良好国家形象，并相应提升中华文化软实力。中国古语云“远人不服，则修文德以来之”“天下之至柔，驰骋天下之至坚。无有入无间，吾是以知无为之有益”，在 20 世纪，美国学者约瑟夫·奈提出软实力的概念体现出异曲同工之妙。约瑟夫认为，软实力包含政治体制吸引力、价值准则号召力、文化感染力、对外话语权、国家信誉及领袖魅力等。[①]中华优秀传统文化的对外传播，是影响中国国家软实力的重要变量和核心要素。汉语是中华文化不可或缺的一部分，同时还是中华文化走向世界所必需的媒介。传播汉语和中华悠久历史、璀璨文化的汉语国际教育，是“一带一路”倡议背景下加强中华文化软实力的重要渠道之一。中华文化对国际受众群体的影响是柔性的、无形的，与国家形象密切关联。国家形象这一无形资产的树立工作有其内在动因，即提升中国“国家美誉度”。汉语国际教育能够通过文化宣传、文化认同，从而架起中外文化交往的桥梁，提升中国国际影响力、吸引力，实现中华文化走遍国际，增强国家的软实力。

---

① 章一平. 软实力的内涵与外延[J]. 现代国际关系，2006（11）：54-59.

四、中华文化国际传播是团结海外侨胞的向心力

中华文化国际传播有利于团结海外侨胞，加强海外侨胞的文明归属感和民族认同感。虽然身在海外，但是许多华人华侨身上仍然有着浓厚的乡土情结和家国情怀，中华文化是凝聚四海侨胞共同致力于中华民族复兴伟业的文化基础。人是文化传播的不自觉的载体，海外华人华侨即使离祖别乡，身上仍刻下了无法抹去的文化印记：汉语语言与文字、历史文化传统、文学艺术、手工技艺、饮食服饰、中医中药等，而华人聚集处兴办的华文学校和华文报刊，组建的华商社团，修筑的宗族祠堂、唐人街等同样具有浓厚的中华味道。老一辈华侨们，对本民族语言和传统文化大都满怀故土深情，并怀有强烈的学习和传承愿望。一首海内外交口传唱的《中国心》，恰如其分地诠释了海外侨胞虽客居他乡，依然心怀故土、心系祖国的赤子之心。百年前，一些华人不得不背井离乡，苦求生计而离开祖国。如今，这些海外侨胞们对中国满怀民族自豪与骄傲。“一带一路”的汉唐雄风，誉播寰宇，不断深化海外侨胞的寻根情怀。孔子学院作为中国对外交往的“金字招牌”，丰富了汉语国际教育的内涵，促进了世界各国对汉语和中华文化的了解，帮助世界以孔子学院为一扇窗、一座桥，走近中国，体验中华文化。孔子学院为国家的软实力的提升做出了应有的贡献，也让中华文化在多姿多彩的世界文化中被看见。华侨同胞恒久连接着中外文化，极大促进了中外友谊的发展。海外侨胞、港澳台同胞和大陆（内地）同胞同根、同宗、同源，他们是“连接中国梦与世界梦的重要纽带”。在吸收他国优秀文化的过程中，海外侨胞们将中华民族的“母体文化”与所在国文化有机结合并创造出“一带一路”新时代背景下独有的充满生机的华人华侨新文化，从而进一步反哺着“母体文化”。团结力量，汇聚人心，大力发展汉语国际教育，促进中华文化国际传播，将助力汇聚海外华人华侨参与中国改革开放新时代建设，贡献自身磅礴的激情和不可估量的力量。世界各地炎黄子孙必将不忘初心，栉风沐雨，与祖国携手并肩，谱写“一带一路”新辉煌，走向中华文明的伟大复兴。

五、中华文化国际传播是提升汉语国际地位的助推器

中华文化国际传播可以帮助提升汉语的国际地位和应用价值，突破西方话语霸权的垄断，重塑国际话语体系，满足新时代国际社会需求。古老灿烂的中华文明于 1840 年鸦片战争后一度走向衰颓，泱泱大国一步一步走向“师夷长技以制

夷”。西方国家依旧有很强的影响力，然而，时至今日，国际力量对比发生了巨变，中国成为世界第二大经济体，在大国实力排名中快速前移，后西方时代到来，西方色彩逐渐淡化。然而世界文化价值观的变迁却未跟上世界政治格局演变的脚步。随着中国的崛起，“中国威胁论”屡屡见诸境外媒体，尤其是美日诸国，视孔子学院为大敌，称其为中国“穿透文化壁垒，从而左右西方价值观”的“锐实力”，甚至污蔑中国向第三世界国家施以援助为“新殖民主义”。面对国际媒体对华的一轮又一轮的舆论攻击，中国如何与西方主导的国际话语体系相抗争？如何提升中国对外话语的感召力、公信力？如何讲好中国故事，传播好中国声音，表达好中国特色？北京大学陆俭明教授指出，第一，话语权要靠实力；第二，要吸引更多外国人学习汉语。外国学习者深入学习、理解中文，中华文化和中文文献就会具备更大吸引力，中国故事和中国声音就更易于向世界各地传播。通过汉语国际教育，传播中国优秀文化，实现汉语作为国家外交名片、文化传播载体、贸易往来媒介、科技传播标准、军事智能内核的价值，满足中国梦事业的发展中面临的中国经济不断发展的国家话语能力提升需求与汉语国际传播事业发展不平衡之间的矛盾。通过提升中华文化国际影响力，世界文化格局便能为自身发展注入新动能，以此突破西方话语霸权的垄断，营造更为和谐的世界文化格局，重塑国际话语体系，满足新时代国际社会需求。

六、中华文化国际传播是世界文明繁荣的必然

要想提高中华文化在世界文化格局中的地位，就需要扩大中华文化的国际传播广度，进而重塑世界文化新秩序，推动世界文明大发展大繁荣。伴随着经济全球化的大潮涌起，文化全球化应运而生，全球世界各国文化都在相互依存、对话交流、交融互鉴发展过程中，将文化大融合推向新的高度并呈现出“和而不同”的特征，“我中有你、你中有我、彼此交融”。当今国际社会，经济全球化、政治多极化愈演愈烈，世界文化与思想彼此交融的程度越来越深，受“西方文明中心”思潮的影响，西方文化在世界文化交流中长期处于主动进攻的态势。那些文化傲慢或抱残守缺者，都不可能从丰富灿烂的世界文化宝库中获取瑰宝和明珠，更不可能在文化的交流与对话中完善升华自己。中华文化的一种新的生存方式已成为“走出去”。古往今来，中华文化始终秉持其自由包容、博采众长的杰出理念。中华文化的继承与发扬，需要我们从全球化角度出发，审视中华文化自身的前进方向，面向世界，博采众长，摒弃中国传统文化之糟粕的同时，吸收世界各族文化之精华，填补中国传统文化的空缺。进而，我们得以推陈出新，使中华文化更加健康、更加

富有力量，这样才能化解“文化单一性与多样性的矛盾”[①]。唯有如此，中国才能走上和谐发展、积极自信的文化现代化之路，才能逐步提升中华文化在与世界文化持续对话中的地位，共同促进世界文明互通有无，推动世界文明大发展大繁荣。

第二节 汉语国际教育助力中华文化国际传播：三个关键问题

“汉语热”不应该忽冷忽热，而应该保持一种常温状态，这就意味着汉语和中华文化要成为世界文化格局中的一个常态存在。只有立足于文化强国战略，深刻理解中华文化国际传播中的应有之义，才能提升中华文化走向国际的深度和广度，有条不紊地传播中华文化。

一、理清和明确中华文化国际传播的内涵和原则

其基本原则主要包括[②]：①中华文化国际传播的传播主体必须坚持文化自觉和文化自信；②中华文化国际传播必须以维系中华历史优秀文化传统为前提，持续对中华历史文化传统内涵进行创新；③中华文化国际传播为文化强国战略服务；④中华文化国际传播以培养知华、友华、爱华的国外人士为目标，力求根除“中国威胁论”在西方的传播，树立符合新时代国际背景的良好中国形象；⑤中华文化国际传播的另一前提是“传统文化的现代化”，防止中华历史文化传统的“古董化”。

二、尽快确立汉语与中华文化国际传播的学科地位

当前，国内尚未落实汉语国际传播的理论体系建设，学科建设才刚刚起步。鉴于汉语国际教育发展需要，我们要尽快确立汉语与中华文化国际传播的学科地位。[③]汉语国际传播涉及语言学、教育学、历史学、传播学等学科，其传播理论、方法、实践的研究急需跨学科交叉协同，继而完善汉语国际传播学科体系、理论体系建设，将该学科塑造为“显学”，供以后学者参考、研究。除此之外，汉语国际传播研究角度方向多偏向于汉语国际教育，因此有所局限。另外，如汉语传播与国家发展、汉语传播与文化产业的互动、汉语传播的文化效应与政治效应的关

① 文化单一性与多样性的矛盾即同一种文化内部的单一性与多样性之间、共性与个性之间的矛盾，以及不同文化之间的单一性文化和多样性文化的矛盾。“单一性与多样性”矛盾是文化进步的基础动力。

② 孙宜学. 中华文化国际传播：途径与方法创新[M]. 上海：同济大学出版社，2016：23，25.

③ 孙宜学. 中华文化国际传播：途径与方法创新[M]. 上海：同济大学出版社，2016：252.

系等研究都明显不足。因此，要尽快确立汉语与中华文化国际传播的学科地位，为快速发展的汉语与中华文化国际传播事业提供必要的学科支撑。

三、加强传统文化传播与当代理想追求相结合

汉语国际教育发展过程中，离不开文化的发展。我们需要进一步加强传统文化传播与当代理想追求相结合，并服务于国际文化生态环境的营造。在漫长的中华文明历史中，中华人民造就、继承、发扬了伟大光辉的中华传统文化。中华历史文化传统中的仁、义、智、礼、信，民本思想和世界大同理想，都是中华历史文化不断革故鼎新的精髓所在。在中国特色社会主义现代化路途中，社会主义核心价值观也得到明确。中国外交始终秉持着睦邻、富邻、安邻的对外外交理念，坚持“与邻为善”的和谐友善外交政策。中国人民正在奋力走向中华民族伟大复兴的美好未来。海外汉语学习者是汉语国际教育的直接客体，因此汉语国际教育应以社会主义核心价值观为导向，在中华文化国际传播的同时不忘结合宣传中国当代进步文明理想，从而有利于建设中国特色社会主义现代化，在宣传中华文化的同时礼敬其他国家与民族的文化。不仅如此，向世界传播中华文化，必将撼动一直以来“西方中心”的世界文化观，从而平衡东西方世界文化格局，重建世界文化结构。中国将借助汉语国际传播、中华文化国际传播为世界带来积极影响，扩大中国在世界舞台的影响力，最终在世界文明格局中树立正面中国形象。

第三节　中华文化国际传播的案例研究

“汉传天下”是杨贤金教授提出的对汉语国际教育和中华文化国际传播工作的远景瞻望。文化是海，以下三个汉文化传播的经典案例实乃一叶扁舟，愿借此文，管窥“汉传天下”之一二。周虽旧邦，其命维新，亦盼望这些中华文化“走出去”的颗颗明珠，最终能重新串成那串曾经闪耀世界的链条。

一、对外援助中的中华文化：赠人玫瑰，亦许其香①

对外援助在传递物资、人力的过程中，也将镌刻在物质上的无形文化带出了国门，随援助的足迹，传播到世界各地。从 1950 年起，中国分别对朝鲜、越南援

① 梁凯音. 对外开放新理念与中华文化走出去经典案例选编：2002—2016[M]. 北京：对外经济贸易大学出版社，2017：29-30.

助物资的时候，中国对外援助的帷幕就正式拉开了。20 世纪 50 年代起，中国开始资助其他发展中国家学生来华学习，并帮助亚洲和非洲国家建设普通和技术院校，提供教学仪器和实验室设备。60 年代，中国开始向发展中国家派遣援外教师。80—90 年代，在提供培训师资援助的基础上，中国还向发展中国家提供其他领域人力援助，包括政府管理人员、中高级技工等，有利于中国在接受援助国开展合作项目。[①]目前，中国对非洲的教育援助主要体现在教育合作项目上，项目基本上由中国大学和非洲一些大学合作展开，主要由中国教育部促成和提供资金。这些合作包含基于政府奖学金的学生交换、访问学者的相互交流、研究成果的分享、教师交换、共同举办国际会议、共建实验室等。此外，中国通过大规模地在非洲援建学校，帮助非洲最大限度地改变教育和文化落后的局面。国务院新闻办公室于 2016 年发表《发展权：中国的理念、实践与贡献》白皮书，书中强调，此前 60 多年以来，中国（不含港澳台地区）已对 166 个国家、国际机构组织进行援助，资费近 4000 亿元。单是 2017 年，中国就免除 9 个非洲国家 16 笔到期贷款，总额达 14.2 亿元。[②]

赠人玫瑰，亦许其香。文化的影响以物质的形式呈现出来，对外援助工作以实物输出为主要内容的同时，也是在传播中华文化，比如一些电视频道想给远在非洲的华侨华人、援建工人提供来自故乡的节目，但无心插柳却让非洲观众对屏幕中遥远又陌生的中国产生了兴趣。除了援建学校，武术、刺绣、竹编、动漫及电视剧制作等文化人力资源培训也相继开展起来，不仅赠人玫瑰，手有余香，而且授人以鱼更授人以渔。

二、商务贸易中的文化传播：阿里巴巴“走出去”[③]

2014 年 9 月 19 日，阿里巴巴在纽约证券交易所挂牌上市。马云说过，他希望能够创办一家属于全世界的，但却是由中国人创办的公司。阿里巴巴目前的核心业务领域涵盖了电子商务、金融、物流、云计算、大文娱等，而阿里巴巴内部几乎所有版块都在进行更快走上国际舞台的尝试：

①阿里巴巴电商提出全面实现“全球买，全球卖”；

②蚂蚁金服提出在境外持续提升支付与金融公司比重；

① 陈莹. 人类命运共同体视域下中国国际教育援助[J]. 暨南学报（哲学社会科学版），2019，41（11）：119-132.

② 海外网. 中国援助非洲的背后，厘清这些误读[EB/OL]. https://baijiahao.baidu.com/s?id=1610861593694632049&wfr=spider&for=pchttp://theory.haiwainet.cn/n/2018/0906/c3542937-31391505.html，2018-09-06.

③ 梁凯音. 对外开放新理念与中华文化走出去经典案例选编：2002—2016[M]. 北京：对外经济贸易大学出版社，2017：45-46.

③保证菜鸟在各国的邮政和物流供应商对接国际化物流服务网络；

④阿里云不断开辟海外新市场；

⑤淘宝、天猫等网络电商所使用的交易手段以支付宝等“云”的形式为主。每年“双 11”期间，阿里支付系统都会面临巨额交易量的考验。如今，阿里巴巴的支付系统可处理每秒 14 万笔订单数额。

阿里巴巴集团在美上市，无疑顺应了电子商务国际化的国际潮流。长久以来，无论是中国电商等新兴企业，还是中国传统企业，都始终朝着国际化、全球化发展。改变企业国际化发展方式，实行对外经济全面合作，对中国经济的发展产生了巨大的促进作用。通过探索新型商贸模式发展路径，加大中国企业经营面向全球化的力度，国际舞台上越来越多的中国企业参与了进来。中华文化展现出了锐意创新、勇于挑战的精神。阿里巴巴顺应了新的时代潮流，把解决中国问题的新商业模式成功地推向了世界。阿里巴巴是成功走向世界的中国企业之一，但绝不是唯一。从第一位将“荣记湖丝”运到伦敦赶赴世博会参展的徐荣村，到在海外被关注的华商中存在的“小商户”现象和“儒商”文化，中国商人们从为世界带去中国优质商品，到带去中国特色的商业文化，再到如今，向世界展示了中国商业模式的创新。过去“走出去”的只是物质层面的商业产品，随着中国商业的不断发展完善，引领潮流的制度和观念层面的商业文化将同我们创新的商业模式一起走向五湖四海。

三、外宣中的中华文化：当汤显祖遇上莎士比亚①

对外宣传作为最为直接的“中华文化走出去”的途径，可最直观地让世界感受到中华文化的魅力。2015 年 10 月 21 日，习近平主席访问英国，在访问期间，习近平主席发表了题为《共倡开放包容 共促和平发展》的演讲。习近平主席在这篇演讲中提到，中国明代剧作家汤显祖被称为“东方的莎士比亚”。汤显祖和莎士比亚虽然所属不同的国家，但却是同属一个时代。两人都是 1616 年逝世的，2016 年是两位世界文学巨匠逝世 400 周年。中英两国共同纪念两位伟大剧作家，有助于两国人民密切交流，促进两国文化深度交融。为此，海内外举办或参加系列纪念活动，共同纪念这两位戏剧家。纪念活动持续 2016 年全年，内容主要包括三大部分，即海外系列纪念活动、北京系列纪念活动、汤显祖故居系列活动。除此之外，中国国家大剧院举办了“‘东西对话’戏剧传奇——莎士比亚遇见汤

---

① 梁凯音. 对外开放新理念与中华文化走出去经典案例选编：2002—2016[M]. 北京：对外经济贸易大学出版社，2017：73-74.

显祖”系列活动，并诚邀英国皇家莎士比亚剧团出演莎翁著名舞台剧《亨利四世》与《亨利五世》。2016 年，北京文化局《新剧本》编辑部协同北京戏剧家协会举行汤显祖研讨会。同年，中国出版集团参与了英国的伦敦书展，展题为“共同纪念莎士比亚与汤显祖逝世 400 周年”。在展会上，中国出版集团向国际友人展示了《牡丹亭》《邯郸记》《威尼斯商人》等两位文学巨匠的著作。截至 2016 年 11 月 15 日，中国已经在法国、比利时、韩国、坦桑尼亚、埃及、贝宁等国举办了“纪念汤显祖与莎士比亚逝世 400 周年主题展”。

400 多年沧海桑田，回首历史长河、追忆名著经典。通过深入理解汤显祖著作的艺术价值、当代价值，用新时代背景解读名著背后的历史文化内涵，能够助力人们继承、发扬优秀传统文化，促进世界文化相互交流借鉴，发挥历史文化对当今世界的深刻启示作用。抓住机遇、把握时机，带着突破和创新的信念，中华文化“走出去”才能走得更好、更远。更重要的是，在未来中华文化与世界文化如何进行深度对话？这是汤显祖和莎士比亚奇妙邂逅带给我们的启示。我们应该带着文化自信，学会继承、发扬优秀传统文化的同时，和世界文化对话，真正做到“各美其美，美美与共”。

第四节　当前中华文化国际传播的现实困境

一、存在两个“不知不觉”现象

当前中华文化国际传播存在两个“不知不觉”现象：国人对文化的“不知不觉”和外国人理解中华文化的“不知不觉”。[①]《解放日报》于 2014 年 9 月 19 日刊发了一篇“独家对话”，与国家汉办主任许琳女士进行深入交流。许琳女士在专访中，只字不提值得骄傲的数字，她更多表达的是文化交流碰撞给她带来的深刻的思考。

国人对文化的“不知不觉”。中国经济发展了，中华文化就成了热点。许多人就理所当然地认为中华文化应该“走出去”，也能够“走出去”，而且已经“走出去”了。但是，这只是一般人的印象。冲在中华文化国际交流第一线的许琳及千千万万的汉语教师，却深深地产生了曲高和寡之感。一方面是朝气蓬勃的“汉语热”，另一方面却是许许多多旁观者的漠然。民众对中华文化国际传播事业的这种“不知不觉”状态，让许琳深为忧虑。此外，许琳所担心的更重要的一点，

① 孙宜学. 中华文化国际传播：途径与方法创新[M]. 上海：同济大学出版社，2016：44-45.

是自身文化素质不够，根本无文化可传，而且还不知不觉。从阅读量的角度出发，国人平均阅读量低于西方读者。就连与一些东方国家相比，我们都比不上。这种“不知不觉”让有识之人生忧。

外国人理解中华文化的“不知不觉”。作为一种新生事物，孔子学院发展过程中遇到的阻力和障碍是客观的，而各种因素碰撞产生的冲击力之大，也并不是每个人都愿意承受的，或者说能承受得住的。但事实证明，孔子学院客观上让更多的中国人面对面地走向了世界，脚踏实地地真实了解了世界是如何看中国的，其中一个重要的收获，就是知道了：自以为已经走向世界，已经国际化的中国，在世界上其他人眼里，实际上依然陌生。我们总觉得全世界的人对中华文化都了解，其实对方是真不了解。汉语国际教育和中华文化国际传播还任重道远！

二、中华文化品牌的吸引力不足

目前，我国资源现代化转换力度不足，生根的、有持续影响力和吸引力的中华文化不多。文化“走出去”，拿什么“走出去”？拿出去的文化，何以能持久地焕发影响力？如何能在所在国落地生根，而不是烜赫一时，昙花一现？21世纪以来，政府和民间组织都不遗余力地着力于中华文化的海外传播，如开展双向对等文化年和“欢乐春节行”等活动，宣传中国“团圆、和谐和幸福”的节日文化；创设汉堡-巴黎汉文化中心、上海旅游文化中心等文化中心；创设中国月或中国周，庆祝中国传统文化节日，举办北京、上海国际电影节等中国电影节，中国民族服装展，中国图书对外推广计划，文化巡游等活动，从而满足国外不同群体对于中华文化的需求。这些活动都是文化的延伸。虽说收到一定的效果，但是效果并不显著。也许在当时能引起一波关注，存在新鲜与猎奇的效果，但无根、无力，比较难以引起海外友人的共鸣。中华文化如何“走出去”，走得远，走得好？这值得我们深思。语言是最重要的文化传播工具，是文明的载体。

汉语言文字在几千年的中华文明历史中留下了深厚积淀，在华夏民族繁衍生息的过程中将各民族文化精神紧密联系。汉字里蕴藏着民俗文化、饮食文化、姓名文化以及中国审美和书法艺术等，是汉字圈内共有而宝贵的财富。中华文化、历史与传统具有深邃、典雅的独到特质，为许多国际文化领域学者所崇敬与欣赏。然而，正是因为汉字笔画众多，看似繁杂，难得其旨，而汉语声调对母语中没有声调的人而言也是难以记忆，所以汉语让不少国际友人望而生畏。若想塑造令国际汉语文化爱好者所易于接受的大众文化，推动汉语言文化“走出去”的进程，增强中国文化软实力，则需要我们对中国传统文化进行现代化、大众化的创新。

许多学者在此方面为我们树立了榜样，如易中天对《三国演义》的现代化解读，于丹对《论语》《庄子》等文献所进行的大众化阐述。一些中华传统文化、典籍逐渐走向东南亚、东亚、欧美等地，并产生一定影响力。因此，若想进一步传播中华文化，除了要加大开发利用现代文化资源，还需要加强传统历史文化资源的挖掘的深度，使浩如烟海、灿若星河的中华文化以内容、形式的创新来丰富其内涵、增强其吸引力；以群众喜闻乐见的艺术表现形式创作文化精品，采用新时代科技加速新文化业态的诞生，推动网络文学、文化创意、数字影视、文化博览、网络音乐、直播网红、动漫游戏等当代文娱产业发展，使中华文化在数字化时代，契合国外受众群体的代际转换的需要。

三、海外中国形象的脆弱性

海外中国形象的脆弱性影响了中华文化的有效传播。地球村里，觌体相遇，数见不鲜。因相遇相交而相知。积极正面的国际形象，是汉语国际传播、中华文化国际化进程所不可或缺的。①然而，国外许多不文明现象的提醒标识中，存在单独用中文进行标识的现象，比如美国一些地铁站内“请勿插队”的中文标识、巴黎街头“请勿喧哗”的中文提示等。汉语要迈向世界，跟我们国家以及每个中国人的形象息息相关。每个中国人都是中华文化的窗口与镜子。有学者指出，当代国人实际上是中华文化最主要的传播载体。②2013 年底，习近平总书记首次提出了中国国家形象的精辟内涵，即重点展示中国历史底蕴深厚、各民族多元一体、文化多样和谐的文明大国形象。③然而当前中华文化国际传播的努力往往受制于中国国际形象的脆弱性，正面积极的文化传播有时候往往收效甚微，远比不上负面事件带来的影响。在“汉语传播的国际形象问题”报告中，李宇明教授表明：18 世纪至 20 世纪第二次世界大战前，世界人民对法国启蒙运动所创造的灿烂的法国文明的向往，使得法语几乎成了一门国际通用的语言。目前，国人在国际上所体现出的素质与中国真正应有的国家形象大相径庭。这如何能吸引国际友人来学习汉语呢？陆俭明教授曾盛赞梁晓声关于“文化”的四个观点，即文化是“扎根于内心深处的修养，不需提醒的自觉，以约束自我为前提的自由，时刻为别人着想的善良”，一针见血地指出了“文化根植于内心的修养”的事实。实际上，一个人的

---

① 李宇明. 汉语传播的国际形象问题[C]. 上海：首届汉语跨文化传播国际研讨会，2014.

② 胡晓明. 如何讲述中国故事？——“中国文化走出去”的若干理论与实践问题[J]. 华东师范大学学报（哲学社会科学版），2013，45（5）：107-117，155.

③ 习近平. 建设社会主义文化强国 着力提高国家文化软实力[N]. 人民日报，2014-01-01（01）.

学历高低、金钱和权势资本厚薄程度并不能作为个人文化水平的参考，而是一个人言行举止与梁晓声观点的相符程度。通过文化交流，人们能够以此为鉴，审视、看清自我；从相似角度来说，文化“走出去”也有一个重要功能，即帮助中华文化在国际环境中进行深刻的自我审视。中华文化“走出去”正是中华文化建设的一个千载难逢的契机：一方面来说，远扬中华文明，借势中国国力崛起；另一方面来说，在树立中国国际新形象的同时，努力提升国人整体素质。①

四、中华文化国际传播能力不够

中华文化国际传播的工具和手段相对落后，运用传播工具的能力急需加强。中国传统文化传播的工具、手段以及传播工具使用能力都亟待提升。文化影响力取决于文化传播力。大数据时代，话语权的掌控力度和文化价值理念的流传广度都由传播方式、传播能力所决定。因此，国家文化软实力的一个核心要素是文化传播力。大众传媒在全球化时代背景下加快了文化传播速度，决定着国际文化传播范围。大众传媒不仅能够向公众输送国际资讯，还影响了公众对其他国家的认知角度、认知深度。目前，中国媒体在国际上的传播力度、广度仍不如欧美发达国家。中国一方面没有高度垄断的网络媒体，如 BBC、CNN 等英语语言媒体，另一方面缺乏技术手段来主导高新媒体技术。西方舆论对中国进行许多歪曲事实的报道，中国却往往难以应对。“他者”了解中国的重要窗口是通过现代国际传媒的。国家急需加大对中国对外宣传媒体扶持的力度，进一步追加投资，从而加强中国媒体对外影响力，提升中国媒体的国际竞争力，使中国国际舆论力量与中国国际地位相辅相成。

五、汉语国际教育自身的体制问题

多语教育体制下汉语国际教育的瓶颈影响了海外中华文化的有效传播。语言全球化的同时，经济也在逐渐全球化。英语俨然成为语言全球化的最大受益者，成为一门“国际通用语”，甚至被称为“一门永不褪色的语言”。语言全球化时代背景下，若想加速汉语融入国际社会，使汉语成为所在国多语文化生态环境下的客观自然的存在，就需要帮助汉语融入所在国的语言教育体系。通过这个方式，就能够扩大海外侨胞、海外中国学者等汉语语言使用者的生存空间，促进汉语在国际公

① 陆俭明. 试论中华文化的传播[J]. 学术交流，2019（4）：5-12，191.

共领域和经贸领域的发展。以东南亚国家为例，在各国本国语言和英语为国家的主导语言的背景下，汉语目前更多仅是多语言教学制度下的其中一门选修外语。

提升汉语语言文化国际地位仍需人们付出更长久的努力。即使是海外华人，也常常视汉语为第二语言，于是便容易失去父辈们维持民族根源的汉语学习需求，从而忽视汉语语言文化重要性。在一些对华不友好国家甚至存在歧视华人身份现象，这也在一定程度上造成华人身份融入、社会融入时的障碍，涓涓细流莫不愿融入主流而成其大，华人融入所在国主流社会的强烈愿望也使得一些华人父母不再反对子女放弃汉语学习。除此之外，汉语的独特性使学习汉语需要耗费很多的时间和精力，这在客观上造成了某些海外学习者，甚至新生代华裔逐渐放弃汉语学习，转而优先选择更具有国际性、全球化的英语。虽然全球客观存在着一定程度的“汉语热”潮流，但是多语言环境下的汉语学习者仍缺乏充足的汉语学习主观动力。如何为华人的汉语学习注入更多热情，紧密联系汉语学习与其个人未来发展、就业机遇、民族身份认同有机结合，从而激发华人华侨民族身份意识以及民族文化自觉乃至自豪感，是汉语国际教育未来的重要的努力方向之一。

六、汉语国际教材的特色不鲜明

从当前汉语教材现状来看，汉语国际教育缺乏具有鲜明的中华文化特色的教材，传统文化教学模块较为薄弱。国务院侨务办公室不仅加大中文教材本地化力度，还组织汉语语言文化专家学者联合修编《中国历史常识》《中国文化常识》等中华文化书目，作为中文教学的辅助读物。但不同国家、地区的汉语教育具有复杂性与特殊性，如学习群体、国家文化、语言学习体制，以及不同华人华侨所在国中汉语的使用率、使用地位都存在差异。不仅如此，汉语在不同国家与不同语种的相互关联程度也对中华文化国际传播造成了一定影响。

目前，汉语国际教育缺乏具有鲜明的中华文化特色的教材，海外华文教育所使用的教材版本众多，这些教材的共性就是“本土化”不足，仅从文字与语言上设置教材，脱离当地社会文化和海外华人的实际生活，不能满足华文教师的教学需要与学生的学习需求。此外，汉语国际教育教材的中华传统文化模块存在一些不足。首先，文化教学重视度不足。目前大部分对外汉语课堂的教学都以语言汉语教学为主，涉及中华传统文化课程较少，即使略有涉及，也以文化理论灌输为主，未能很好培养学生跨文化交际能力。其次，教师多以汉语教学为主，专门开设传统文化课教学的教师较少。最后，市场上缺乏多样化的、以外国汉语学习者实际需求为导向的中华文化教学教材。

第五节　汉语国际教育助力中华文化国际传播的建议

一、处理好“请进来”和“走出去”的战略关系

汉语和汉文化国际传播中要做到知己知彼，通过政府主导，借助海外华侨华人深入研究世界各国，尤其是“一带一路”沿线国家施行汉语教育的家庭，要对沿线国家华侨华人的基本构成、华人与当地族裔的关系、华文教育与当地国民教育体系的关系、华文教育机构的分布情况和所在国华文教育政策等进行详细分析，尤其是发展中存在的问题、遇到的障碍等。唯有如此，我们才能有针对性地对汉语国际教育所需师资、教材、教法、考核标准等做出相应的对策。文化传播的实质是“文化走出去”的一种体现。虽然文化交流有利于文化传播，但两者不完全等同，因为中国与他国文化交流现状仍是不平等的，往往以外来文化传入中国为主，而中华文化却很少反过来传入他国。换句话说，中国长久以来文化交流的结果是处于接受方。因此，要改变这种文化逆差的局面，就必须坚持中华文化“走出去、送出去”，让更多国家理解中国，从而为推动世界文化多元化做出贡献。

虽然在经济上中国并不如某些发达国家富有，但在文化方面，中国独有自己的特色和优势。中国不仅拥有源远流长的历史精神文化，还拥有雄伟壮丽的地理风景等自然文化，两者相互辉映，都凝结了中华民族的宏伟创造和智慧结晶，都是中国人民走向繁荣富强未来的坚强支撑。如今世界经济格局、政治格局发生巨大转变，经济全球化伴随着数字全球化。在此基础上，中国提出“一带一路”倡议，促进经济文化交流，推动国际文化相互交流与信任。当前，许多国家出于文化安全和抵制文化霸权的考虑，纷纷积极传播本国文化。具体表现为，通过推进文娱产业的发展来积极抢占国际文化阵地，例如美国的好莱坞文化、印度的宝莱坞电影产业、日本动漫产业、韩国影视娱乐产业等。在这种背景下，汉语和汉文化国际传播要做到攻守兼备，既做到“请进来”和“走出去”相结合，又要努力做到“外之既不后于世界之思潮，内之仍弗失固有之血脉”。

二、准确把握中华文化国际传播的基本要求

习近平总书记指出中国综合国力的根本是文化软实力。习近平总书记于2018年10月到广东知名华侨学府暨南大学了解学校教学科研、文化学术、人才培养等情况，视察期间习近平强调要将中华优秀传统历史文化传扬海外。在借助

汉语国际教育传播中华文化过程中，要深刻理解中华文化国际传播的基本要求，从而将中华文化打造成国际文化体系中独一无二的优势所在。

首先，在当前时代背景下要积极弘扬中国特色社会主义核心价值观。我们要结合理论与实践、国内与国际的情况，充分利用中外社交传播平台，使当代中国价值观念走向世界。

其次，要突出展现中华传统历史文化核心内容。弘扬中华文化，除了展现符号、歌舞、器物等外在内容，还要提炼外在内容背后铭刻着的中华民族文化核心精神，寓理性说理于感性素材中，让中华文化精神标志传扬四海、深得人心。中华文化最宝贵的内容，正是其传承五千年的文明历史，其中承载着中华文化的价值观，如精卫填海、夸父逐日、孟母择邻、岳母刺字、牛郎织女、嫦娥奔月、孔融让梨、梁山伯与祝英台等流传千古的中国传说典故，一直都在强化民族的价值观。我们讲好中国故事的同时，还要努力把故事里中华民族的核心价值发扬光大。

最后，要因地制宜传播中华文化。海外各国与我国在思维模式、意识形态等方面存在巨大差异。因此，要按照量体裁衣、柔性表达、双向传播原则，建立中外连通的舆论体系。除此之外，还要最大程度灵活使用讲故事、概念隐喻等技巧，从而连接文化共性、激起人性共鸣，实现“中国故事、国际表达”。①

三、注重中华文化国际传播的隐性功能

汉语国际教育发展中，汉语教学要先行，文化教学则“润物无声”地伴随其中。②对此，我们要注重中华文化国际传播的隐性功能。国学大师季羡林先生也曾说过，外国汉语学习者的首要学习目标应该是汉语本身。③“‘射人先射马，擒贼先擒王。’汉语是‘王’。汉语言文字凝结了中华民族优秀历史文化。中国人要渴望传播中华优秀文化，外国人要希望了解中华优秀文化，了解中华文明，首先应该了解与学习汉语，只有这样才能更加深入地了解汉语背后的中国文化。‘送去主义’，应该首先将汉语送出去。汉语教学要汉语先行。”④应该选取什么文化内容来进行汉语教学中的文化教学？应该如何对文化内容进行呈现？应该设置多少门课程？应该以什么形式进行课程教学？教学应秉持什么样的呈现心态？

“首先，传播中国文化不能厚古薄今，汉语教学不能只展示古董，而是既要使

① 谭天星. 充分发挥华侨华人优势 推动中华文化走出去[J]. 中国统一战线，2019（2）：11-13.

② 赵金铭. 国际汉语教育的本旨是汉语教学[J]. 汉语应用语言学研究，2013（1）：11-18.

③ 李泉. 国际汉语教学：事业与学科[J]. 语言教育，2013，1（1）：85-91.

④ 季羡林. 我们要奉行“送去主义”[M]//张德鑫. 对外汉语教学：回眸与思考. 北京：外语教学与研究出版社，2000：6-8.

外国学生了解中国文化璀璨夺目的传统文化成果，也要帮助外国学生正确认识当代中国文化。”[①]如中国速度（10 天建成武汉火神山医院，9 小时完成福建龙岩铁路改造，8 小时完成南昌龙王庙立交桥拆除）、中国高铁、中国探月工程、杂交水稻、港珠澳大桥、中国天眼、中国女排世界夺冠、5G 技术面世……中国速度，中国辉煌，是干出来的！

其次，教材内容的选取，除了考虑让外国学生对中华文化有全面的了解外，更多地要考虑外国学习者学习汉语的实际需要。涉及中华文化的内容可通过汉语课堂的课文来呈现，以便使中华文化对外国汉语学习者起到潜移默化的作用。课文内容的选取尽可能具有趣味性与时效性，设计要有创新性，课文的排版要尽可能精练。

最后，文化传播不应一味对汉语学习者投其所好，而应明确国外汉语学习者的理性需要。我们既不以炫耀的姿态把中华文化强加于人，也不贬损与排斥他国的文化，而是要求同存异。文化自信应建立在对各国文化保持尊重的基础上，并以平等、务实、和谐的学习态度来给国外汉语学习者传播中华文化。[①]

四、创新汉语国际教育和中华文化国际传播手段

创新汉语国际教育和中华文化国际传播手段，必须综合运用大众传媒、互联网等文化传播手段。

新兴的 5G 移动通信技术拥有更好的安全性、可靠性和更广阔的覆盖范围，汉语学习者在观看学习资源，或者开展远程在线汉语学习时，速度会更快，交互性更强，从而更有利于碎片化、情境化的语言学习。

利用人工智能的视频捕捉、音频录入等电子技术和教学专家系统，来代替人类分析汉语教学行为和教学效果，使学习者得到即时性、个性化、可视化的反馈，能有效弥补传统的汉语国际教育和文化教学难以关注学习者的个性化差异的缺陷。类人机器人不但可以听辨不同水平学习者的语音及语法偏误，还可以理解其语义并顺利完成人机对话，实现辅助语言交际的目标。虚拟现实技术能消解汉语语言学习者学习过程中的文化感知困难，使汉语学习者身临其境地感知效果，在体验情境中深入理解文化和学习语言。认知神经科学技术利用收集眼动与脑电数据以及学习日志数据的实验手段对汉语阅读、词汇、汉字习得进行实证研究，从而有效预测学习者的学习参与度。这为人脑语言学习开了一扇新窗口。区块链技术特点包括开放性、安全性、独立性、匿名性。对汉语教学来说，传统的学习结

① 陆俭明. 汉语国际教育与中华文化国际传播[J]. 同济大学学报（社会科学版），2015，26（2）：79-84.

果只能通过测试来实现，若应用区块链技术，学习者在不同学校和平台的学习与测试痕迹被保存下来，形成一个链条，既可用于学习者语言能力的认证，也可用于教学质量的监督、教学过程的研究。[①]

随着技术日新月异，海量新机遇纷至沓来。只有与社交媒体、移动终端保持紧密联系，掌握科技发展趋势，才能打造具有中国特色的文化传播平台，实现文化传播内容的因地制宜，加深国际受众对中华文化的理解。

五、提高国际汉语教师的文化传播意识[②]

国际汉语教师的跨文化交流意识和能力急需提高。文化交流是相互的，教师与留学生的每一次交流和互动，都是一次跨文化的双向交流。因此，要让留学生学好汉语，了解中华文化，教师首先要了解世界，了解世界如何看中国，这样才能在教学与日常生活中，如春雨润物，一言一行，一字一句，在了解和尊重各国文化差异的前提下，有针对性地介绍中华文化，同时也能了解和吸收世界先进文化与理念。留学生在借此切实感受到本国文化受到尊重的同时，也能亲身感受到中华文化的独特魅力，并会更加尊重中华文化，从而潜移默化地在心中孕育出热爱中华文化的种子。

六、注重华侨华人助力中华文化“走出去”的作用

据统计，海外华人华侨的总人数达 6000 万，分布在全球各地大约 200 个国家，是中华文化与世界的天然桥梁。只有顺应中国国情、世界形势的变化，以侨为桥，务实创新，才能因地制宜，让中华文化更好地“走出去”，面向海外受众，让中华文化弘扬四海。

首先，做优涉侨文化传播品牌，壮大华侨华人文化传播的力量。持续拓展华人华侨活动内涵，丰富活动形式内容，打造升级“文化中国”品牌影响力。

其次，创新中华文化国际传播内容，提升涉侨文化传播能力。有关部门应进一步协同国际行业组织支持中国企业在海外展开活动，如餐饮、医疗、文艺表演等企业举办培训、讲座、竞赛等活动内容。通过提升活动内容多样性，呈现中华美食、中医的丰富魅力。除此之外，还应加强国内出版社与国际华文作家的合作，做好顺应国际化的中文作品出版工作。

① 张会，陈晨.“互联网+”背景下的汉语国际教育与文化传播[J]. 语言文字应用，2019（2）：30-38.

② 孙宜学. 中华文化国际传播：途径与方法创新[M]. 上海：同济大学出版社，2016：39-40.

最后，促进华文舆论场的健康发展，为中华文化在海外的有效传播提供良好环境，中华文化与华文教育能否持续成为世界文化中的持续活跃的一分子，华侨华人发挥了至关重要的作用。在大力传播中华优秀文化的同时，一定要充分发挥海外华人华侨的先驱和先锋作用。①

中华优秀历史文化是国家与国民的精神血脉，是孕育社会主义核心价值观的不竭之源，更是中国屹立于世界潮流之中的中流砥柱。我们必须尊重、礼敬其他优秀的文化，发掘其优秀内涵并加以传播。与此同时，我们也需尊重理解其他国家和民族的不同文化。在新时代新背景下，进一步发扬中华文化，充分发挥中华民族的创新性，定将为中华民族伟大复兴扬起精神风帆、点亮理想火焰、推动可持续发展。新时代我国提出"一带一路"倡议，积极推进中华文化传向世界。融中国于世界，从世界观中国，正是基于习近平总书记明确强调的"从历史走向未来，从延续民族文化血脉中开拓前进"指导方针的精准呈现。由此观之，"一带一路"不仅是丝绸之路的现代延续之路，更是中华文化走向复兴的辉煌之路。

从国家层面看，汉语国际教育是中华民族根系中，一条横跨千山万水的文化之根，是一项海内外四万万华夏同胞心连心、根连根，传承民族文化之根的"留根工程"。汉语与中华文化国际传播的最终目的，不是要抢占所在国文化的传播阵地，而是要使汉语和中华文化更本土化，融入所在国的文化，使优秀中华文化成为世界文化浩瀚的海洋中的真切鲜活的文化因子。不仅如此，汉语国际教育不仅传承、弘扬了中华民族的优秀文化，还吸收了世界文化的精华，促进世界文化百花齐放！"中国红"与"世界彩"相融合，定将谱写"中国梦"与"世界途径"的新篇章。采用费孝通先生的一句箴言，"各美其美，美人之美，美美与共，天下大同"定就在不远的未来！

① 谭天星. 充分发挥华侨华人优势 推动中华文化走出去[J]. 中国统一战线，2019（2）：11-13.

第七章　汉语国际教育发展的反思与展望

汉语国际教育不仅是世界人民对汉语需求提升的产物，也是中国走向世界的重要发展路径。伴随中国综合国力的提升、国际地位的提高，以及中国教育国际化的发展，全球范围内掀起了“汉语热”的浪潮。在此时代背景下，汉语国际教育的发展有助于满足和服务世界不同国家和人民对汉语的需求。数十年来，汉语国际教育经历了四个发展阶段，即“对外汉语教学”“汉语国际传播”“汉语国际教育”“汉语教育国际化”。不同的发展阶段，汉语国际教育肩负的使命不同。总体来说，其内容愈加丰富，国际化内涵愈加深入，国际发展渠道愈加多元。当前教育国际化背景下，汉语国际教育发展取得了长足的进步，但其自身也存在一些问题，需要我们加以反思，从而进一步提升汉语国际教育质量，促进汉语国际教育可持续发展。总之，汉语国际教育是教育国际化时代的发展诉求和趋势。

第一节　汉语国际教育发展的反思

当前，教育国际化的时代背景为汉语国际教育发展提供了良好的机遇，有力地促进了汉语国际教育各个层面的快速发展，同时，教育国际化为汉语国际教育发展带来了挑战，使得汉语国际教育自身的问题日益显露出来，引起了人们的深刻反思。

一、汉语国际教育发展的成效

在各方的不断努力下，汉语国际教育逐渐呈现出自己的特点，即多元化、立体化的发展态势，不仅在师资队伍、教材资源等方面取得了长足发展，而且在组织制度、实践活动和发展路径等方面也取得了一定进步，使得汉语教育国际化的进程得到了全面推进。

（一）汉语国际教育组织制度不断完善

汉语国际教育一直以来都被视为我国一项十分重要的对外交往手段。我国于

1987 年专门成立了负责统一领导和协调全国对外汉语教学工作的国家对外汉语教学领导小组，下设办公室即国家汉办。从那以后，逐渐出台了关于来华留学生的教育制度与政策，比如出台于 1989 年的《关于招收自费外国来华留学生的有关规定》等，使得汉语国际教育日趋制度化、规范化。2004 年，国务院批准了国家对外汉语教学领导小组制定的对外汉语教学事业 2003 年至 2007 年发展规划，把汉语国际传播工作提升到国家发展方略的高度，同年，在海外设立非营利性教育机构——孔子学院。2006 年，国家对外汉语教学领导小组更名为国家汉语国际推广领导小组。之后，为进一步提高孔子学院的办学与教学水平，完善汉语国际教育组织制度，深层次保障汉语教育国际化的可持续发展，国家汉办又陆续发布了《孔子学院章程》《孔子学院中方资金管理办法》等规章制度。国家汉办于 2007 年制定《国际汉语能力标准》《国际汉语教学通用课程大纲》等纲领性文件，从此汉语国际教育有了统一的能力培养标准。为进一步提高外派汉语教师的质量，2012 年，国家汉办相继发布了《国家汉办/孔子学院总部外派汉语教师管理办法（试行）》《孔子学院专职教师队伍建设暂行办法》等纲领性文件。自此，汉语国际教育的相关组织制度得到进一步完善，为汉语国际教育日后的发展奠定了坚实的基础。

（二）汉语国际教育师资培养体系日趋立体化

汉语国际教育师资培养体系的立体化主要体现在两个方面，多维性与时空性。从时间维度来看，我国派出的专职院长、汉语教师、汉语志愿者数量逐年增加。截至 2018 年底，我国累计派出专职院长、教师、志愿者约 10.5 万人；培养培训各国本土汉语教师 46 万人次。从空间维度来看，我国汉语国际教育覆盖的空间范围越来越广，且对外国本土教师的培养力度也在逐渐加大，培养培训渠道不断拓宽。截至 2018 年底，我国共计协助来自 10 个国家的 15 所外国大学成功建立汉语师范专业，共计培养本土教师 1031 人；培养培训南亚 7 国的本土教师 6401 人，其中 2018 年培养培训 1101 人；面向“一带一路”沿线国家的汉语国际教育硕士留学生招聘本土教师，累计聘用本土教师 165 人；在美国、德国、英国等 17 国 33 所孔子学院设立核心教师一岗，聘用 34 人。[①] 但整体上看，外国本土汉语教师的数量仍缺乏，不能满足社会需求。例如，2018 年，国家汉办向泰国选派了共计 1576 名汉语教师志愿者，但仍不能满足泰国政府的需求。另外，在后现代主义理论思潮及教育国际化理论的影响下，汉语国际教育师资培养体系日益多元化，主要体现

① 宁继鸣. 孔子学院研究年度报告 2018[R]. 北京：商务印书馆，2018.

在培养内容、培养方式等方面。多元化发展主要体现在孔子学院教师培养内容的多维课程的设置，其多维课程内容基本涵盖了知识、技能和情意三大领域。多元化的本土汉语教师培养方式则具体表现为：第一，为孔子学院的本土教师提供全面培训；第二，大力开展外国本土汉语教师合作培养项目；第三，招收外国学生攻读汉语国际教育硕士专业学位，并设立外国奖学金。[①]这种立体化的汉语教师培养体系，不仅充分利用了双方的有利条件，而且使汉语国际教育更具有主动权。

（三）汉语国际教育教材资源日益成熟化

近年来，汉语国际教育教材数量一直呈增长趋势，《国际中文教育教学资源发展报告（2021）》显示，自中华人民共和国成立至2020年底，全球共出版国际中文教材19 530种。尤其在2000年后出版数量迅速增长，数据显示，2001—2010年共出版7278种，2011—2020年共出版8039种。近5年，教材重印、再版、修订版增多，教材研制水平提高，教材建设进入“提质增效”的新发展阶段。另外，国际汉语教材的注释语种达80种，其中，82.42%的国际中文教材以英语作为注释语种，韩语和法语作为注释语种的教材数量位列第二、三位。为了响应教育信息化发展的时代诉求，早在2014年，国家汉办搭建的国际汉语教材研究和实用综合平台——“国际汉语教材编写指南”正式上线。用户只需根据教学对象、等级和话题等指标在平台内进行搜索，需要的教材、讲义和教辅资料等就会全面自动生成。截至2018年底，孔子学院总部主干教材资源库的语种达54个，收藏了6700多册汉语教材和文化读物，翻译出版了80个语种的《汉语图解小词典》《汉语图解词典》《汉语800字》。这一平台的应用及传播使汉语国际教育教材完成了从有到优、从散到合的转变。孔子学院一直是国际汉语教材编写和资源开发的主力，全球共114个国家的457所孔子学院（课堂）出版了学术著作、译作640多种，共开发了3119种以期来适应当地教学大纲和考试标准的本土教材，开展学术研究项目1600多个。[②] 此外，国家汉办还大力开展对外合作，例如与英国剑桥大学出版社等合作开发中文教学资源等，力求通过合作大大提高教材的实用性。这不仅增强了教材的国别针对性，也促使汉语教材资源更为完善和成熟，为汉语国际教育发展提供了重要保障。

---

① 吴坚. 孔子学院本土汉语教师培养：现状、问题与对策[J]. 华南师范大学学报（社会科学版），2014（5）：63-66，162.

② 宁继鸣. 孔子学院研究年度报告2018[R]. 北京：商务印书馆，2018.

（四）汉语国际教育实践活动日显文化性

汉语国际教育实践活动除了凸显汉语文化的重要地位以外，也呈现出将中华文化与当地文化结合的国际文化交融态势。汉语国际教育实践活动主要包括开设中华文化特色课程以及举办丰富多彩的文化活动等，是构成汉语国际教育教学的重要部分。富有中华文化特色的各项汉语国际教育实践活动不仅可以让外国友人真正感受到中华文化的特色魅力及其所蕴含的深刻价值观，而且可以激发其学习汉语、进一步理解中华文化的热情。各孔子学院将自身优势与当地传统文化及社会特征相结合，设置了丰富多彩的中华文化课程，从政治、经济、文化等角度向学习者介绍中国社会的面貌。除此之外，一些利用中华传统节日开展的文化实践活动也备受当地人喜爱，如中秋节吃月饼，端午节包粽子、赛龙舟等活动。汉语国际教育实践活动不仅凸显了中华文化，而且体现了他国文化与中华文化的融合。这种汉语国际教育实践活动的多元化发展不仅体现了汉语国际教育的国际化特征，而且表现了汉语国际教育逐渐从语言层面走向文化层面，并逐步朝着语言与文化相互融合的多元趋势发展。形成这种多元发展趋势的原因有很多，其中最重要的是来自全球各地的汉语学习者的数量在持续不断地增加，这使更多种不同的文化得以交流、融合。

（五）汉语国际教育发展途径愈显多元化

在国际化的时代背景之下，汉语国际教育发展形式呈现多元化、多样化的发展态势。当前，汉语教育国际化的实施机构和途径主要包括孔子学院和孔子课堂、跨境合作办学（如 A 大学与印尼共建的“亚洲国际友好学院”）、汉语国际传播基地、各类文化体验和文化之旅（如汉语夏令营、海外华裔寻根之旅）等。在近些年的汉语教育国际化发展进程中，包括孔子学院在内的海外不同主体机构在推进语言教育和中华文化传播的过程中也在不断开拓新项目和新资源，进一步强化了中文的价值。另外，汉语教育国际项目也日益多样化。以孔子学院为例，孔子学院陆续开发了一系列的国际项目，目的是提升汉语国际教育质量，增强孔子学院品牌建设，提高汉语国际教育的国际影响力。具有代表性的计划有“新汉学计划”，该计划包含了 6 个项目，即中外合作培养博士项目、来华攻读博士学位项目、理解中国项目、青年领袖项目、国际会议项目及出版资助项目。另外，“汉语+”职业发展路径和信息化路径也为汉语教育可持续发展提供了更广阔的空间。总而言之，汉语国际教育发展路径的多元化不仅体现了汉语国际教育水平和层次的不断提高，而且日渐成为连通全球不同国家语言和文化的桥梁。

二、汉语国际教育发展的问题

教育国际化确实为我国汉语国际教育的发展注入一股暖流，并取得了初步的成效，但是汉语国际教育发展中也存在一些问题，比如专业人才的竞争力不强、国际服务功能尚未齐全、组织机构单一、法律保障体系不完备和科学研究欠缺等问题。

（一）汉语国际教育专业人才的竞争力不强

随着汉语国际教育高质量可持续发展，如何培养培训具有竞争力的汉语国际教育专业人才至关重要。但是，现有的汉语教育国际人才培养却面临着教师教学实践能力不能满足实际需求、实际教学不够灵活、国际视野欠缺以及跨文化交际能力不足等挑战，使国际汉语教师的竞争力尤其是国际竞争力不突出。首先，教学实践能力不能满足实际教学需求。汉语国际教育专业学历教育的课程设置中，理论和实践教学学时分配不均，模拟教学、微课和说课等实践课程较少，学生的教学实践能力不能得到有效的锻炼和全面提高，因此学生在实践中时常会发现其在课程中学到的知识与技能尚不能满足实际需求。调查研究显示："汉语国际教育硕士教学实践性知识欠缺，教学反思意识也不强。"① 其次，在实际教学中缺乏灵活性。在实际课堂中要考虑学习者的国别、年龄和学情等差异设计教学方案，以便灵活、有效地展开教学。然而现实中能够根据教学对象的不同背景因材施教的汉语国际教育专业人才的比例不高。再次，国际视野欠缺。汉语国际教育是与国际接轨的汉语教育，其属性要求汉语国际教育专业人才具备国际视野，能用世界的眼光理解不同民族教育文化的多元性。最后，跨文化交际能力不足。当前，汉语国际教育专业学生的跨文化教学意识和跨文化施教能力较为不足。综上所述，汉语国际教育专业人才的竞争力亟待提高。

（二）汉语国际教育的国际服务功能尚未齐全

目前，汉语国际教育的文化传播功能尚且不足，经济价值也不甚明显，这表示汉语国际教育的国际服务功能还不完备。首先，从其文化传播功能来看，以汉语国际教育发展的主要机构——孔子学院为例，孔子学院的海外服务业务主要包

---

① 吴坚，刘立云. 汉语国际教育硕士课程教学能力培养策略：基于 X 大学的案例分析[J]. 云南师范大学学报（对外汉语教学与研究版），2014，12（3）：32-38.

括传播汉语教学、培训汉语师资及介绍对华商贸知识等，关于发展和创新文化的项目相对较少，对于不断追求变化的西方国家来说稍显不足。相对来说，西班牙的塞万提斯学院在弘扬民族文化和提升国家软实力方面做得比孔子学院更好，塞万提斯学院每年会组织诸如展览、讲座、文学交流会、圆桌会议、戏剧表演、音乐表演和研讨会等各式有关西班牙和拉丁美洲的文化活动。其次，从其经济价值来看，孔子学院在成立初期，维持日常经营的资金主要靠我国政府，后期则要自负盈亏，通过发展特色项目、形成品牌才能获得经济效益。最后，从某种程度来说，孔子学院与其合作主体是一种博弈的关系。孔子学院的设立和发展能够给地方政府提供诸多效益，例如获取人力资本、增加税收、提高就业率等，但同时，地方政府也要及时给孔子学院提供必要的公共基础设施以及优惠政策等。就其尚不完备的国际服务功能来看，孔子学院仍处于发展的起步阶段，汉语国际教育发展也处于起步阶段。

（三）汉语国际教育的组织机构单一

在教育国际化背景下，汉语教育被卷入国际化发展的进程中，其中，发挥至关重要作用的是组织机构。一直以来，汉语国际教育的发展主要以孔子学院为核心。孔子学院属于半官方性质的组织，主要靠我国政府注入资金来维持日常经营，如果政府停止项目支持，那么孔子学院的生存状况将急剧恶化。因此，孔子学院以及汉语国际教育想得到可持续发展，就必须逐渐架构起包含多个层面的组织系统。例如，法国的文化中心（亦称法国文化学院）、海外法语学校、法国国际教学研究中心等法国国际教育组织及机构除了有政府资金支持以外，还有一些非政府组织、企业等民间力量积极参与其建设发展。其中，世界法语教师联合会还会通过多种系列教学活动来吸纳会员，从而传播法语。与其他国家相比，我国汉语国际教育缺乏非政府组织等社会力量参与，组织机构过于单一，既不利于可持续发展，也影响了汉语教育在教育国际化背景下的国际竞争力。

（四）汉语国际教育的法律保障体系不完备

法律是一种规范体系，它具备较强规范性与强制性，所以用法律来保障汉语国际教育的发展是必不可少的。克拉克·克尔指出：“国际化在各个院校范围所面临的重大挑战，则需制定相应的法律保障相配套，以此扩展教育的国际维度。”①

① 克尔. 大学之用[M]. 北京：北京大学出版社，2019：43.

许多国家为增强本国教育国际化的发展力度，制定了本国语言传播的法令，例如《西班牙政府令》《韩国国际交流财团法》等。我国汉语国际教育起步晚，虽有《孔子学院章程》来规范全球的孔子学院，但这严格来说属于规章制度，且该章程只适用于汉语教育国际化发展的一个方面——孔子学院。其他相关的制度以及保障机制虽有制定但相对效力缺失，且这些规章制度并未上升到国家法律层面，所以难以保证执行的有效性和震慑力。另外，我国当前现有的教育政策法规与国际上流行的通行准则又有所不同，所以在实施层面可能缺乏可操作性。因此，汉语教育国际化发展急需完善汉语教育法律体系，体系既要具有前瞻性又要能与国际规则和国际惯例融合。

（五）汉语国际教育的科学研究欠缺

汉语国际教育专业作为一门学科，除了实践经验以外还需要科学的理论研究支撑。然而当前关于汉语国际教育的研究，大多还是停留在谈论经验和描述现状层面，系统严密的科学理论研究过少。例如孔子学院，国内学者的这方面研究呈现出一定的显著特点：经验探讨多，理论提升少；“自身建设”多，比较研究少；定性研究多，定量研究少。[①] 孔子学院每年举办的各种讲座、论坛、研讨会等活动也更多是经验性的交流会。迄今为止，涉及汉语国际教育本身的研究很少，用传播学、跨文化、国际关系学等方面的理论解释汉语国际教育的研究更少，且停留在浅层。另外，对汉语国际教育的研究大多是定性描述，做定量分析研究的较少。同时，从比较的视角出发研究汉语国际教育成果的也较少。总体上，有关汉语国际教育的科学研究亟待完善，以便深化汉语国际教育的科学发展。

第二节　汉语国际教育发展的展望

教育国际化不仅是国际政治、经济、社会发展对教育国际发展的选择，也是全球化时代背景下各国对教育发展的质量要求。语言作为国际化发展的桥梁，对教育国际化起到了很大作用。反过来，教育国际化又给语言教育发展提供了新的发展机遇。鉴于此，汉语教育国际化既是教育国际化背景下汉语国际教育发展的必然路径，也是汉语国际教育发展的国际化诉求。如何处理汉语教育国际化当前存在的问题，如何深化汉语教育国际化的理论与实践研究，如何促进汉语教育国际化的健康可持续发展都是我们需要考虑如何逐步解决的问题。

---

① 刘程. 孔子学院国内研究现状及走向[J]. 云南师范大学学报（对外汉语教学与研究版），2012，10（1）：88-92.

一、明确汉语国际教育机构的发展定位

汉语教育国际化发展的实体机构为汉语国际教育机构，它也是实施汉语教育培养人才的重要组织载体，其发展定位主要涉及内容范围及运行管理模式等层面。汉语教育国际化目前存在的主要问题是低效性和重复性，这些问题可通过明确汉语国际教育机构的发展定位来改善，主要包括明确主要活动、规范内容范围和运行及管理的模式等方面。一方面，语言教学是汉语国际教育最基本的功能，各个汉语国际教育机构应该进行科学管理，通过各种途径完善师资力量和教材编写，以促进语言教学功能的提高。另一方面，汉语国际教育的另一个重要功能是传播中华文化。在发挥汉语国际教育机构的文化功能时要注意创新活动内容与活动方式，如果不能给人带来新鲜感的话，再深厚的文化也可能会使学习者失去兴趣。另外，在传播汉语的过程中要注意尊重他国文化与习俗，将中华文化与当地文化融合。如此，既能吸引学习者兴趣，又能促进世界文化繁荣发展。2018 年，在第十三届孔子学院大会上，中国国务院副总理、孔子学院总部理事会主席孙春兰强调构建人类命运共同体、推动各国共同繁荣发展，需要更好地发挥语言在增进理解、凝聚共识、促进合作、深化友谊中的独特作用。[①]为此，汉语国际教育机构要进一步明确汉语国际教育中语言和文化的关系，从而更好地制定自身发展计划。

二、优化汉语国际教育人才培养方案

现行汉语国际教育人才培养方案主要存在对人才的实践能力培养不足、对人才的国际化思维和跨文化交际能力培养较少等问题。首先，上文提到了在汉语国际教育专业学历教育的课程设置中，理论和实践教学学时分配不均，课堂实践性活动安排较少。因此，可以加大实践性活动在课程设置中的比重，同时增加课外实践活动、实习的课时。其次，国际化思维是汉语国际教育人才不可或缺的思维能力。教师在开展教育教学活动时要注意培养学生的国际视野，使学生能够眼中有世界，客观、多元地看待不同国家的文化差异。最后，鉴于汉语国际教育专业本身所具有的跨国性特点，在汉语国际教育人才的培养上要特别注意强调跨文化交际能力的培养和提高。可以在课程设置中增加跨文化交际的课程比重，指导学生进行跨文化交际案例分析，增强学生的跨文化意识。此外，也要考虑结合当地

---

① 中国政府网. 孙春兰出席第十三届孔子学院大会并致辞[EB/OL]. http://www.gov.cn/guowuyuan/2018-12/04/content_5345736.htm，2018-12-04.

国家的实际发展情况以更好地促成汉语教育国际人才优化保障机制，进一步为汉语教育国际化提供坚实的后盾保障。

三、积极拓展汉语教育国际化服务功能

目前，汉语国际教育的功能主要有教育功能、文化传播功能和经济功能，其中文化传播功能和经济功能还亟待提高。也就是说，汉语国际教育机构不能只满足于教育功能的提升，还要走进社区，帮助社区发展其经济和文化。一些国外的语言传播机构已经发展出了多维服务功能。例如，自 1883 年起，法国的语言传播机构法语联盟就开始在海外进行法语教学，并且将语言传播与文化特色结合起来，通过电影俱乐部、多媒体图书馆、文化展览、歌剧等媒介进行传播，取得了很大成功。见贤思齐，汉语国际教育也要汲取管理学、经济学和文化学的相关理论和思想，大力开发汉语教育机构对周边社区的经济服务功能和社会服务功能，为未来汉语教育国际化发展提供重要支撑。

四、完善汉语教育国际化的法律保障体系

完善的法律保障体系是汉语国际教育健康发展的必要保障。为保障汉语国际教育的规范化、制度化发展，国家已经出台了一些相关政策，其中最重要的是孔子学院总部 2006 年公布的《孔子学院章程》。此前，对汉语国际教育发展能起到一定规范作用的只有《中华人民共和国教育法》和《中华人民共和国文化产业促进法》，但这两部法律却终究不能为其提供有效保障。在孔子学院总部正式颁布《孔子学院章程》以后，相应的配套政策如《孔子学院中方资金管理办法》《关于合作建设孔子学院的协议（草案模版）》等也先后发布。但是，与一些发达国家比较，我国汉语国际教育发展只有规章政策支持，始终没有上升到国家法律层面，更没有形成严密的法律体系。日本于 1972 年 10 月根据《国际交流基金法》成立国际交流基金会，该组织作为日本进行国际文化交流的专门机构；2002 年又对《国际交流基金法》进行了再次补充修订，使其内容更具可持续性和可操作性。此外，在 2014 年世界语言大会开幕式上，刘延东副总理倡议：完善语言文字法律法规体系和规范标准体系，增强民众语言文字法治意识和规范意识，使社会语言生活更加和谐。[①]综上，制定保障汉语国

① 教育部. 促进语言能力共同提升推动人类文明发展和社会进步：刘延东副总理在世界语言大会开幕式上的讲话[EB/OL]. http://www.moe.gov.cn/jyb_xwfb/moe_176/ 201409/t20140915_174953.html，2014-09-15.

际教育发展的相关法律法规，建立健全汉语教育国际化的相关法律体系是十分必要的。

五、加强汉语教育国际化的基础性研究

目前有关汉语国际教育的研究主要聚焦在各类汉语教学、人才培养、教师培训等实践层面上，针对汉语国际教育本身的研究以及涉及理论层面的基础性研究比较少。事实上，理论研究是汉语教育国际化科学发展的重要支撑，理论与实践相辅相成，缺一不可。近年来，孔子学院举办了各种各样的学术交流活动，其在当地学界的影响力已得到大大提高。但是，这种学术交流也多是学术经验层面的交流，缺少理论探讨。研究人员应拓宽研究视野，积极吸收其他学科的理论和研究方法，同时也要借鉴国际先进的相关理论和技巧方法，以便充分利用汉语国际教育的学科交叉性和国际化特点，全面深化汉语教育国际化的基础性研究。综上，为了进一步推动汉语教育国际化的全面深层次发展，在继续增强汉语国际教育应用性研究的同时，也要深入开展基础性研究。

六、拓展汉语教育国际化发展平台

一直以来，汉语国际教育发展都存在组织机构单一的问题。在遭受了新冠疫情冲击后，汉语教育国际化的发展迎来了空前的机遇与挑战。因此，政府要联合高校与民间力量，及时应对，把握汉语教育国际化发展的重要窗口期。2020 年 7 月，中外语言交流合作中心正式发布设立公告，以高校和企业等民间组织为代表力量的机构共同发起成立中国国际中文教育基金会，确立了今后建设汉语国际教育事业的主心骨将为中外语言交流合作中心和中国国际中文教育基金会。这一变化表明政府在积极扩展汉语教育国际化发展的平台，让高校和企业等非政府力量在汉语国际教育发展中扮演更为主要的角色，增强汉语教育国际化实践的灵活性。截至 2021 年 6 月，在教育部国际合作与交流司推动下成立的高校国别和区域研究培育基地（备案中心）有 444 个（含试点），国家民族事务委员会相继成立了一批国别和区域研究中心，各省市政府机构、高校、研究机构也建立了不少涉外研究中心。这些机构和中心也涉及汉语国际传播工作，为构建新时代国际中文传播体系提供了良好的平台。

后　记

汉语国际教育不仅是中国服务世界人民对汉语需求的公共产品，也是中国走向世界的重要发展路径。随着教育国际化的发展及中国国际地位的提升，“汉语热”在全球掀起了浪潮。在这种时代背景下，汉语国际教育发展有助于满足和服务世界不同国家和人民对汉语的需求。汉语国际教育主要经历了从“对外汉语教学”到“汉语国际传播”、“汉语国际教育”再到“汉语教育国际化”的四个发展阶段，其内容愈加丰富，国际化内涵愈加深入，国际发展渠道愈加多元。不同历史时期，汉语国际教育肩负的使命不同。本书力图对汉语国际教育在教育国际化背景下发展的现状、特点和困境进行深入思考，目的在于准确把握汉语教育在向国外传播的过程中所取得的成就和经验，总结归纳可复制推广的模式，进而更好地预测和应对可能出现的问题，及时规避风险。

本书是 2014 年广东省深化教育领域综合改革试点项目“汉语国际教育综合改革研究与实践”、2016 年华南师范大学哲学社会科学重大培育项目“一带一路背景下汉语国际教育战略研究”、2017 年广东省哲学社会科学“十三五”规划项目“一带一路”汉语国际教育战略研究项目、2018 年国家社会科学基金一般课题“‘一带一路’倡议下东南亚国家语言政策与规划研究”、2019 年度国家语委重大科研项目“‘一带一路’建设中语言服务的现状、评价及对策研究”的相关研究成果。同时，也是作者结合自身多年的教学和实践经历进行的反思。在撰写过程中，借鉴和吸收了大量专家、学者们的研究成果，以及网络新闻报道和研究报告等，参考资料已附于陋著之中，但仍恐未能尽囊，敬谢之余当盼理谅。因疫情影响未能全面掌握近三年有关汉语国际教育的最新数据，后续将进一步研究。鉴于作者学识水平有限，书中难免有所不足，敬请各位专家、读者不吝指正。

在本书即将出版之际，特别要感谢北京师范大学王英杰教授为本书作序，这是对我的鼓励和鞭策。还要感谢高皇伟博士以及课题组所有成员。

吴　坚

2022 年 12 月 20 日于花城